RICHARD ING

A menos que se indique lo contrario, todas las citas bíblicas han sido tomadas de la *Santa Biblia, Versión Reina Valera* © 1960 por la Sociedad Bíblica Internacional. Aquellas citas bíblicas señaladas (NVI) son tomadas de la *Santa Biblia, Nueva Versión Internacional* © 1999 por la Sociedad Bíblica Internacional. Usadas con permiso.

Traducción al español por: Sara Castillo Ramos.

Nota de la traductora: Para mayor facilidad de traducción, el género masculino, en todas sus formas tanto plural como singular (i.e.: él, ellos, hombre, hombres, hijo, hijos, etc.), se utiliza en este libro en forma inclusiva para referirse a ambos géneros (masculino y femenino).

GUERRA ESPIRITUAL

Publicado originalmente en inglés bajo el título *Spiritual Warfare*.

Richard B. W. Ing
Light of the World Missions
P. O. Box 37451
Honolulu, HI 96837

ISBN-13: 978-0-88368-918-9
ISBN-10: 0-88368-918-9
Impreso en los Estados Unidos de América

1030 Hunt Valley Circle
New Kensington, PA 15068
www.whitakerhouse.com

Library of Congress Cataloging-in-Publication Data

Ing, Richard.
[Spiritual warfare. Spanish]
Guerra espiritual / Richard B. W. Ing.
p. cm.
Translated by Sara Castillo Ramos.
Summary: "Details the ministry and practice of spiritual warfare, including deliverance from demonic control, the binding and loosening of spiritual forces, and the recognition of specific spirits of affliction"—Provided by the publisher.
Includes bibliographical references (p.).
ISBN-13: 978-0-88368-918-9 (trade pbk. : alk. paper)
ISBN-10: 0-88368-918-9 (trade pbk. : alk. paper)
1. Exorcism. 2. Spiritual warfare. I. Title.
BV873.E8I5418 2006
235'.4—dc22 2006011833

2 3 4 5 6 7 8 9 10 11 12 15 14 13 12 11 10 09 08 07

Reconocimientos

Muchas circunstancias e individuos contribuyeron en la escritura de este libro. Por sobre todos está el Espíritu Santo quien me guió y enseñó muchas cosas en un período de doce años. Agradezco al Señor por Su amor y protección, a los muchos santos quienes consintieron compartir sus experiencias en este manual para el beneficio de todos, y, a los líderes que contribuyeron al entendimiento completo de esta área de ministerio que es muy necesaria. Pioneros tales como Don Basham, Win Worley, Frank e Ida Mae Hammond, Dra. Rebeca Brown, Elaine Lee, Bill Szubritsky y Howard Pittman, para mencionar unos cuantos, pusieron sus esfuerzos y tiempo para compartir sus conocimientos y experiencias.

Doy gracias especiales a mi esposa, Beatrice, y a mis cuatro hijos quienes sacrificaron muchas horas, y trabajaron llenando el vacío dejado por mi ausencia de las actividades familiares mientras escribía este manual. Somos colaboradores en el reino de Dios.

Contenido

Introducción

No con ejército, ni con fuerza, sino con mi Espíritu, ha dicho Jehová de los ejércitos.
—Zacarías 4:6

Muchas iglesias evitan el tema de la liberación o del echar fuera demonios. Algunas dicen que al hablar del diablo se le da la victoria. Otras simplemente le temen al asunto. Incluso hay otras que no creen en los espíritus malignos o en un Satanás que existe en persona. La mayoría de éstas habla en base a su ignorancia o miedo.

Este manual intenta disipar el temor innecesario e intenta crear un simple patrón que la mayoría de cristianos pueda seguir. Originalmente se pensaba que fuera un bosquejo de estudio para los santos de *Light of the World Missions* (Misiones Luz del Mundo). A medida que el texto creció en volumen, comenzamos a darnos cuenta que este manual sería útil para muchas iglesias; por consiguiente, modificamos el texto para presentar más ampliamente el tema. Un manual de este tipo realmente no tiene fin, puesto que Dios casi todos los días añade nuevo conocimiento.

El echar fuera demonios no es algo nuevo en la iglesia—simplemente se ha dejado en el olvido. En la actualidad, Dios está restaurando la liberación en el cuerpo de Cristo; de manera que necesitamos un nuevo conocimiento de la liberación y la guerra espiritual.

Una noche, hace varios años, tres ancianos se me acercaron con la noticia de que Dios me había nombrado el maestro de su iglesia. "Bueno, Dios no me ha dicho nada todavía", les contesté. A la mañana siguiente, mientras me arrodillaba para orar, repentinamente recibí una visión. Me vi sentado en la última fila de un auditorio lleno de soldados vestidos con uniformes de combate. Me vi caminando por el pasillo hacia el frente y colocándome detrás de un podio. Tres hombres estaban a mi izquierda. De repente escuché una voz decir: "Hijo, te he llamado para que le enseñes a mi ejército". Desde entonces, Dios ha confirmado mi llamado muchas veces por medio de varios profetas y visiones.

Para entonces, ya estaba muy envuelto en el ministerio de liberación. Mi esposa y yo con frecuencia echábamos fuera demonios y sanábamos enfermos—obtuvimos nuestro conocimiento casi al azar, por medio de fracasos y éxitos. Dios nos reveló muchas cosas y crecimos rápidamente. Era emocionante ver ángeles y escuchar al Espíritu Santo mientras nos guiaba en las batallas.

A medida que pasaba el tiempo, comenzamos a leer acerca de las experiencias de otros y nos deleitábamos en saber que ellos también habían recibido muchas revelaciones y demostraciones idénticas. Hemos aprendido tanto de los demás en el ministerio de liberación. La liberación es una ola que no puede ser detenida porque proviene de Dios. Está aquí para quedarse. Hace unos once años, comencé a enseñar sobre la guerra espiritual por lo menos tres veces a la semana. Eventualmente, esto me llevó a otras iglesias y países. En 1990, escribí un manual para ser usado en la iglesia local. Éste era una compilación de varios bosquejos y sermones que había presentado en el pasado. Este libro es el resultado de todo ello.

La liberación no es una suma total del caminar cristiano. Al final, Dios siempre mira el corazón y el proceder de los hombres (Salmos 7:9). El amor, la humildad y la verdad siempre serán nuestra norma y meta, pero necesitamos ir más allá de los principios fundamentales del cristianismo, buscando la perfección en Cristo.

Este libro no lo perfeccionará a usted. Solamente el Espíritu Santo puede guiarle a la verdad. No obstante, le ayudará en su andar con el Señor. Oro para que usted nunca se rinda en su búsqueda por ser como Él.

1 ¿Pueden tener demonios los cristianos?

La pregunta para los ministerios de liberación: "¿Pueden tener demonios los cristianos"? no es una exageración. Las experiencias con miles de sesiones de liberación no me dejan dudas en mi mente de que los cristianos no sólo pueden, sino que tienen demonios. Un famoso maestro, Frank Hammond, dice: "La pregunta no es si los cristianos pueden tener demonios, sino por el contrario, ¿puedo alguna vez encontrar cristianos sin demonios?" La gente se pone de pie en los servicios y declara: "¡Yo no tengo demonios!" Sin embargo, el demonio del orgullo se ve manifestado en sus rostros.

Sospecho que la mayor oposición para la liberación proviene de uno de los dos, el temor y el orgullo. Las personas que le temen a los demonios y al mismo pensamiento del demonio no quieren que se les involucre. Para ocultar su temor, éstos empiezan una formación de doctrinas o sugieren pasajes bíblicos para probar que los demonios no existen o que los cristianos no pueden tenerlos. Si su temor es tan grande, ninguna cantidad de persuasión los convencerá de otra manera.

El orgullo viene cuando una denominación o iglesia oficialmente ha adoptado la posición de "no hay demonios en los cristianos". Es difícil cambiar doctrinas o posiciones una vez que han tomado una acción pública. Nadie quiere admitir errores en su doctrina si eso afecta su reputación. El "prestigio" viene a ser más importante que la verdad. Ocasionalmente, una iglesia se sienta entre dos fuegos, declarando que los cristianos no pueden tener demonios pero admitiendo que los demonios pueden merodear en lo exterior.

La mayor oposición para la liberación proviene de uno de los dos, el temor y el orgullo.

Emplean una cantidad de pasajes para apoyar el argumento de que los cristianos no pueden tener demonios viviendo en ellos. Algunos citan 2da Corintios 6:14 que dice: *"¿Qué compañerismo tiene la justicia con la injusticia? ¿Y que comunión la luz con las tinieblas"?* En realidad, este pasaje no dice que no pueda suceder. Meramente dice que no debería suceder. Jesús cenó con publicanos, y los santos confraternizaron con los incrédulos, para que la luz pudiera derrotar a las tinieblas.

Algunos santos razonan que los demonios no pueden vivir en el cuerpo porque este es templo del Espíritu Santo (1ra Corintios 6:19). Pero encontramos que el templo en los días del Antiguo Testamento estaba dividido en tres secciones principales: el atrio, el Lugar Santo y el Lugar Santísimo. En el tabernáculo de Moisés cualquiera podía entrar al atrio, inclusive los extranjeros, El Espíritu Santo habita en el

Lugar Santo y en el Lugar Santísimo. Del mismo modo, creo que el Espíritu Santo habita en nuestros espíritus o corazones (Efesios 3:17; 2da Pedro 1:19) y los demonios en nuestros cuerpos. En Hechos 5:3 Pedro le dijo a Ananías: *"¿Por qué llenó Satanás tu corazón para que mintieses al Espíritu Santo?"*

En Ezequiel, el profeta cavó un agujero en la pared del templo de Dios y encontró una puerta por la que entró. Él vio *"toda forma de reptiles y bestias abominables, y todos los ídolos de la casa de Israel, que estaban pintados en la pared por todo alrededor"* (Ezequiel 8:10). Existían demonios en el templo de Dios.

Otros expresan que cuando llegamos a ser cristianos, somos limpiados de todos los demonios. La Biblia no dice eso. Ella dice que nuestros pecados son lavados por medio de la Sangre, pero no menciona demonios.

Los demonios no pueden poseernos, pero podemos poseer demonios.

No obstante, es verdad que los demonios no pueden "poseernos". Desafortunadamente, la Versión Reina Valera de la Biblia emplea una palabra incorrecta. En el griego la palabra correcta es "endemoniado" o tener demonios. Posesión implica control total. Los demonios no pueden poseernos, pero podemos poseer demonios.

Un ligero ajuste al asunto, es la controversia de que los demonios sólo pueden merodear en lo exterior. Sin embargo, la Biblia no dice que Jesús y los discípulos "quitaban bruscamente", "lanzaban", "ahuyentaban" los demonios. "Echar fuera" indica claramente que los demonios estaban "dentro". Para sacar algo de adentro, primero tiene que estar dentro.

Los argumentos teológicos deben ceder a la experiencia. Aun se sabe de científicos que abandonan sus teorías favoritas cuando las experiencias existentes no la apoyan. Más del 99% de las personas que he liberado han sido cristianos nacidos de nuevo y que hablan en lenguas, incluyendo muchos pastores carismáticos. Si usted no cree que los cristianos pueden tener demonios, le sugiero que asista a varias sesiones de liberación. No juzgue hasta que usted haya investigado el asunto cuidadosamente. Es importante conocer la verdad en estos tiempos finales. Si los demonios pueden residir en el cuerpo humano, ¡entonces deben ser echados fuera!

2 El reino de Satanás al descubierto

Hay una progresión definida en la manera en que la Biblia pone al descubierto el reino de Satanás. Creo que esto enfatiza la tremenda importancia y responsabilidad dada a los cristianos en los tiempos del fin para destruir los reinos demoníacos del mundo.

El Antiguo Testamento revela muy poco acerca de los demonios, en plural. La mayoría de las referencias son dirigidas a espíritus en singular o a Satanás mismo. Por ejemplo: Génesis capítulo tres y Job capítulos uno y dos se refieren a una serpiente o espíritu. Cuando Saúl se rebeló contra los mandamientos de Dios, un espíritu malo vino para atormentarlo (1ra Samuel 16:14, 23). Una vez más, un simple espíritu de mentira engañó a los cuatrocientos profetas que transgredieron contra Dios profetizando a favor de Acab, un rey pecador (1ra Reyes 22:22). No hay indicación de un reino demoníaco u hordas de espíritus malignos.

Cuando Jesús comenzó Su ministerio, Él liberó a muchas personas que eran atormentadas por demonios. Él realizó muchas de Sus sanidades por medio de echar fuera al espíritu de enfermedad (Mateo 4:24; 8:16, 28–33; 9:33; 12:22–30; 15:22–28; Marcos 1:23–27; 3:10–11; 5:2–16; 7:26–30; Lucas 4:33–36; 6:12–18; 7:21; 8:2; 10:20; 11:14).

Nunca antes hubo profeta alguno u hombre de Dios que echara fuera demonios como lo hizo Jesús. Su ministerio representó una partida significante de lo mencionado en el Antiguo Testamento. De echo, lo más cercano a una liberación en el Antiguo Testamento aparece en 1ra Samuel 16:23. David tocaba su arpa y el espíritu maligno que atormentaba a Saúl se apartaba.

El ministerio de Jesús comenzó a revelar a nuestro verdadero enemigo—Satanás y sus demonios.

Por medio del incidente gadareno, Jesús empezó a mostrarnos que: (1) las hordas de Satanás son casi incontables; (2) muchos demonios pueden habitar en un cuerpo humano; (3) los demonios pueden ocasionar que una persona tenga una fuerza física sobrehumana; (4) cuando una persona está infestada de espíritus inmundos, muchas veces ellos la hacen que viva en condiciones y lugares sucios; (5) aunque extremamente endemoniada, una persona puede tener momentos lúcidos y convincentes; (6) los demonios pueden responder atrevidamente y negarse a ser echados; (7) los demonios tienen inteligencia; (8) los demonios desean estar en un cuerpo carnal, aun en los de un animal; (9) los demonios caen bajo la línea de autoridad dentro de límites geográficos y tienen miedo de entrar en el territorio de otro espíritu gobernador; (10) los demonios conocen la Palabra de Dios.

Los demonios sabían lo que la Palabra dice acerca del fin cuando ellos serán consignados al abismo (Apocalipsis 20:1, 3). También ellos sabían que Jesús era el Hijo de Dios (Marcos 5:7).

Jesús completamente comenzó a revelar a nuestro verdadero enemigo—Satanás y sus malignas hordas de demonios. Nunca antes el hombre tuvo entendimiento completo de que el enemigo está dentro.

Al mismo tiempo, Jesús empezó a enseñar cómo derrotar al enemigo. De hecho, Jesús anunció específicamente que Él vino a liberar a los cautivos:

> *El Espíritu del Señor está sobre mí, por cuanto me ha ungido para dar buenas nuevas a los pobres; me ha enviado a sanar a los quebrantados de corazón; a pregonar libertad a los cautivos, y vista a los ciegos; a poner en libertad a los oprimidos.* (Lucas 4:18)

> *Para esto apareció el Hijo de Dios, para deshacer las obras del diablo.* (1ra Juan 3:8)

Jesús le dio poder a Sus doce discípulos para echar fuera demonios. Él autorizó a los setenta para que hicieran lo mismo (Mateo 10:1, 8; Marcos 6:7; Lucas 10:17). Él dejó claro que todos los creyentes deberían echar fuera demonios. "*Y estas señales seguirán a los que creen: En mi nombre echarán fuera demonios; hablarán nuevas lenguas*" (Marcos 16:17).

Jesús empezó a instruir a Sus discípulos (y por consiguiente a nosotros) en cómo desempeñarnos en la guerra espiritual. Él enseñó cómo atar y desatar (Mateo 12:29; 16:19; 18:18; Marcos 3:27). Él enseñó cómo luchar con el enemigo encerrándolo y derribando sus puertas (Mateo 16:18). Él enseñó que los espíritus malignos van a lugares áridos cuando son echados fuera, y, si fuere posible, regresan con siete espíritus más malos para entrar de nuevo (Mateo 12:43; Lucas 11:24). Por consiguiente, nuestras casas no pueden dejarse vacías y desprotegidas después que los demonios son echados fuera. Tenemos que ser llenados con el Espíritu Santo y la Palabra. Él también le dio a todos los creyentes autoridad y responsabilidad para luchar (Hechos 2:34, 35; 1ra Corintios 15:25; Hebreos 10:12–13).

Jesús dejó en claro que todos los creyentes deben tomar acción echando fuera demonios.

La victoria completa de Jesús sobre el reino de Satanás vino por medio de la Cruz y Su resurrección. En realidad, Él por nosotros destruyó principados y derrotó a Satanás, sellando así la suerte del diablo (Colosenses 2:15). Los poderes del gobierno de Satanás es cosa del pasado. Con la muerte y resurrección del Hijo, se ordenó que nosotros fuéramos conquistadores sobre el reino de Satanás. El príncipe de este mundo está juzgado (Juan 16:11). La autoridad y el poder para derrotar al enemigo es un privilegio dado a todos Sus santos. "*He aquí os doy potestad de hollar serpientes y escorpiones, y sobre toda fuerza del enemigo, y nada os dañará*" (Lucas 10:19). Jesús dijo: "*Las puertas del infierno no prevalecerán contra ella* [la iglesia]" (Mateo 16:18). Nosotros somos la iglesia.

El libro de Hechos representa el principio de la mayor revelación del reino de Satanás. En varias de sus cartas, Pablo se refiere a principados, potestades, gobernantes de las tinieblas de este mundo, tronos y dominios.

> *Porque no tenemos lucha contra sangre y carne, sino contra principados, contra potestades, contra los gobernadores de las tinieblas de este siglo, contra huestes espirituales de maldad en las regiones celestes.*
> (Efesios 6:12)

> *Porque en él fueron creadas todas las cosas, las que hay en los cielos y las que hay en la tierra, visibles e invisibles; sean tronos, sean dominios, sean principados, sean potestades; todo fue creado por medio de él y para él.*
> (Colosenses 1:16)

Los apóstoles y los creyentes continuaron la lucha contra el reino de Satanás. Pedro, Pablo, Juan y los otros apóstoles lucharon contra el enemigo y lo echaron fuera.

> *Y aun de las ciudades vecinas muchos venían a Jerusalén, trayendo enfermos y atormentados de espíritus inmundos; y todos eran sanados.* (Hechos 5:16)

¿Recuerda usted el incidente cuando la joven con el espíritu de adivinación seguía a Pablo y Silas por todas partes? Ellos echaron fuera ese espíritu (Hechos 16:18). El echar fuera demonios fue practicado tan ampliamente por los cristianos que los judíos intentaron copiarlos. Los hijos de Esceva aprendieron una dolorosa lección cuando trataron de echar fuera demonios sin creer en Jesucristo (Hechos 19:13–16). El hombre con el espíritu inmundo saltó sobre ellos, y éstos huyeron desnudos y heridos.

Si hay un libro que todos los cristianos necesitan estudiar hoy, ese es el libro de Apocalipsis. Cincuenta años después de que Jesús ascendió al Padre, Él le dio al apóstol Juan una revelación completa de la nefasta intención de Satanás de vencer a los santos en los tiempos finales para que él pudiera gobernar al mundo entero (Apocalipsis 12:17; 13:7, 18). No solamente eso, un encuentro entre el pueblo de Dios y las hordas de Satanás tendrá lugar. Muchos de los santos caerán y serán destruidos y algunos serán martirizados. Pero al final, un remanente del pueblo de Dios derrotará completamente a los poderes de las tinieblas (Apocalipsis 9:4; 12:11; 14:1–5).

Las hordas de Satanás están bien entrenadas. No hay amor entre los demonios—el odio y el orgullo gobiernan sus acciones. Pero cuando vengan a destruir a la humanidad, ellos estarán unidos en mismo propósito.

No hay amor entre los demonios—el odio y el orgullo gobiernan sus acciones.

Colosenses 2:15 y Efesios 6:12 nos relatan que Satanás divide su reino en principados, poderes, dominios, tronos y gobernadores de las tinieblas. Esta organización mundial cubre cada área de la tierra. Creo que el comando de alto nivel de Satanás llamado principados, numera por lo menos diez (Apocalipsis 17 habla acerca de diez coronas, representando a diez reinos). Parecería que los principados y dominios se refieren a áreas, mientras que los poderes y gobernantes se refiere a demonios gobernantes. La palabra "tronos" puede referirse a las fuentes de los poderes.

Aún Satanás divide la tierra en pequeñas áreas de control: países, regiones, ciudades, pueblos, vecindades, hogares, iglesias, familias e individuos. No conozco la frontera exacta de estas áreas, pero sé que existen.

Se cuenta de un misionero que pasaba tratados bíblicos en un pueblo donde la calle principal era la frontera entre Paraguay y Brasil. Cuando él estaba en la calle del lado brasileño, las personas aceptaban los tratados y escuchaban reflexivamente la Palabra. Cuando él pasaba al lado paraguayo, las personas eran hostiles y no estaban dispuestas a escuchar. Asombrosamente, él trató de acercarse a una mujer en Paraguay y ella completamente se rehusó a escuchar o a aceptar un tratado. Cuando ella cruzó al lado del Brasil, el misionero la siguió. Él entonces le ofreció a ella el mismo tratado, el cual ella gustosamente recibió y le permitió que le predicara la Palabra. Mas tarde el misionero supo que las iglesias en Brasil habían estado orando y atando al espíritu gobernador sobre su área, pero las iglesias en Paraguay no. Sucedió que la calle principal vino a ser la línea que dividía a ambos principados.

La Biblia dice que cuando Jesús echó fuera los demonios del hombre gadareno, ellos Le rogaban que no los enviara fuera del país (Marcos 5:10). Los demonios son extremamente celosos unos de con otros y pelearán y se desgarrarán unos a otros, si se les presenta la oportunidad. Un demonio que se encuentre solo fuera del área de su asignación será sujeto de ataque por los otros demonios.

Espíritus gobernadores o principados

Satanás nombra espíritus gobernadores o principados sobre cada área principal o de control. Los de mayor rango gobiernan desde la mitad del cielo y existe una jerarquía en la que otros espíritus gobernadores controlan cada nivel en orden descendente. Terminan con un espíritu gobernador en cada individuo. Es similar a la cadena de mando adoptada por los ejércitos de la tierra. Los generales se sientan en tronos al nivel más alto, mientras que los sargentos en la base de control, los demonios que ocupan un lugar en una persona.

Los demonios en medio de los cielos vuelan de aquí para allá entre la tierra y el medio del cielo o mandan mensajeros. Los gobernantes son grandes y poderosos. Howard Pittman describe a muchos de estos demonios en su libro, *Demons: An Eyewitness Account* (*Los Demonios—Relato de un Testigo Ocular*). Satanás considera a esta enorme cantidad demonios, los príncipes de su reino. El más fuerte representa el más alto rango y así descienden en línea. Satanás gobierna sobre los demonios por medio del terror. Ellos no desafían salirse de la línea, por miedo a que Satanás declare algunos castigos horribles sobre ellos. Ellos riñen constantemente y rivalizan entre sí, al igual que muchos cristianos. El orgullo y el odio abundan. Los demonios definitivamente odian a los cristianos.

Conectando las cuerdas

Los espíritus gobernadores o principados en las regiones celestes gobiernan sobre los espíritus de la tierra. Líneas o cuerdas directas entre el espíritu gobernador y los espíritus en la tierra proveen tanto poder espiritual como un cable eléctrico. Cuando lucha contra los espíritus en la tierra, usted necesita atar al espíritu gobernador sobre la persona o área, cortar y deshacer todas las cuerdas. Jesús dice:

> *De cierto os digo que todo lo que atéis en la tierra, será atado en el cielo; y todo lo que desatéis en la tierra, será desatado en el cielo.* (Mateo 18:18)

Muchas veces los demonios en una persona actuarán de manera altiva y fuerte antes de atar al espíritu gobernador en los cielos y de deshacer todas las cuerdas. Los mismos demonios llegan a estar completamente asustados y débiles cuando son echados del espíritu gobernador. En una ocasión, los obreros olvidaron atar al espíritu gobernador, por eso los demonios en una mujer resistieron y se burlaron de los obreros. "Ustedes son demasiado débiles para mí. Ustedes nunca me sacarán, no hay manera", se jactaron los espíritus. Dios, por consiguiente, le dio a uno de los obreros de liberación una visión de una nube grande y una nube pequeña, ambas unidas por una cuerda. Los obreros recordaron que habían olvidado atar al espíritu gobernador y cortarles todas las cuerdas. Inmediatamente, el espíritu se quejó: "Y ahora, ¿por qué ustedes me hacen esto?" Salió en cuestión de segundos.

Hasta cierto punto, la rebelión existe o tiene el potencial de existir en la mayoría de las iglesias.

Salmos 2:3 dice: *"Rompamos sus ligaduras, y echemos de nosotros sus cuerdas"*. Salmos 129:4 dice: *"Jehová es justo; cortó las coyundas de los impíos"*. Los obreros de liberación a menudo declaran acerca de grupos que atan las mentes y cuerpos de las personas en el espíritu, y, acerca de cuerdas que conectan los espíritus de las personas unos con otros o al espíritu gobernador en las regiones celestiales. Algunas veces a las cuerdas también se les llaman cordeles o cadenas alrededor de una persona.

Espíritus gobernadores sobre las iglesias

Los espíritus que gobiernan pequeñas áreas de control son de bajo poder, pero no obstante poderosos. Satanás coloca espíritus gobernadores o principados sobre vecindades particulares, familias e individuos. Sobre una iglesia Satanás puede asignar temor, incredulidad, rebelión, discordia, orgullo, muerte espiritual, o algún otro espíritu gobernador entrenado especialmente para destruir iglesias.

Las iglesias con alta discordia o disensiones pueden ser controladas por los espíritus de orgullo, hechicería, Acab, Jezabel o rebelión. A menos que ellos sepan como llevar a cabo una guerra espiritual y atar al espíritu gobernador, ellos serán neutralizados por medio de seguidos combates dentro de sus rangos. Hasta cierto punto, la rebelión existe o tiene el potencial de existir en la mayoría de las iglesias.

Conozco una iglesia que tenía una congregación activa de menos de 100 familias. Los miembros contaban treinta y dos casos conocidos de cáncer terminal. Una opresión pesada se cernía sobre la iglesia y el espíritu de muerte gobernaba. Desafortunadamente, ninguno allí creía en la guerra espiritual, así que el espíritu de muerte continuó diezmando la membresía.

El espíritu de incredulidad socava la fuerza de una iglesia. Hace que las personas lleguen a ser tibios, por lo que tienen poca unción. La incredulidad puede destruir naciones enteras. La nación de Israel no pudo entrar en la Tierra Prometida por causa de su incredulidad (Hebreos 3:19). A pesar de muchos otros pecados, el escritor de Hebreos atribuye la falla de éstos solamente a la incredulidad.

La maldad en lugares altos

Apocalipsis diecisiete habla acerca de siete cabezas y diez cuernos sobre la bestia de Satanás. Los cuernos representan poderes y gobiernos. El capítulo tres habla de los siete espíritus de Dios. Siendo que Satanás ama imitar casi todo lo que Dios hace o tiene, yo conjeturo que Satanás también emplea siete o quizás diez espíritus o gobernantes. Dios dijo a los israelitas:

> *Cuando Jehová tu Dios te haya introducido en la tierra en la cual entrarás para tomarla, y haya echado de delante de ti a muchas naciones, al heteo, al gergeseo, al amorreo, al cananeo, al ferezeo, al heveo y al jebuseo, siete naciones mayores y más poderosas que tú".* (Deuteronomio 7:1)

La clave está en hallar qué espíritu gobernador controla su área y poder así atarlo. Numerosas iglesias reportan que después de atar al espíritu gobernador sobre sus áreas, muchas personas vinieron a Cristo. El Dr. Paul Yonggi Cho, dice que el avivamiento llegó a Corea del Sur después que ellos ataron al espíritu gobernador. Lea su libro *La Cuarta Dimensión.*

Demonios terrenales

Los demonios pueden moverse rápidamente en la tierra. Fluctúan desde unas pocas pulgadas a ocho pies o más de altura. Algunos parecen humanos, otros tienen forma de animales o una combinación de animal y humano. Y aun hay otros que parecen sombras o masas amorfas y unos pocos con formas más allá de las descripciones. Muchos huelen terriblemente.

Un poderoso espíritu en particular toma la forma de mitad cabrío, mitad hombre. De la cintura para abajo parece como cabrío con cascos. De la cintura para arriba parece un hombre. Sin embargo, su cara combina las facciones de cabrío y humano. Algunas veces va de traje y espejuelos. A menudo no lleva nada. Las leyendas griegas le llaman Fauno o Pan. La Biblia lo llama Sátero o Sátiro. En hebreo *sátero* significa Satanás. Este demonio pertenece al grupo de los espíritus de ocultismo, relacionados con la hechicería y el satanismo. Muy a menudo él se pasa en la línea sanguínea o familiar porque algún ancestro estuvo envuelto en esto. Él trabaja con todo un nido de otros demonios para atormentar al desafortunado pueblo que tienen en el blanco. Él también representa la lujuria sexual.

Los espíritus malignos poseen inteligencia y emociones más allá de las que nosotros podemos imaginar.

En los libros de Howard Pittman, *Demons: An Eyewitness Account* (*Los Demonios: Relato de un Testigo Ocular*) y *Placebo* él define a la codicia que gobierna a la tierra durante los tiempos del fin, como al promedio de hombres de negocios norteamericanos. Yo también he visto este espíritu llevando traje, portando un maletín y mirando constantemente sus relojes de pulsera.

Los espíritus de perversión sexual asumen muchas formas grotescas, incluyendo formas de ranas, serpientes y escorpiones. He sido testigo de muchas manifestaciones de serpientes que hacen que las personas se muevan como serpientes, golpean ligeramente, se sacuden y hablan como serpiente—o casi como la serpiente del libro de muñequitos *El Libro de la Jungla*. A estas serpientes les gusta enrollarse alrededor de la espina dorsal, los hombros y el corazón de hombres y mujeres. Una serpiente en particular se llama "Kundalini". Reside en la base de la espina dorsal y es conocida por los prosélitos del hinduismo.

El espíritu del Infierno, a menudo aparece como hombre grande con la cabeza de un chacal llamado Set. En la cultura egipcia, al dios de la muerte se le llamaba Set. Los espíritus a menudo toman la forma de dioses o diosas de Egipto, el Oriente, Grecia, Asiria y otras leyendas. Les gusta que los adoren.

Los espíritus terrenales constantemente buscan entrar en un cuerpo físico. Estas personalidades o entidades prefieren expresarse en un cuerpo de carne y sangre. Si ellos no pueden estar en un cuerpo humano, buscarán el cuerpo de un animal. No el cuerpo de cualquier bestia, según parece (Marcos 5:13). Los espíritus malignos poseen inteligencia y emociones más allá de las que nosotros podemos imaginar. En el episodio del hombre gadareno en las tumbas, Jesús le preguntó al espíritu: *"¿Como te llamas?"* Y él contestó: *"Legión, porque somos muchos"* (Marcos 5:9). Una legión romana consistía de 2,000 a 10,000 hombres. Por consiguiente, el estar endemoniado [lo que yo defino como "demonización"] puede involucrar a miles de espíritus habitando en una persona.

Los demonios conocen la Biblia

Los espíritus malignos saben cosas que el hombre no sabe. Ellos sabían quién era Jesús, mientras que los que estaban alrededor de Él no sabían. Los demonios conocen la Biblia mejor que usted y yo. En una ocasión un obrero citó mal la Biblia. El demonio inmediatamente corrigió al obrero y le dijo "estúpido". En mis primeras experiencias llamábamos estúpidos a los demonios. Un obrero sintió que Dios le aconsejaba diciéndole: "No llames estúpidos a los demonios porque ellos son mas inteligentes que el género humano". Ni que decir, yo nunca más llamé estúpidos a los demonios. A menudo los malos espíritus intentarán sobornarlo, razonar con usted o hacerle trucos. Sin el Espíritu Santo no podemos enfrentar a los demonios.

En el incidente del gadareno, aquellos demonios dijeron: *"¿Has venido acá para atormentarnos antes de tiempo?"* (Mateo 8:29). Ellos sabían lo que la Biblia decía de su fin. También ellos sabían cómo razonar. Cuando ellos percibieron que ya no podían permanecer más en aquel hombre, pidieron se les permitiera entrar en la manada de cerdos.

Los espíritus de la tierra recorren por dondequiera que el hombre se encuentre. Algunos siguen a las personas por todas partes y tratan de proporcionar circunstancias que haga que una persona caiga en pecado. Otros constantemente intentan entrar en el cuerpo de una persona para atormentarlo desde adentro porque le es fácil estar en control.

Fortalezas (o ataduras) en los humanos

Una vez que los demonios obtienen la entrada en un cuerpo humano, ellos establecen varias fortalezas. Por ejemplo, una fortaleza (o atadura) puede ser la enfermedad. En tal caso, la víctima está enferma constantemente y eventualmente llega a ponerse terminal o drásticamente enferma con millares de dolencias. Otra base fuerte en la misma persona podría ser la crueldad, el temor o la rebelión (los nombres concuerdan con sus funciones o trabajos).

Dentro de la persona, una cadena de mando controla todas las fortalezas y demonios. Estos espíritus gobernadores y fortalezas en una persona reciben sus órdenes del espíritu gobernador en las regiones celestiales. Para destruir esta fortaleza, debemos atar al espíritu gobernador de las regiones celestiales, cortar y deshacer las cuerdas entre el espíritu gobernador y los espíritus dentro de la persona, y, luego continuar con la liberación. Si usted falla de hacerlo así, el espíritu a expulsar se fortalecerá y se reforzará con el espíritu gobernador.

Una vez que los demonios entran en un cuerpo humano, ellos luchan por establecer varias fortalezas.

Cada fortaleza representa un nido de espíritus, no sólo un espíritu en singular. La amargura puede también incluir crueldad, hostilidad, odio, ira, asesinato, violencia, etc. El odio podría también ser separado en odio hacia el Padre y odio hacia los hombres. El de inmundicia sexual generalmente incluye fornicación, adulterio, masturbación, fantasía sexual, perversión, homosexualidad y otros demonios relacionados con el sexo.

Templos del enemigo

Pablo dice que nuestros cuerpos son templos del Espíritu Santo (1ra Corintios 6:19). Los espíritus malignos, en muchos casos construyen altares o templos en una persona porque Satanás trata de imitar cada una de las cosas buenas y santas que Dios hace o tiene.

En un caso al que me enfrenté, una mujer de New York tomó una clase de hawaiano en la universidad y el curso requería que los estudiantes pasaran una noche en un *heiau* (templo) hawaiano. Los estudiantes trajeron grabadoras de cinta y cámaras de video en un intento por grabar la presencia de los espíritus hawaianos. La mujer no vio nada y la única cosa que ella pudo recordar de esa noche es que había dormido profundamente sobre una larga losa de piedra.

Poco tiempo después, la joven de veintiséis años de edad, comenzó a sufrir dolencias físicas que los doctores no podían explicar médicamente. Durante una sesión de liberación, el Espíritu Santo me mostró que los espíritus hawaianos tenían un *heiau* (templo de roca hawaiano) en su cuerpo, completo con una roca de sacrificio. Ellos tenían planeado sacrificarla trayendo sobre ella la muerte por medio de enfermedades. Cuando derribamos las puertas del templo y las paredes, y, aplicamos la sangre de Jesús, los demonios se fueron furiosos. Seis personas fueron necesarias para sostener en el piso a la señora. Ella rompió mi camisa, aruñó mis brazos y dio un manotazo en mi cara antes que los obreros pudieran ser llamados. Ese fue mi error. Los espíritus se esfumaban a medida que destruíamos el templo hawaiano y le pedíamos a Dios que enviara lluvias de brasas encendidas para destruir cada elemento del templo.

Con dioses que desean sacrificios humanos, los obreros algunas veces perciben olor de carne humana putrefacta. Con personas envueltas en el budismo, a menudo vemos templos espirituales, altares de oración y cajas, rollos, incienso quemándose y otros accesorios budistas en sus cuerpos. Pídale a Dios que destruya estas fortalezas del enemigo.

En una ocasión una mujer declaró que el odio y el enojo la atormentaban. Cuando empezamos a orar, la mujer asumió una postura de meditación. El Espíritu Santo reveló que la mujer en algún tiempo había practicado el budismo, por lo que un altar y un rollo existían en su cuerpo. Cuando destruimos el altar y el rollo, los demonios gritaron: "¡No! ¡No!"

Los demonios entretejen mitos y leyendas que animan a los humanos a adorarles.

La adoración de otros dioses o diosas demoníacos acarrean fenómenos similares. Nos hemos encontrado con templos espirituales dedicados a las así llamadas deidades chinas de Kwan Yin, Kwan Dai Goong, como también con templos a dioses y diosas indias o hindúes tales como Shiva y la Madre Kali. Una mujer colocó un altar que honraba a la diosa Diana, después que ella fue a Grecia para adorar esa diosa. Por supuesto que estos templos y artículos existen en lo espiritual.

Los demonios desplazan una asombrosa habilidad para entretejer mitos y leyendas que animan a los humanos insensatos a adorarles. Los griegos, los romanos, los chinos y otras leyendas de innumerables culturas y civilizaciones muestran cómo los demonios tejen historias de romance y conquista. Invariablemente, estos mitos caracterizan a hombres que subieron la escalera de la inmortalidad con la ayuda de dioses o deidades benévolos, por medio de matar o destruir a sus enemigos. Consecuentemente, los hombres adoran deidades especiales y esperan conseguir la inmortalidad o al menos la calidad de héroe. Al adorar a dioses y diosas extrañas, los humanos se abren al control de los demonios.

3 El reino de Babilonia: Jezabel y Acab

Satanás ha dividido al mundo en áreas geográficas sobre las cuales ha colocado espíritus gobernadores o principados. Estos espíritus gobernadores controlan las actividades espirituales dentro de sus fronteras asignadas.

> *Cuando Jehová tu Dios te haya introducido en la tierra en la cual entrarás para tomarla, y hayas echado de delante de ti a muchas naciones, al heteo, al gergeseo, al amorreo, al cananeo, al ferezeo, al heveo y al jebuseo, siete naciones mayores y más poderosas que tú.* (Deuteronomio 7:1)

Dios usa el número siete y la expresión *"echar"*. Por consiguiente, es mi opinión de que hay siete poderes mayores, aunque parecería que el número exacto no es material en esta ocasión.

La Biblia indica que los siete poderes gobernantes son Jezabel/Acab, orgullo, brujería, Anticristo, control mental, asesinato/violencia y muerte/infierno. La influencia de estos espíritus está tan extendida que yo me refiero a ellos como a poderes, así también como a espíritus gobernadores.

Áreas geográficas de control

Además de estos poderes mundiales, Satanás tiene asignados espíritus gobernadores sobre áreas geográficas como naciones, comunidades, grupos tales como iglesias y familias, y, sobre cada individuo. Satanás puede escoger de una amplia formación de espíritus. En una sola ciudad, una barriada pudiera estar bajo el espíritu de pobreza, otro bajo la muerte y aún otro bajo la codicia. El área de Harlem, en New York pudiera estar bajo el espíritu de la pobreza y la muerte; la codicia en Manhattan, y, el de hechicería sobre las áreas densamente pobladas por puertorriqueños.

Para grupos tales como las iglesias, Satanás envía espíritus de celos, contienda, rebelión, sedición, sueño y otros parecidos. Estos espíritus trabajan duro para llevar desunión y fracaso. Sobre los individuos él puede enviar los de rechazo, odio, temor, enfermedad, muerte, cáncer, control mental, brujería y una vasta fila de otros espíritus que se calcula evitan que los individuos busquen de Dios.

Un plan para cada uno

Satanás tiene un astuto plan para cada persona, incluyéndolo a usted. Efesios 6:11 nos instruye: *"Vestíos de toda la armadura de Dios, para que podáis estar firme contra las asechanzas del diablo"*. La palabra "asechanzas" significa "planes", "diseños", "esquemas". El diablo todo el tiempo confabula contra usted y el cuerpo de Cristo. El reino de Satanás no es desordenado. Está bien organizado y tiene un diseño para ello. Lo que suceda en la tierra es el resultado de lo que el reino espiritual está controlando. Los frutos del reino espiritual de Satanás se ven en los asuntos de los hombres.

Reinos espirituales

Los nombres de las diferentes áreas del reino de Satanás a menudo corresponden a ciudades y países físicos, pasados o presentes. Recuerde el pasaje en la Biblia donde el profeta Daniel oró durante veintiún días antes de que el ángel del Señor viniera en respuesta a sus oraciones. El ángel le dijo:

> *Daniel, no temas; porque desde el primer día que dispusiste tu corazón a entender y a humillarte en la presencia de tu Dios, fueron oídas tus palabras; y a causa de tus palabras yo he venido. Mas el príncipe del reino de Persia se me opuso durante veintiún días; pero he aquí Miguel, uno de los principales príncipes, vino para ayudarme, y quedé allí con los reyes de Persia.* (Daniel 10:12–13)

¿Quién era el príncipe de Persia? Obviamente, no era un humano el que gobernaba sobre la Persia física, sino un poderoso espíritu que gobernaba sobre la Persia espiritual.

Satanás tiene un astuto plan para cada persona, incluyéndolo a usted.

En Apocalipsis capítulo once, a los dos testigos de Dios de los últimos tiempos se les da muerte: "*Y sus cadáveres estarán en la plaza de la gran ciudad que en sentido espiritual se llama Sodoma y Egipto, donde también nuestro Señor fue crucificado*" (v. 8). Sabemos que Jesús fue crucificado en las afueras de Jerusalén, así que ¿cuál es esta Sodoma y Egipto? Es una ciudad espiritual llamada Sodoma y Egipto porque sus espíritus gobernadores son los mismos espíritus que controlan a la Sodoma y al Egipto físicos. Sodoma era dominada por cada pecado de perversión sexual imaginable. Egipto es sinónimo de Babilonia. Sus raíces de religión y cultura estuvieron en Babilonia. Fue una nación que se dio a los ídolos y a la adoración de la carne, conocida por sus brujerías, hechicerías, vida lujuriosa e impureza sexual. Los dioses y diosas egipcias eran paralelos a aquellos de Babilonia, con diferentes nombres.

Al completo sistema espiritual satánico que circunda toda la tierra, se le llama Babilonia la Grande (Apocalipsis 17:5: 18:2). La cual es Sodoma y Egipto, y, mucho más.

La Babilonia histórica

Históricamente, hace mucho tiempo que Babilonia desapareció de la faz de la tierra. Por ende, las referencias bíblicas, especialmente los capítulos 17 y 18 de Apocalipsis parecen estar fuera de lugar. Es cierto que el gobernante iraquí, Sadam Hussein, ha construido un edificio gubernamental en el sitio que una vez estuvo Babilonia y anunció planes para reconstruir Babilonia, pero todavía la mayor parte se mantiene como desierto.

La razón por la que necesitamos discutir sobre la Babilonia histórica es doble. Creo que la manera natural en que Babilonia fue destruida refleja como ella será destruida en lo espiritual. Segundo, un estudio de la cultura y religión de la antigua Babilonia nos dice cómo los espíritus babilonios operan hoy entre nosotros.

La destrucción

La antigua Babilonia fue destruida por Ciro de Persia, alrededor del año 536 AC. La ciudad fue diseñada para que fuera invulnerable, tenía dos murallas altas que la rodeaban. Estas murallas eran tan gruesas y altas que las carreras de carruajes se celebraban entre filas de casas en la cima de las murallas. El río Éufrates atravesaba Babilonia y las partes bajas de las murallas. La muralla tenía dos puertas grandes cubiertas de hojas de cobre y hierro que resistían los ataques.

Cuando el ejército persa vino sobre Babilonia a medianoche, se sorprendieron al encontrar que el río Éufrates misteriosamente estaba seco. No obstante, los soldados esperaban una fiera batalla en las puertas. Y he allí, que cuando ellos llegaron hasta la puerta principal, ésta se rompió en pedazos, como si una gran mano hubiera soltado las bisagras. No hubo resistencia militar porque aparentemente, los babilonios estaban celebrando un día de fiesta religioso y estaban todos borrachos y dormidos.

Las puertas y las aguas

En nuestra lucha espiritual con Jezabel y otros espíritus babilonios, hay ciertos pasajes bíblicos que particularmente parecen efectivos:

> *Así dice Jehová a su ungido, a Ciro, al cual tomé yo por su mano derecha, para sujetar naciones delante de él y desatar lomos de reyes; para abrir delante de él puertas, y las puertas no se cerrarán: Yo iré delante de ti, y enderezaré los lugares torcidos; quebrantaré puertas de bronce, y cerrojo de hierros haré pedazos.*
> (Isaías 45:1–2)

Otro pasaje importante para la liberación se encuentra en Jeremías 50:38: *"Sequedad sobre sus aguas, y se secarán"*. Jeremías 51:36 dice: *"Por tanto, así ha dicho Jehová: He aquí que yo juzgo tu causa y haré tu venganza; y secaré su mar, y haré que su corriente quede seca".*

Ambos pasajes no sólo predijeron lo que iba a pasar a la Babilonia histórica, sino también lo que Dios hará a la Babilonia espiritual en los últimos tiempos.

La Babilonia espiritual

La primera mención de Babilonia se encuentra en el capítulo catorce de Apocalipsis, versículo ocho: *"Otro ángel le siguió, diciendo: Ha caído, ha caído Babilonia, la gran ciudad, porque ha hecho beber a todas la naciones del vino del furor de su fornicación"*. Este pasaje pronostica la caída de esa ciudad espiritual y con ella, el gobierno y reino de Satanás. Todas las naciones que beben de su vino y fornican con ella, aún no tienen idea de lo que es ella y de lo que hace.

> *Y la gran ciudad fue dividida en tres partes, y las ciudades de las naciones cayeron; y la gran Babilonia vino en memoria delante de Dios, para darle el cáliz del vino del ardor de su ira.* (Apocalipsis 16:19)

Dios decidió olvidar a Babilonia por un momento, pero ahora Él se acuerda de ella y de sus pecados. Su muerte está por ocurrir.

> *Y me llevó en el Espíritu al desierto; y vi a una mujer sentada sobre una bestia escarlata llena de nombres de blasfemia, que tenía siete cabezas y diez cuernos. Y la mujer estaba vestida de púrpura y escarlata, y adornada de oro, de piedras preciosas y de perlas, y tenía en la mano un cáliz de oro lleno de abominaciones y de la inmundicia de su fornicación; y en su*

frente un nombre escrito, un misterio: BABILONIA LA GRANDE, LA MADRE DE LAS RAMERAS Y DE LAS ABOMINACIONES DE LA TIERRA. (Apocalipsis 17:3–5)

La bestia es la ramera y Juan se quedó mirando a la mujer. Él se maravilló de ella.

La Babilonia espiritual gobierna la tierra hoy. Tiene gran significado para todos los cristianos de los tiempos del fin. Si la ignoráramos a ella, entonces ¿cómo podremos salir de ella, mucho menos contraatacarla y derrotarla? Veamos cómo la gran Babilonia gobierna la tierra hoy.

EL SACRIFICIO DE NIÑOS

Miles de pequeños fueron sacrificados para complacer a la diosa babilónica Astoret (también llamada Astarte, Astora y Astorot). Junto a los templos que honraban a esta espantosa diosa, había miles de tumbas de niños. En el *Manual Bíblico de Halley* (Halley 1965), se explica cómo los arqueólogos descubrieron lo que creyeron ser el palacio de Jezabel, la jefa sacerdotisa del culto a Astoret. En las paredes del palacio de Jezabel se encontraron vasijas con restos de niños. La vasija contenía una inscripción: "Estos me hacen tierna y delicada". En su búsqueda de lo tierno y delicado (Isaías 47:1), las mujeres babilónicas sacrificaban a sus hijos.

El sacrificio de niños se hace hoy en una escala sin precedentes. Cada año, más de millón y medio de abortos se realizan en Estados Unidos de Norteamérica y veintiséis millones en el resto del mundo. Y no sólo eso, muchos niños que no mueren son ofrecidos en sacrificio en los altares del mundo por padres que son egocéntricos y que no quieren o no pueden alimentar a sus propios hijos.

Padres se han separado de sus hijos tanto física como mentalmente. Muchos no desean ver a sus hijos o tomar parte en su educación una vez que se han divorciado de la madre. Se rehúsan a pagar la manutención del niño. Y peor aún, aun cuando viven con sus hijos, muchos padres no quisieran cuidar más de ellos. Los corazones de los padres se han separado de los corazones de sus hijos.

Hoy tenemos una generación de personas que aborrecen a sus padres, porque éstos tuvieron padres abusivos, negligentes o ausentes. Hay rechazo y amargura por todas partes. Las jóvenes crecen pensando que ellas no necesitan un esposo. Tienen hijos ilegítimos y no ven la necesidad de casarse. Una nueva generación sin padres está surgiendo en Estado Unidos de Norteamérica. Los niños están siendo sacrificados en los altares del mundo, dejándoles vivir una vida de rechazo, depresión, desesperación y desorden. Para buscar el amor, ellos se envuelven en las drogas, el sexo, o las pandillas. Por eso Dios dijo en Malaquías:

> *He aquí, yo os envío el profeta Elías, antes que venga el día de Jehová, grande y terrible. Él hará volver el corazón de los padres hacia los hijos, y el corazón de los hijos hacia los padres, no sea que yo venga y hiera la tierra con maldición.*
>
> (Malaquías 4:5–6)

La revolución sexual

La antigua religión babilónica adoraba a la carne. Los babilonios y los egipcios no respetaban nada con tal de satisfacer sus lujurias de la carne. Era una total complacencia en lo mejor de los alimentos, vestidos, techo y sexo.

La promiscuidad sexual, las orgías y los rituales eran parte del sistema. Cuando Moisés pasó cuarenta días en la montaña comunicándose con Dios, los israelitas lo dieron por muerto y persuadieron a Aarón para que hiciera un becerro de oro. Cuando ya estuvo terminado, ellos lo celebraron corriendo desnudos alrededor y llevando a cabo una orgía sexual.

A medida que Babilonia toma control, nosotros encontraremos un aumento en la tolerancia por la promiscuidad.

La adoración a Baal y Astoret promueve a la prostitución en el templo, donde hombres y mujeres voluntariamente sirven como prostitutas con el fin de recaudar dinero para las actividades religiosas. Los ritos sexuales incluyen: homosexualidad, bestialidad y cualquier perversión degradante que usted se pueda imaginar. Mujeres y hombres eran adorados por su belleza física. El despliegue de los órganos sexuales era amplio. La palabra "arboledas" en la Biblia se refiere a lugares de adoración que desplegaban obras esculpidas de órganos sexuales tanto de hombres como de mujeres.

A medida que la Babilonia espiritual toma control durante los tiempos del fin, nosotros encontraremos amplio aumento de promiscuidad sexual, fornicación, adulterio, perversión, pornografía, incesto, abuso sexual, bestialidad e inmundicia.

La codicia

> [El comercio de Babilonia incluía] *mercadería de oro, de plata, de piedras preciosas, de perlas, de lino fino, de púrpura, de seda, de escarlata, de toda madera olorosa, de todo objeto de marfil, de todo objeto de*

madera preciosa, de cobre, de hierro y de mármol; y canela, especias aromáticas, incienso, mirra, olíbano, vino, aceite, flor de harina, trigo, bestias, ovejas, caballos y carros, y esclavos, almas de hombres.

(Apocalipsis 18:12–13)

Todos estos artículos eran cosas de lujo y avaricia. Babilonia y Egipto representan la avaricia y el deseo por el poder y el lujo.

Las personas conspiran y matan para obtener cosas finas con las cuales demostrar que son dignos de ser adorados. Las personas con abundancia de cosas finas, poder y dinero son grandemente admirados e imitados. El dinero y el poder pueden proveer el mejor alimento, los vestidos más finos, grandes casas y carros y, además, sexo. Es pura codicia. La codicia viene a ser un poderoso espíritu gobernador en los tiempos del fin.

La homosexualidad y la confusión

La homosexualidad hoy en día, es un poderoso espíritu maligno. Es una total abominación para Dios y representa confusión mental. La confusión es una característica de Babilonia. El Señor dice en Jeremías 50:2: *"Tomada es Babilonia, Bel es confundido"*. Estar confundido es estar desorientado. De todos los libros de la Biblia, el libro de Jeremías utiliza la palabra *"confundido"* más que ningún otro. El pueblo de Babilonia estaba confundido o desorientado, y lo mismo es cierto hoy. Más adelante en la historia, Bel vino a ser conocido como el dios Janus, el dios bicéfalo cuyo símbolo es un bastón que se usa para golpear en la cabeza a los hombres. Siendo de dos cabezas, es un ser de doble ánimo, y, por consiguiente, inestable (Santiago 1:8).

La homosexualidad hoy ha dado a conocer su feo rostro más que en ninguna otra época de la historia, excepto, quizás en los días de la decadente Roma. No hay manera de comparar las dos épocas porque no hay estadísticas, pero la homosexualidad en América, y el resto del mundo, es más desvergonzada y extensa que en los miles de años anteriores. A pesar de lo que los medios o grupos que abogan por la homosexualidad quisieran que creyéramos, la homosexualidad claramente es un pecado ante los ojos de Dios.

> *¿No sabéis que los injustos no heredarán el reino de Dios? No erréis; ni los fornicarios, ni los idólatras, ni los adúlteros, ni los afeminados, ni los que se echan con varones.* (1ra Corintios 6:9)

> *Por eso Dios los entregó a pasiones vergonzosas; pues aun sus mujeres cambiaron el uso natural por el que es contra naturaleza, y de igual modo también los hombres, dejando el uso natural de la mujer, se encendieron en su lascivia unos con otros, cometiendo hechos vergonzosos hombres con hombres, y recibiendo en sí mismos la retribución debida a su extravío.*
> (Romanos 1:26–27)

La confusión aumenta en la actualidad. En los últimos cinco años he recibido más que nunca antes, casos de esquizofrenia, depresión maníaca, y problemas mentales o emocionales.

Las drogas

En la religión babilónica, el amplio consumo de drogas era un principio indiscutible. La cocaína se inventó en Egipto y probablemente les llegó de Babilonia. Las drogas de alteración mental se usaban ampliamente para inducir el "sueño del templo" durante el cual las personas drogadas alucinaban y veían dioses, diosas, cielo, infierno y toda clase de cosas "espirituales", incluyendo demonios.

La manera de alucinar del pobre hombre es por medio del canto y la meditación aunque en silencio. Hoy en día, el uso de las drogas se esparce rápidamente. Es la última plaga de la sociedad occidental.

Las drogas están ligadas a la brujería. Durante la Edad Media, las brujas usaban la alquimia para producir pociones y drogas para controlar las mentes de los otros. En cualquier época, el uso de las drogas está ligado a un espíritu de brujería. El espíritu común es *pharmakaea,* este término es del griego que significa *farmacia,* un lugar donde se preparan y se venden las drogas [mejor conocidas como medicinas].

La astrología, la hechicería y la brujería

La astrología fue inventada por los caldeos, la tribu gobernante de Babilonia. Era una forma de adivinación ampliamente usada en Babilonia y Egipto. Isaías 47 habla de la hija virgen de Babilonia:

> *Estas dos cosas te vendrán de repente en un mismo día, orfandad y viudez; en toda su fuerza vendrán sobre ti, a pesar de la multitud de tus hechizos y de tus muchos encantamientos....Estate ahora en tus encantamientos y en la multitud de tus hechizos, en los cuales te fatigaste desde tu juventud; quizá podrás mejorarte, quizá te fortalecerás. Te has fatigado en tus muchos consejos. Comparezcan ahora y te defiendan los contempladores de los cielos, los que observan las estrellas, los que cuentan los meses, para pronosticar lo que vendrá sobre ti.* (Isaías 47:9, 12–13)

Los grandes diarios y revistas destacan horóscopos, y usted puede ver dos o tres presentaciones psíquicas por televisión en cualquier tiempo. Ha habido un gran aumento de brujería y hechicería en los últimos diez años. Los atletas llevan amuletos de la buena suerte, presidentes consultan a los adivinos y los astrólogos se convierten en celebridades. Esa es otra señal de Babilonia la Grande.

El asesinato y la violencia

El asesinato y la violencia son característicos de Babilonia. A los babilonios les gustaba la violencia. La violencia reinaba en las calles y las guerras eran constantes (Jeremías 51:46). Hoy se hace más difícil caminar de noche por las calles, de la mayoría de las ciudades, con un poco de confianza y seguridad y aún en algunos lugares durante el día. La violencia y el asesinato gobiernan la noche. Los programas de televisión presentan mucha violencia—es imposible para alguien sentarse por la noche cambiando los canales sin ver por lo menos 50 actos de violencia.

La Babilonia espiritual es el mecanismo diabólico para engañar a la humanidad, especialmente a los cristianos.

A medida que los tiempos del fin se acercan, el asesinato y la violencia se intensificarán. La bestia de Satanás va a la guerra contra los santos y los domina. Él matará a todos los cristianos que tiene al alcance de sus manos. Habrá muchas guerras y rumores de guerra. Reinos guerrearán contra reinos, y no habrá ley (2da Pedro 2:10; Judas 8).

La liberación de las mujeres

Los verdaderos gobernantes religiosos de Babilonia eran las mujeres. El culto a Astoret era tan poderoso que las mujeres pertenecían a él. La diosa esposa de Baal era mucho más reverenciada que su contraparte varón. Aun los hombres de Israel se sentaban atrás y permitían que sus esposas cocinaran pasteles para la "Reina del Cielo".

La suma sacerdotisa del culto a Astoret mantenía una prominente posición en la vida social y religiosa de Babilonia. La consideraban vidente y profetisa. Las mujeres de Babilonia eran tenidas en alta estima. Realmente ellas gobernaban el reino.

A medida que los tiempos del fin se acercan cada vez más, las mujeres tomarán un papel dominante en el gobierno y los negocios, y, controlarán la mayoría de la riqueza del mundo. Ellas serán las líderes en muchas iglesias y familias. Los hombres serán subyugados y relegados a posiciones subalternas secundarias. La liberación femenina triunfará como nunca antes.

"Salid de ella, pueblo mío"

Hay poca duda de que la Babilonia espiritual gobierna la tierra hoy. Los frutos son obvios. Es el mecanismo diabólico para engañar a la humanidad, especialmente a los cristianos y traer la adoración mundial a la bestia de Satanás. Todos aquellos que sean atrapados en ese sistema saborearán la ira de Dios. Apocalipsis 18:4 dice: *"Salid de ella, pueblo mío, para que no seáis partícipes de sus pecados, ni recibáis parte de sus plagas"*. Hablando políticamente correcto, las agendas políticas que apoyan la homosexualidad, el divorcio, la pornografía, las drogas, la libertad de expresión y el aborto, pondrán a la nación en esclavitud. Es la trampa del cazador de las que pocos escaparán (Salmos 91:3).

Gobernantes de Babilonia: La bella y la bestia

La Babilonia espiritual está gobernada por un rey y una reina. Ellos son la bella y la Bestia. Pese a las Producciones Walt Disney, la historia original de la bella y la bestia se encuentra en el capítulo diecisiete de Apocalipsis. El apóstol Juan vio una mujer sentada sobre una bestia.

> *Y la mujer estaba vestida de púrpura y escarlata, y adornada de oro, de piedras preciosas y de perlas, y tenía en la mano un cáliz de oro lleno de abominaciones y de la inmundicia de su fornicación.*
>
> (Apocalipsis 17:4)

La mujer es el titular, la que está arriba, el nombre sobre la marquesina. Ella es bella y atractiva. Ella es la titular de Babilonia.

> *Y en su frente un nombre escrito, un misterio: BABILONIA LA GRANDE, LA MADRE DE LAS RAMERAS Y DE LAS ABOMINACIONES DE LA TIERRA.* (Apocalipsis 17:5)

Babilonia la Grande es un poder espiritual mundial. Todas las naciones fornican con ella. El ángel le dijo a Juan: *"Las aguas que has visto donde la ramera se sienta, son pueblos, muchedumbres, naciones y lenguas"* (Apocalipsis 17:15). Ella tiene muchos admiradores y adoradores—quizá aun usted.

Ella es Jezabel y mucho más. Su gobierno se extiende por todo el mundo entre el cuerpo de Cristo, las familias, los políticos, las profesiones, los negocios, las relaciones y muchas más cosas.

La bestia es el hombre detrás de las escenas, el apoyo. A medida que el tiempo sigue, él escoge ocultarse en las sombras como el jorobado de Nuestra Señora. Pero no se apiade de él. Él representa el espíritu de Acab. Él es el otro gobernante de la Babilonia espiritual.

Jezabel y Acab: La línea real

Estamos interesados en la Jezabel y el Acab históricos, porque una persona con el espíritu de Jezabel exhibirá las características de la Jezabel histórica, y una persona con el espíritu de Acab manifestará la naturaleza histórica de Acab. Jezabel y Acab son importantes para nosotros, pues ellos eran adoradores de dioses y diosas babilónicos, por lo que un estudio de sus vidas nos da una visión de cómo operaban estos espíritus.

Los hombres-Acab razonan en contra de Dios para justificar sus búsquedas mundanas.

Para entender a Jezabel y Acab, necesitamos ir a Primera de Reyes capítulo dieciséis. Omri fue el padre de Acab y gobernó a Israel antes de Acab. Fue el rey más malo de sus días. Primera de Reyes 16:25 dice: *"Y Omri hizo lo malo ante los ojos de Jehová, e hizo peor que todos los que habían reinado antes de él"*. Acab. Por consiguiente, fue mucho más que "de tal palo tal astilla". Él superó a su padre. El versículo treinta dice: *"Y Acab hijo de Omri hizo lo malo ante los ojos de Jehová, más que todos los que reinaron antes que él"*. Acab fue el rey campeón del mal. ¿Por qué?

Los reyes de Israel era de suponerse que se casaran con mujeres judías, pero Acab se casó con Jezabel, hija del rey de

Sidón, quien adoraba a Baal. Como usted ve, Jezabel era una bella mujer y Acab era un hombre con lujuria sexual. También él era egocéntrico. Él sabía lo que quería y nadie iba a impedírselo, ni siquiera Dios. Acab tomó la palabra de Dios superficialmente. Acab no sólo se casó con Jezabel, sino que adoró a los dioses de ella y sirvió a Baal (v. 31). Él construyó templos y altares a Baal y plantó una arboleda (v. 33). Acab era de poca resistencia a una cara bonita.

Los hombres-Acab eran como él. Sexo y buen parecer para ellos significaba más que Dios. Ellos razonaban los mandamientos de Dios para justificar sus búsquedas de satisfacciones pecaminosas: "Dios no se fija en nosotros si tenemos sexo; después de todo, el sexo es un regalo de Dios. Miren a David que tuvo cientos de esposas y concubinas". Los hombres-Acab amaban el sexo y a menudo ahondaban en la pornografía, la fornicación, el adulterio, la masturbación y eventualmente en las diferentes formas de perversión, dependiendo del gusto de cada individuo y su grado de control. Sus deseos por las cosas del mundo pesaban más que el interés por sus propios hijos.

Es más, Acab permitió el sacrificio de niños en Israel.

> *En su tiempo Hiel de Bet-el reedificó a Jericó. A precio de la vida de Abiram su primogénito echó el cimiento, y a precio de la vida de Segub su hijo menor puso sus puertas, conforme a la palabra que Jehová había hablado por Josué hijo de Nun.*
>
> (1ra Reyes 16:25)

Si su esposa quería abortar, Acab le decía: "Es cosa tuya" y luego le ayudaba con los arreglos.

Acab era rey de Israel, pero rehusó asumir sus responsabilidades. La mayoría de los hombres-Acab era irresponsable. Ellos eran mimados, perezosos e idólatras holgazanes.

Jezabel era la sacerdotisa principal del culto a Astoret. Ella no sólo le rendía culto a Astoret, sino que había determinado aniquilar a los profetas de Dios. En 1ra de Reyes capítulo dieciocho, encontramos que Jezabel y Acab buscaban a Elías para matarlo. Ellos ya habían aniquilado a muchos profetas y líderes de Dios.

Babilonia la Grande (Jezabel) ha matado durante siglos a los profetas de Dios, aún después que Jesús ascendió al cielo.

> *Vi a la mujer ebria de la sangre de los santos, y de la sangre de los mártires de Jesús; y cuando la ví, quedé asombrado con gran asombro.* (Apocalipsis 17:6)

Apocalipsis 18:24, dice: *"Y en ella se halló la sangre de los profetas y de los santos, y de todos los que han sido muertos en la tierra"*. Ella es un espíritu de asesinato con la muerte como su sirviente. Ella está tratando de matarlo a usted, y ella trata de matarme a mí.

En 1ra de Reyes capítulo veintiuno Acab codició la viña de Nabot. Acab tenía muchos viñedos y Nabot tan sólo una y pequeña. Acab fue donde Nabot y le propuso comprar su viña o cambiarla por una que él le daría. Nabot le contestó: *"Guárdeme Jehová de que yo te dé a ti la heredad de mis padres"*. Nabot era un hombre bueno y sabía que no iba a deshacerse de una herencia de Dios. Pero Acab era codicioso. Acab regresó derrotado a su palacio y se encerró en su dormitorio, se acostó en su cama con la cara hacia la pared y rehusó comer.

Los hombres-Acab eran llorones y fruncían el ceño cuando no conseguían lo que querían, eran débiles y perezosos. Sin embargo, Jezabel era más astuta y más agresiva. Cuando ella inquirió de lo que estaba pasando, Acab le mintió al no decirle que la viña de Nabot era una herencia y que no podía darla a nadie que no fuera de la familia (v. 6). Los hombres-Acab eran mentirosos.

Jezabel le dijo: *"¿Eres tú ahora rey sobre Israel? Levántate, y come y alégrate; yo te daré la viña de Nabot de Jezreel"* (1ra Reyes 21:7). En otras palabras, ella humilló a su esposo: "¿Qué clase de rey eres tú? Está bien, no te preocupes, te conseguiré ese viñedo". Acab no tenía agallas por lo que dejó que su esposa lo hiciera. Jezabel escribió cartas en nombre de Acab, selladas con su sello, y las envió a varias personas con instrucciones de levantar contra Nabot falsos testimonios. Nabot fue apedreado hasta morir.

Las mujeres-Jezabel tratan de obtener influencia en sus iglesias locales.

Cuando Jezabel anunció que Nabot había muerto, Acab muy contento fue a reclamar la viña de Nabot. Los hombres-Acab usaban a las mujeres. Ellos les permitían a las mujeres dirigir y tomar responsabilidades porque las mujeres les daban lo que ellos querían. Detrás de cada mujer de Jezabel había un hombre de Acab, no importaba si fuera esposo, novio o padre.

Algunas mujeres les decían a sus esposos: "¿Qué clase de hombre eres tú?" Yo lo haré. Los esposos se daban por vencidos y decían: "Adelante, hazlo tú". Acab voluntariamente abdicó a su trono a favor de Jezabel. Las mujeres-Jezabel tratan de tomar ilegalmente el mando donde quiera que ellas trabajen, vivan o adoren. Ellas son las cabezas de familias, las sumas sacerdotisa en los hogares, y tratan de obtener el control de sus iglesias locales. Ellas tienen un espíritu de asesinato y matarán espiritualmente a sus esposos e hijos, si no físicamente. Las mujeres de Jezabel presentarán falsos testigos cuando sea provechoso, especialmente contra los líderes de las iglesias para desacreditarlos.

Los hombres-Acab son de doble ánimo. En Primera de Reyes capítulo veinte, el poderoso ejército sirio dos veces vino contra Israel. En ambas ocasiones el profeta de Dios vino a Acab y le dijo que Dios iba a hacerle un milagro poderoso para derrotar a los sirios. Dios en realidad, derrotó dos veces a los sirios. Aún así, Acab no regresó la adoración a Dios. Sin embargo, él inquiría de los profetas de Dios cuando necesitaba ayuda (1ra Reyes 22:6). Él iba y venía—verdaderamente un hombre de doble ánimo. Los hombres-Acab iban a la iglesia si era políticamente correcto o por ganancia personal, no porque ellos amaran a Dios. Ellos fueron testigos de los milagros de Dios y aún así rehusaron venir al Señor.

Jezabel es una bruja por definición y acción. La brujería es la manipulación y el control de otros a través de medios demoníacos. Ella busca controlar las mentes de otros por medio de mentiras, quejas, amenazas, posiciones, vergüenza, lástima y cualquier otra cosa que ella pueda usar.

Manifestaciones en la familia

Una esposa-Jezabel manipula y controla la familia. Ella puede hacer uso de privación sexual o deseo excesivo para controlar al marido. Acab es un individuo rechazado, inseguro, sujeto a abandono y de baja auto-estima, de tal manera que tiene que suplicar por sexo si fuere necesario. Por otro lado, ella usará excesiva lujuria y deseo de sexo. Si Acab no es capaz de continuar, él se convierte en un subalterno que no puede satisfacer a su esposa. Por temor a perderla él hará muchas cosas y le cederá el control.

Jezabel lo hará a su manera. Ella puede ser dulce, tempestuosa o como una enredadera. Ella usará sus encantos, sonrisas, palmaditas de alivio, amenazas, un genio de rabieta, cólera o cualquier otra que fuere necesario. Hacer el trabajo y tomar responsabilidades son parte del precio de ser una Jezabel. Ella no confía en Acab para nada.

Acab abdica su posición como sacerdote de la familia. Jezabel puede hacer lo que quiera.

Si ella es atractiva físicamente, a menudo seduce a los hombres. Ella se siente más cómoda con los hombres si sabe que ellos son atraídos por ella porque entonces, ella puede tener una medida de control sobre ellos. Ella engañará a su esposo; después de todo, ella es una prostituta. Por otro lado, su marido es igualmente malo. Siendo que ella ama el sexo, él será un sinvergüenza—si tiene suficiente valor.

Acab evita toda confrontación y permite a su esposa que actúe a su manera. Él ha dejado de ser el líder. Él es de los que se pasa viendo televisión todo el día, mientras su esposa está ocupada y atareada. Él está más interesado en gratificar sus propios deseos sin gastar mucha energía en el proceso.

Puede que los hombres-Acab crean en Dios pero no creen que sea importante someter sus vidas a Él. Sus codicias por la carne y el mundo son demasiado fuertes como para abandonarlas. Jezabel recibe la posición directriz porque Acab no la quiere. Las características principales de Acab son la negligencia y la irresponsabilidad. Sencillamente, él no quiere ser incomodado. Con tal de tener su colección pornográfica (fuera de la vista de los niños, por supuesto), él está contento. Mientras él pueda tener sus placeres mundanos, ella puede hacer lo que quiera.

Acab abdicó su posición principal como sacerdote de la familia. Jezabel es la que lleva a los niños todos los domingos a la iglesia y asiste a las reuniones de la semana. Él no se preocupa. Él se mete a su dormitorio cuando el grupo de la iglesia está en su casa. Él tiene miles de excusas desde culpar de hipócritas a los que asisten a la iglesia hasta su necesidad de descansar. Acab puede hasta animar a su esposa para que vaya a la iglesia. Con esto se la quita de encima y le da más tiempo para sus propios deleites.

Si Acab es convencido para que vaya a la iglesia, lo hace refunfuñando o con el mínimo esfuerzo. Él a duras penas muestra entusiasmo por los proyectos de la iglesia. Él se retrae, o, si es forzado a envolverse en los asuntos de la iglesia, él le huye a los líderes. Sacar el bote de la basura es la única responsabilidad que quiere. Jezabel es más espiritual, ella es su apoyo.

No es que Acab sea físicamente débil. Él puede ser fuerte y atlético. Después de todo, Acab fue un guerrero también. A él le encantaba el combate; era como un juego para él. Los Acabs aman los deportes. Si no pueden participar, a ellos les gusta ver televisión o ir a los juegos y ver peleas. Esto les da identidades de sacrificados por otros.

Problemas femeninos

Una señal de Jezabel es problemas con el sistema reproductivo de las mujeres. Las mujeres con el espíritu de Jezabel a menudo tienen dolores menstruales y sangrados. Ellas a menudo son estériles, o tienen mal parto, niños que nacen muertos y abortos naturales. Jezabel reside en sus órganos sexuales. Ella odia a los hombres. Eventualmente, la mujer-Jezabel puede tener una histerectomía, cáncer del seno o algo similar. La verdad es que, tanto el hombre-Acab como la mujer-Jezabel no verán lo que está sucediendo. Es un ataque espiritual.

Cuando Acab y Jezabel están presentes en una familia, allí existe una pequeña Babilonia.

Los niños

Los niños en la familia babilónica tomaban las mismas características que las de sus padres, sólo que muchas veces peores. Las jóvenes son abominadoras de hombres, agresivas e irrespetuosas. Las hijas tienen la tendencia a interesarse por la brujería como un medio para ganar control sobre las personas y obtener poder. Los muchachos llegan a ser apocados, egocéntricos, perezosos y muchachos-mamita. Ellos usan a las mujeres. Si se sienten rechazados, entonces se vuelven llorones. Ambos están espiritualmente muertos.

Los dos géneros son aptos para involucrarse en la promiscuidad sexual, las drogas o el crimen. La homosexualidad y el lesbianismo son los resultados más serios de una maldición de Jezabel en la familia.

Los divorcios en la familia son señales comunes de Jezabel. En una familia que conozco, los tres hijos son divorciados y ahora viven con su madre, hijos-mamita de seguro. También las dos hijas son divorciadas y viven con hombres. Las nueras tienen dificultades de llevarse bien con las suegras. Después de todo, solamente puede haber una reina en la familia. Cuando Acab y Jezabel están en la familia, allí existe una pequeña Babilonia.

En la Iglesia

La iglesia debe ocuparse de Jezabel o ella la infestará de muerte espiritual. Yo sospecho que muchos de los problemas que los pastores tienen para dirigir a las ovejas se deben al espíritu de Jezabel. Ella ocasionará división, aridez y adormecimiento en la iglesia.

Específicamente Dios advierte en contra de ella:

> *Pero tengo unas pocas cosas contra ti: que toleras que esa mujer Jezabel, que se dice profetisa, enseñe y seduzca a mis siervos a fornicar y a comer cosas sacrificadas a los ídolos. Y le he dado tiempo para que se arrepienta, pero no quiere arrepentirse de su fornicación. He aquí, yo la arrojo en cama, y en gran tribulación a los que con ella adulteran, si no se arrepienten de las obras de ella. Y a sus hijos heriré de muerte, y todas las iglesias sabrán que yo soy el que escudriña la mente y el corazón; y os daré a cada uno según vuestras obras.* (Apocalipsis 2:20–23)

Jezabel ama la profecía porque es la manera de controlar a las personas. "Así dice el Señor" es una herramienta poderosa para manipular a los santos y a los líderes. Después de todo, ¿quien se atreve a desafiar a Dios? A ella le gusta enseñar y seducir a los santos por varias razones. Primero, ella quiere ser la suma sacerdotisa en la iglesia. Algunas veces ella tiene su propio grupo de intercesores o clases bíblicas en los hogares. Llama las ovejas hacia ella y ellas comienzan a adorarla y prestar atención a sus palabras. Luego, ella sutilmente hace observaciones negativas de todos los que tienen liderazgo para erosionar sus poderes. Ella a menudo profetisa en la iglesia. Si ella puede obtener más confianza con el profeta o pastor de la iglesia, entonces ella será capaz de hacer sugerencias a los líderes de lo que debería hacerse en la iglesia. Ella destruirá la visión de la iglesia y sus esfuerzos para mantenerse en la senda estrecha. "Dios me mostró esto" y "Dios me dijo aquello" son expresiones frecuentemente usadas por una Jezabel.

La iglesia debe ocuparse de Jezabel o ella la infestará de muerte espiritual.

La muerte

La mujer-Jezabel puede sentarse en la banca, mirar al orador y enviar gusanos de muerte contra esa persona. Ella misma no tiene la más leve idea de que Jezabel está utilizando sus ojos para maldecir a otro.

Si el pastor simpatiza con ella, él saldrá perdiendo. Los pastores que sufren de rechazos tendrán dificultades con ella. Su deseo de agradar y comprometerse, le da a ella más espacio. Porque ella es la persona más celosa y religiosa de la iglesia, ella tendrá un seguidor, así que él retrocederá a cambio de perder ovejas. Por supuesto que Jezabel conoce esto instintivamente.

No me mal interpreten. Hay muchas mujeres maravillosas llamadas por Dios para ser líderes en la iglesia. Pero hay una diferencia. Esas líderes son humildes, sumisas y sin pretensiones; por supuesto, las mismas normas aplican a los líderes varones. Los líderes varones que son orgullosos e insumisos son sino hombres-Jezabeles. Las sectas están llenas de ellos y el cuerpo de Cristo sufre por ambas clases.

La iglesia está llena de líderes varones involuntarios e insípidos que permiten que las personas sigan pecando.

De nuevo, el ofensor detrás de Jezabel es Acab. La iglesia está llena de líderes varones involuntarios e insípidos que comprometen la palabra de Dios permitiendo que las personas de la iglesia sigan en el pecado. Ellos se preocupan de que si se ponen difíciles, los santos se irán a otra iglesia. Cuanto más dinero dona un santo a la iglesia, él recibe más espacio.

Los frutos no mienten

A menudo es difícil detectar el trabajo de los espíritus de Jezabel y Acab en una familia o persona. Ambos pueden ser amorosos, celosos y buenas personas. Usted observar sus frutos. Un árbol infestado no puede dar buenos frutos, y, un buen árbol no puede dar mal fruto. Eche un vistazo a la situación familiar y lo que está pasando en la iglesia. Busque los frutos de Jezabel y Acab. Usted no puede negar los frutos (Mateo 7:17–18).

No mal interpreten; si una persona tiene influenza, no condene a la persona, condene a la influenza. Si una persona tiene cáncer, simpatice con la persona y ore para que él o ella se recobren. Si una persona tiene el espíritu de Acab o Jezabel, ámelos y ore por su liberación. No la acuse—libértela.

El gran engaño de todos los tiempos

Mientras miramos a Jezabel tendemos a olvidar a Acab. Ellos son como la bella y la bestia. Acab empuja a la mujer al reflector. Jezabel no es el personaje principal que debe desaparecer ni es la más mala de los dos. Generalmente, Acab es una persona agradable y fácil de tratar, pero en realidad él es el malhechor. Dios mira los corazones y sujeta a los hombres pues el mal que inició todo este desorden se encuentra muy profundamente. Dios sabe que es el espíritu de Acab el que le abre la puerta a Jezabel para que entre y lo tome todo.

Quiero dejar esto bien claro. El espíritu de Acab es el más malo. La Biblia dice que Acab fue el rey más malo que jamás haya vivido en Israel (1ra Reyes 21:25). La Biblia nunca compara a las reinas. Dios primero juzgó a Acab, y Acab murió mucho antes que Jezabel. Dios les da autoridad a los hombres, y, por consiguiente, tendrán que rendir cuentas por sus familias. Por lo tanto, los hombres serán responsables de sujetar el espíritu de Jezabel en sus familias. De igual manera, Dios juzgará primero a los pastores si ellos permiten que las mujeres-Jezabel gobernaran en las iglesias.

Mujeres, ustedes están siendo utilizadas

El rey Acab utilizó a la reina Jezabel. Si no fuera beneficioso, los espíritus-Acab no hubieran permitido a los espíritus-Jezabel que asumieran el cargo. Los hombres permitirán a las mujeres dirigir si hay algo para ellos. Cuando llega el tiempo preciso, Acab hace a un lado a Jezabel para tomar el cargo. La liberación de las mujeres es un engaño. En vez de que las mujeres tomen autoridad, los hombres deberían ser forzados a tomar sus responsabilidades dadas por Dios.

¿Recuerda como en Apocalipsis 17, Babilonia la Grande, está adornada ricamente y elogiada? Ella está sentada sobre la bestia y la atención del público sobre ella. Pero véase el versículo 16: *"Y los diez cuernos que viste en la bestia, éstos aborrecerán a la ramera, y la dejarán desolada y desnuda; y devorarán sus carnes, y la quemarán con fuego"*. ¿Sabe usted por qué? Porque es tiempo de que la bestia tome posesión. Él la abandona totalmente, la odia y la tira. No solamente eso, sino que él la deja desolada y desnuda, come su carne y la quema con fuego. Después de todo, ella solamente es una tonta engañada. ¡Ah! Ella piensa que es líder, pero al final, Acab le quita el trono.

> *Y se le permitió [a la bestia] hacer guerra contra los santos, y vencerlos. También se le dio autoridad sobre toda tribu, pueblo, lengua y nación. Y la adoraron todos los moradores de la tierra cuyos nombres no estaban escritos en el libro de la vida del Cordero que fue inmolado desde el principio del mundo.*
>
> (Apocalipsis 13:7–8)

¡Oh, oh! ¿Dónde está la mujer? Yo creí que la bestia amaba a la mujer y la quería en la cima. ¿No es chistoso cómo él la destruye para él tomar el poder del mundo y hacer que toda la humanidad lo adore como a un dios?

Es por eso que en Apocalipsis 19:19 es la bestia la que desafía a Jesús en la batalla final de los tiempos. ¿Qué se hizo la mujer? ¿No ve usted que todo es una farsa y un engaño? Las mujeres están siendo utilizadas por los hombres-Acab del mundo. Los hombres no tienen la intención de compartir el trono con las mujeres en el espíritu de igualdad. Es ventajoso para ellos dejar que las mujeres crean que son iguales. Ahora, las mujeres tienen que trabajar más duro que nunca y tomar su parte (no, más) en la responsabilidad de la familia. Las mujeres piensan que sus libertades sexuales son un paso en la dirección correcta; no obstante, a los hombres lujuriosos nunca antes se les hizo más fácil. Los hombres se recrean ahora mucho más libremente. Por eso es que no se preocupan por sus hijos. ¿Qué deberían hacer? Hay mucha más diversión fuera de sus familias. No importa, ahora es la responsabilidad de la mujer, no la suya. En vez de forzar a los hombres a que tomen responsabilidad, las mujeres gozosamente les permiten que las engañen y las utilicen. Acab es un espíritu cobarde—odioso y maquinador, aun más que Jezabel. Él es el portero, el abridor de puerta, el que dice: "Pase adelante, se mi huésped". Él será juzgado severamente.

Adán y Eva: El primer Acab y la primera Jezabel

Todo comenzó con Adán y Eva en el Jardín del Edén. Algunos cristianos afirman que Adán tomó de Eva la fruta y la comió debido a su gran amor por ella; no podía rechazarla por su amor. Eso es muy romántico, pero es un gran disparate. Primera de Timoteo 2:14 dice: *"Y Adán no fue engañado, sino que la mujer, siendo engañada, incurrió en transgresión"*.

Si Adán no fue engañado ¿qué le pasó? Él estaba detrás escuchando cómo la serpiente engañaba a Eva. Él no era tonto; por lo tanto, tenía la responsabilidad de detener a la serpiente y prevenir a Eva de comer del fruto del árbol de la ciencia del bien y el mal. Después de todo, con su mente prodigiosa. Él sabía que Dios había dicho que morirían si comían del fruto. Adán comió del fruto con pleno entendimiento. ¿Por qué? Porque Adán se había engañado a sí mismo. Él ya se había formado la idea de que si comía del fruto prohibido, él sería un dios.

Sin embargo, Adán no tenía las agallas para hacerlo él mismo, así que usó a Eva. Cuando Adán le permitió a Eva que fuera engañada y comiera del fruto, él la estaba usando como chivo expiatorio y conejillo de indias. Si se salían con la suya, bien. Si no, él podía culparla a ella. Cuando Dios interceptó a Adán, él le dijo: *"La mujer que me diste por compañera me dio del árbol, y yo comí"* (Génesis 3:12).

La moneda de Dios es el amor y la sumisión; la moneda de Satanás es el odio y la rebelión.

Adán capeó el bulto. Él rehusó tomar responsabilidad por sus acciones. Jugó a la víctima y culpó a Eva. De hecho, lo que Adán le dijo a Dios fue: "No me mates a mí, mátala a ella". ¿Le suena eso a amor?

Cuando Dios amenazó con aniquilar a todo Israel por su idolatría y desobediencia, Moisés se levantó y dijo: *"Que perdones ahora su pecado, y si no, ráeme ahora de tu libro que has escrito"* (Éxodo 32:32). Moisés era inocente; sin embargo, él dijo: "Mátame, yo tomaré la responsabilidad". Jesucristo, el último Adán (1ra Corintios 15:45), dijo: *"Padre, perdónalos, porque no saben lo que hacen"* (Lucas 23:34). Aunque completamente inocente de pecado y transgresión, más allá del amor, Él asumió la responsabilidad.

No había amor en Adán ni sumisión en Eva. Eva nunca se molestó en pedirle a Adán su opinión o permiso (aunque esto probablemente no le habría hecho ningún bien); por consiguiente, sobrepasó la autoridad que Dios le había dado a Adán. A eso se le llama rebelión.

Por eso Pablo dijo en Efesios 5:22: *"Las casadas estén sujetas a sus propios maridos, como al Señor"*. Y en el versículo 25: *"Maridos, amad a vuestras mujeres, así como Cristo amó a la iglesia, y se entregó a sí mismo por ella"*. Pablo sencillamente estaba tratando de establecer el reino de Dios en la familia. El verdadero carácter de Jesús es el amor y el sometimiento al Padre, mientras que el verdadero carácter de Satanás es el odio y la rebelión. Usted no puede separar el amor de la sumisión. Es imposible amar sinceramente sin humildad, la cual conduce a la sumisión, y usted no puede tener realmente un corazón sumiso sin amor. Son los dos lados de la misma moneda: la moneda de Dios es el amor y la sumisión; la moneda de Satanás es el odio y la rebelión. Una está llena de humildad, la otra de orgullo.

Restaurados al Jardín del Edén

Dios quiere llevarnos de regreso al Jardín del Edén y restaurar todo lo que Adán perdió. Pero no podemos llegar allí con el corazón del primer Adán; solamente con la naturaleza del último Adán, Jesucristo, es que podemos volver. Acab y Jezabel son el carácter del Adán y Eva caídos; dos lados de la misma moneda, están adheridos como uno solo. Ambos, odio y orgullo vienen del verdadero fondo del infierno. Recuerde: *"La bestia que has visto, era, y ya no es; y está para subir del abismo"* (Apocalipsis 17:8). Trajo a la mujer con él; pero él es peor que la mujer. Trae a la mujer con él como chivo expiatorio, una fachada, un doble engaño para mentirle a la mujer y al mundo. Él odia a la mujer. Así también Satanás.

Satanás odia a las mujeres

Dondequiera que yo doy una liberación masiva, encuentro que por cada hombre que cae en el piso, hay de cinco a diez mujeres. ¿Por qué hay más mujeres atacadas y endemoniadas? La respuesta se encuentra en Génesis 3:15. Cuando Dios juzgó, Él maldijo a la serpiente primero (v. 14). Luego Él maldijo a la mujer con estas palabras: *"Y pondré enemistad entre ti y la mujer, y entre tu simiente y la simiente suya; ésta te herirá en la cabeza, y tú le herirás en el calcañal".*

Dios puso enemistad entre la serpiente y la mujer. Satanás tiene un odio especial por las mujeres y las atacará primero y con más severidad. Las mujeres son los enemigos selectos de Satanás. El fracaso de Adán en amar y proteger a Eva fue lo que trajo esta maldición. Para proteger a las mujeres contra Satanás, nosotros los hombres somos llamados a darles amor y proveerles protección o seguridad espiritual. El fallar en hacer esto dejará a nuestras mujeres expuestas al mal, y, los hombres serán juzgados por ello.

En muchas maneras las mujeres generalmente son más espirituales que los hombres. Las mujeres saben como sufrir, sacrificarse, y, tienen mayor capacidad para amar que la mayoría de los hombres; sin embargo, debido a esto ellas son más propensas a ser engañadas y burladas. Es por eso que nosotros los hombres necesitamos tomar grandes pasos para proteger a nuestras mujeres de los ataques demoníacos. Dios dijo: *"y tu deseo será para tu marido, y él se enseñoreará de ti"* (v. 16). Dios no quiso rebajar a las mujeres. Por el contrario, Él las estaba protegiendo contra Satanás.

Vamos, esposo, haga su trabajo. No permita que Satanás devore a su esposa y a su familia. Esta es su oportunidad. Domine sus deseos de búsquedas carnales y sea el sacerdote principal que Dios lo llamó a ser. Esto no quiere decir que usted va a manipular, dominar o a gobernar sobre su esposa. Eso no es amor: eso es ser un hombre-Jezabel. Dios no llamó a su esposa a dejar de ser una Jezabel para que usted lo sea.

Isaías 47

Estoy tomando tiempo suficiente para discutir de Babilonia la Grande y los espíritus de Acab y Jezabel porque la guerra espiritual inevitable y eventualmente conducirá a esos poderosos espíritus y al sistema maligno de Satanás. Necesitamos conocer a nuestro enemigo, cuales son nuestras armas y como usarlas contra el enemigo. Isaías capítulo cuarenta y siete expone ambos sistemas y los espíritus de Babilonia.

> *Desciende y siéntate en el polvo, virgen hija de Babilonia. Siéntate en la tierra, sin trono, hija de los caldeos; porque nunca más te llamarán tierna y delicada.* (Isaías 47:1)

No hay duda de que este capítulo está hablando de Babilonia la Grande. Ella se llama a sí misma la hija virgen de Babilonia.

> *Estas dos cosas te vendrán de repente en un mismo día, orfandad y viudez.* (Isaías 47:9)

Es interesante lo que dice este espíritu:

> *...Yo estoy sentada como reina, y no soy viuda, y no veré llanto; por lo cual en un sólo día vendrán sus plagas; muerte, llanto y hambre, y será quemada con fuego; porque poderoso es Dios el Señor, que la juzga.* (Apocalipsis 18:7–8)

Por consiguiente, la hija virgen de Babilonia en Isaías 47:1 es el mismo espíritu que se encuentra en Apocalipsis 17 y 18.

Este espíritu se considera a sí mismo como una reina, gobernante de toda la tierra. Ella se sienta en un trono y se llama a sí misma la virgen. Ella es una prostituta que se disfraza a sí misma como pura, casta y deseable. Ella es una impostora. No hay trono para ella. Ella quiere ser tierna y delicada, pero es una vieja bruja. Ella ha matado a muchos niños para mantenerse tierna y delicada.

A Jezabel le gusta manipular y controlar las vidas de los demás.

Algunas firmas de cosméticos recogen placentas y fetos para secarlos, molernos hasta convertirlos en polvo y ponerlos en las cremas faciales. Las mujeres los usan en las paredes de sus palacios (la piel de sus rostros) para mantenerlos tiernos y delicados.

Como la diosa de Babilonia, ella es la virgen madre del dios sol llamado Tamuz. Ella es llamada la señora de los reinos (Isaías 47:5) y la reina del cielo (Jeremías 44:17–19, 25). Ella dice ser igual a Dios. En efecto, ella dice: *"Yo soy, y fuera de mí no hay más"* (Isaías 47:8). Algunos piensan que ella es un espíritu maligno disfrazado de la Virgen María de la

Iglesia Católica Romana. A ella le gusta que la adoren. Ella ha tenido muchos otros nombres a través de la historia, tales como Madre del conocimiento, la Mediadora, Madre de la humanidad y Madre de todos los santos y apóstoles. Además, se le llama Afrodita, Venus, Kali, Pele, Cibeles, Astarte, Astoret e incontables nombres. Quizás Juana, Luisa y Jennifer, ¿Quién sabe?

Ella no tiene misericordia de los ancianos (Isaías 47:6). Ella los mata con enfermedad y muerte. He mirado mujeres en sus lechos de muerte y Jezabel clavando fijamente sus ojos en mi espalda. Ella te puede matar a ti también.

A Jezabel le gusta la hechicería, la brujería y la astrología. Ella es la autora de esas cosas porque a ella le gusta manipular y controlar las vidas de los demás (Véase Isaías 47:9, 12–13). Si usted observa las actividades ocultas, allí está ella.

Esquizofrenia, rechazo y rebelión

Estamos llegando a la tercera base, para así seguir hasta la base principal. Permítame exponer la estratagema de Satanás para los tiempos del fin.

Para poder entender completamente lo que es la estratagema de Satanás, debemos referirnos a un libro sobre liberación—*Cerdos en la Sala*, de Fran e Ida Mae Hammond. En el capítulo titulado "Esquizofrenia", Ida Mae explica que por varios meses ellos habían estado ministrando liberación a una mujer, sin obtener resultados permanentes. Una mañana, después de orar por el problema, Dios le habló a Ida Mae y le explicó que la mujer tenía esquizofrenia. Dios hizo que Ida Mae pusiera sus dos manos sobre la mesa con las palmas hacia arriba. Luego Él le guió a trazar sus manos en una hoja de papel. Dios hizo que Ida Mae colocara nombres de demonios en cada dedo de sus manos.

Estos espíritus representan la guarida de los espíritus que producen la esquizofrenia o el doble ánimo. *"El hombre de doble ánimo es inconstante en todos sus caminos"* (Santiago 1:8). La mano izquierda representa el lado del rechazo y la mano derecha representa el lado de la rebelión. Dios hizo que Ida Mae colocara sus manos juntas con los dedos entrelazados. A medida que ella lentamente separaba sus manos, los pulgares fueron los primeros en separarse; luego los meñiques, luego los índices, luego los anulares y finalmente los medio.

Para libertar a las personas de la esquizofrenia (de acuerdo a la definición de Dios y no a la de la psiquiatría), trate con los demonios de los dedos pulgares primero, luego los de los meñiques y así sucesivamente. Luego trate con los de las palmas de las manos. No obstante, cuando llegue el momento de la mano derecha, la mano de la rebelión, desde el inicio usted necesita tratar con la raíz de amargura.[1]

La esquizofrenia clínica resulta cuando el nido está desarrollado. Aunque las personas puedan tener algunos de los espíritus en el nido, eso no los hace esquizofrénicos. Pero si ellos ceden más y más a estos espíritus, sus condiciones empeoran y pueden comenzar a exhibir rasgos más desarrollados. Una persona con esquizofrenia madura está fuera de control, escucha voces y es sujeta a un amplio cambio de temperamento con arranques emocionales. Su mente está confusa y es incapaz de funcionar normalmente. Su testimonio ha sido completamente aniquilado.

[1] Frank e Ida Mae Hammond. *Cerdos en la Sala.* (Kirkwood, MO: Impact Christian Books, 1973), 123–129.

Es la manera de Satanás de aprisionar y controlar las mentes. A medida que él controla las mentes, ellos empiezan a parecerse más y más a las personas que describe 2da Pedro 2:3–19. A estos individuos se entregarán a lujuria sexual, a la sucia conversación, al desorden, a andando conforme a la carne, a despreciar a los gobiernos y líderes, a ser obstinados, a hablar mal de los dignatarios, a la corrupción, al adulterio, a la codicia, a maldecir a sus hijos, a la avaricia, a vivir en la oscuridad y el desenfreno. Del versículo siete hasta el trece, Judas describe la esquizofrenia usando casi el mismo lenguaje.

Ese es el plan de Satanás para los tiempos del fin. ¿Por qué digo eso? Porque las dos manos de la esquizofrenia describen con gran exactitud las características de Acab y Jezabel.

ACAB—EL LADO DEL IZQUIERDO RECHAZO

El lado del rechazo es el lado de Acab. Acab está lleno de temores, lujuria sexual, inseguridad, auto-compasión, fantasía, depresión, celos, envidia, desesperanza, culpa, vergüenza y mal humor.

JEZABEL—EL LADO DERECHO DE LA REBELIÓN

"Porque como pecado de adivinación es la rebelión, y como ídolos e idolatría la obstinación" (1ra Samuel 15:23). El lado derecho de la rebelión está lleno de demonios de obstinación, auto-compasión, egoísmo, confrontación, control, celo posesivo, odio, resentimiento, asesinato y amargura—ciertamente una descripción exacta de Jezabel.

Recuerde, usted no puede separar a Acab de Jezabel. Ellos son dos lados de la misma moneda, dos manos con los dedos entrelazados. Para tener éxito en hacer guerra contra Acab y Jezabel, usted necesita conocer los espíritus envueltos en la esquizofrenia.

La esquizofrenia siempre se pone en marcha con el rechazo. Siendo que todos nosotros hemos sufrido rechazo de alguna forma u otra, el rechazo puede ser el inicio, pero el catalizador es la falta de perdón y la amargura. Si una persona es rechazada, él o ella, a menudo sienten amargura y odio. Si la amargura continua, estalla en una abierta rebelión.

Para hacer guerra contra Acab y Jezabel, usted necesita conocer los espíritus de esquizofrenia.

Una persona con el espíritu de Acab también tendrá el espíritu de Jezabel o viceversa. Es sólo cuestión del que está dominando. En un hombre, generalmente Acab es dominante, pero no siempre. Hay hombres-Jezabeles. Las mujeres generalmente exteriorizan su rebelión. Los hombres rebeldes son más solapados y tranquilos. Sin embargo, él es rebelde de la cabeza a los pies. Uno es interior, el otro es exterior.

Una mujer-Jezabel invariablemente ha sufrido profundo rechazo y ofensa, particularmente de su padre. Si ella guarda resentimientos, falta de perdón y amargura, se vuelve en una relación de odio o amor-odio para con su padre u otros hombres. El perdón es la clave para que ella se sienta libre. Ella tiene que perdonar y echar a un lado. Algunas veces, la sanidad interior, especialmente de la memoria, es necesaria para completar la liberación. Expulsar los demonios sin sanidad puede dejarla con cicatrices y daños que abren la puerta para futuros ataques demoníacos.

Las mujeres-Jezabel evitan el temor y el rechazo por medio de tratar de controlar cada situación, aún si esto significa usar la manipulación y la brujería. Ellas consideran una necesidad el dirigir y el ejercer su dominio. Un esposo amoroso y protector le quita esa necesidad.

Un hombre-Acab necesita manejar el rechazo en su vida junto con los temores que le acompañan. Él generalmente tiene diferentes temores. Como con el espíritu de Jezabel, él necesita manejar la falta de perdón, el resentimiento y la rebelión.

Los hombres generalmente no son tan abiertos a la liberación o consejería como las mujeres. Ellos aún quieren proteger sus egos. Rechazados por las personas construyen paredes de hielo alrededor de sus corazones para evitar futuros daños. Tienen pocos amigos. Si son acosados, ellos se retiran detrás de sus paredes, las cuales algunas veces son tan gruesas que les impide recibir el amor de Dios. Pídale a Dios que las derrita. Usualmente, las personas rechazadas están muriendo de amor porque muy poco se filtra a través de las paredes. Si los ama a ellos hoy, se siente; pero mañana es otro día y el amor de hoy no es lo suficientemente grande. Ellos miran al mundo con lentes de rechazo y temor.

Expulsando el espíritu de Jezabel

La persona Jezabel debe revertir todo aquello que le dio al espíritu el derecho a entrar. El perdón es una necesidad. Pase un poco de tiempo dirigiendo a la persona hacia el perdón. Puesto que la falta de perdón trae graves maldiciones, también deberíamos romper la maldición de la falta de perdón.

Las mujeres (puesto que usualmente se encuentra en las mujeres) deben ser humildes y sumisas para crear una atmósfera en directa oposición al orgullo y la falta de sumisión de Jezabel. El espíritu odia esto y se debilita. Las mujeres deben también evitar volver a sus antiguas actitudes, pues las actitudes equivocadas le dan fuerza al espíritu.

Renuncie a toda forma de brujería, religiones extrañas, adivinación y actividades ocultistas. Si hay una actividad conocida, renuncie específicamente a ella. Anúnciele a Satanás que ellos ya no le seguirán a él o a sus caminos porque ellos ya pertenecen al Señor Jesús.

Ate a los espíritus gobernadores del rechazo y la rebelión en las regiones celestes. Corte todo lo que ata el espíritu con los esposos, otros hombres y aún figuras femeninas que han tenido efectos negativos en sus vidas.

Las mujeres-Jezabel evitan el temor y el rechazo por medio de tratar de controlar cada situación.

Corte también cualquier espíritu que lo ata con madres u otros miembros femeninos de la familia que puedan tener el mismo espíritu. Este espíritu frecuentemente viene de la línea genética.

Cuando ore contra este espíritu, seque sus aguas y bote sus puertas y paredes, haga todo esto clamando la sangre de Jesús. La estrategia de Jezabel será lanzar espíritus menores para bloquear el camino. Puede que usted necesite expulsar una cantidad de espíritus menores tales como el de la ira, el resentimiento, el suicidio y la falta de perdón. Échelos fuera y continúe persiguiéndola a ella. Ella correrá hacia los espacios interiores de esa persona, generalmente a la médula de la espina dorsal o a los órganos femeninos. El Espíritu Santo le dirá a usted dónde ella está escondida.

Intercéptele todos los espíritus en esos espacios o en las regiones celestes. Si el espíritu de Jezabel está en otra persona que esté en la habitación, el espíritu puede tomar fuerza del espíritu de la otra persona.

Cuando ella comienza a dar gritos, probablemente es que ella se sienta atrapada y la final de su cuerda. Ella está debilitada y asustada. (Hablo acerca de ese espíritu como a "ella", pero en realidad el espíritu no tiene género). Ella usualmente sale lamentándose. Generalmente es un grito agudo y prolongado. Este mismo grito a menudo es evidente cuando se expulsa al espíritu de brujería. Siga ejerciendo presión sobre ellos.

Algunas veces lo obreros la ven como una mujer gorda, desnuda, siendo su cabello peinado por muchos asistentes. A ella se le ve también como una araña negra con una hermosa cara con labios pintados de rojo brillante.

Expulsando el espíritu de Acab

La liberación del espíritu de Acab es casi idéntico al del espíritu de Jezabel, excepto que hay envuelto más temor y rechazo. Las inseguridades son más prominentes y la persona usualmente requiere de consejería continua para enseñarle cómo ser responsable y cambiar sus hábitos.

La persona afligida debe tomar la decisión de cambiar sus procedimientos. Un hombre-Acab a menudo tiene muchos malos hábitos: masturbación, drogas, alcohol y juegos. Para romper con ellos, él necesita continuar caminando con el Señor y reafirmando su deseo de cambiar.

A él se le ve a menudo como un pequeño muchacho llorando detrás de gruesas paredes. Hay un alto grado de control mental y de brujería sobre él, el cual puede ser descrito como bandas oscuras alrededor de su cabeza y cuerpo. Estas bandas parecen como tiras de metal alrededor de un barril de madera. Derrita las paredes de rechazo y rompa las cadenas de su mente.

Pídale a Dios que envíe Sus ángeles a recoger los fragmentos de la mente atormentada que ha sido robada por medio de la brujería, que los traigan de regreso, para ponerlos en el orden apropiado y así vivificar al individuo.

Tome suficiente tiempo guiando a la persona hacia el perdón.

Para derrotar a Acab, el liberado debe decidir ser responsable por su vida y su familia, moviéndose de reticencia y pasividad a seguir el ejemplo de responsabilidad de Dios. Dios es la persona más responsable del universo. Él tomó la responsabilidad de restaurarnos y regresarnos al Jardín del Edén. Por eso es que Jesús murió por nosotros.

En resumen

Hay otros aspectos del reino de Satanás y su estratagema en los tiempos del fin para capturar las mentes de los hombres y mujeres; pero lo anterior le da a usted una idea y un plan de ataque para libertar al pueblo de Dios. He intentado mostrarle a usted la selva entera para que así usted no se queda viendo solamente un árbol. El conocer la estratagema completa del enemigo le da a usted la habilidad de conocer cómo Satanás se mueve en las familias o en la iglesia. Recuerde también proteger a las mujeres y nunca las ponga en aprietos llamándolas Jezabel.

4 Los derechos de Satanás

Satanás no puede atormentar sin que Dios le conceda el derecho de hacerlo. Él conoce cada derecho "legal" que Dios le da y se rehusará absolutamente a salir si esos derechos permanecen. Para sacar los demonios usted necesita destruir los derechos legales que Satanás tiene sobre aquella persona, lugar o grupo. Incluso cuando la poderosa Palabra de Dios y la persistencia forza a los demonios a salir, si los derechos legales continúan, entonces los demonios pronto entrarán de nuevo.

Algunas veces a los derechos legales se les llaman "maldiciones". La basura atrae a las moscas y a las ratas. Las moscas son como espíritus gobernantes en el paraíso y las ratas como gobernantes de las oscuridades sobre la tierra. Deshágase de la basura, y, las moscas y las ratas desaparecerán. Por otro lado, si la basura continúa, ellas invariablemente van a volver. Sin embargo, el problema no es tanto como si la eliminación de los demonios sino la eliminación de la basura.

Maldiciones de iniquidad

Y pasando Jehová por delante de él, proclamó: ¡Jehová! ¡Jehová! Fuerte, misericordioso y piadoso; tardo para la ira, y grande en misericordia y verdad; que guarda misericordia a millares, que perdona la iniquidad, la rebelión y el pecado, y que de ningún modo tendrá por inocente al malvado; que visita la iniquidad de los padres sobre los hijos y sobre los hijos de los hijos, hasta la tercera y cuarta generación.

(Éxodo 34:6–7)

La cita anterior también la encontramos en Éxodo 20:5 y se repite en Deuteronomio 5:9 y Números 14:18.

Muchos son atormentados por espíritus de ocultismo porque sus ancestros practicaban la brujería.

Muy pocas familias poseen ancestros "limpios", incorruptos de cualquier envolvimiento de ocultismo o idolatría. Un pecado en particular, la ilegitimidad, trae maldición aún hasta la décima generación (Deuteronomio 23:2). Muchos santos sufrieron tormentos, desgracias, accidentes y pobrezas sin saber por qué. Esto incluye a los cristianos profesantes que aman a Dios, dan sus diezmos regularmente, leen sus Biblias diariamente y asisten a la iglesia tres veces por semana. Sin embargo, ellos desconocían que estaban viviendo bajo una maldición enviada generaciones atrás. Muchos son atormentados por espíritus de ocultismo porque sus ancestros practicaban la brujería, la adivinación u otra actividad oculta.

Gracias al excelente libro de liberación de Win Wosley de la serie *Eradicating the Hosts of Hell* (*Erradicando las Huestes del Infierno*), anotamos cincuenta y nueve maldiciones. Otro excelente libro es el de Derek Prince, *Blessing or Curse,*

You Can Choose! (*Bendición o Maldición, ¡Usted puede Escoger!*).

Maldiciones bíblicas

Los pecados traen maldiciones. *"Así la maldición nunca vendrá sin causa"* (Proverbios 26:2). Estamos discutiendo aquí las maldiciones que han sido pronunciadas por Dios, no las que proceden de hechizos de brujos y otras personas.

1. Los que maldicen y maltratan a los judíos (Génesis 12:3; Números 24:9).
2. Contra los engañadores (Josué 9:22, 23; Jeremías 48:10; Malaquías 1:14; Génesis 27:12).
3. Sobre las mujeres adúlteras (Números 5:27).
4. Desobediencia a los mandamientos del Señor (Deuteronomio 11:28; Daniel 9:11; Jeremías 11:3).
5. Idolatría (Jeremías 44:8; Deuteronomio 5:8,9; 29:18–20; Éxodo 20:5).
6. Los que guardan o poseen objetos malditos (Deuteronomio 7:25; Josué 6:18).
7. Rehusarse a ayudar al Señor (Jueces 5:23).
8. La casa del impío (Proverbios 3:33).
9. Rehusarse a dar a los pobres (Proverbios 28:27).
10. La tierra, por la desobediencia del hombre (Isaías 24:3–6).
11. Jerusalén es una maldición a todas las naciones si los judíos se rebelan contra Dios (Jeremías 26:4–6).
12. Los ladrones y todos aquellos que juran falsamente en el nombre del Señor (Zacarías 5:4).
13. Los ministros que fallan no dando la gloria a Dios (Malaquías 2:1, 2).
14. Los que le roban a Dios los diezmos y las ofrendas (Malaquías 3:8, 9).
15. Los que escuchan a sus esposas más que a Dios (Génesis 3:17).
16. Aquellos que deshonran a sus padres (Deuteronomio 27:16).
17. Los que crean imágenes talladas (Deuteronomio 27:15).

18. Los que estafan a las personas quitándoles sus propiedades (Deuteronomio 27:17).
19. Los que se aprovechan de los ciegos (Deuteronomio 27:18).
20. Los que oprimen a los extranjeros, viudas, o huérfanos (Deuteronomio 27:19; Éxodo 22:22–24).
21. El que se acueste con la esposa de su padre (Deuteronomio 27:20).
22. El que se ayunta con cualquier bestia (Deuteronomio 27:21; Éxodo 22:19).
23. El que se acueste con su hermana (incesto) (Deuteronomio 27:22).
24. Aquellos que hieren secretamente a su prójimo (Deuteronomio 27:24).
25. Aquellos que reciben paga por matar a un inocente (Deuteronomio 27:25).
26. Los adúlteros (Deuteronomio 22:22–27; Job 24:15–18).
27. Los orgullosos (Salmos 119:21).
28. Aquellos que confían en los hombres y no en el Señor (Jeremías 17:5).
29. Aquellos que trabajan para el Señor, pero lo hacen engañosamente (Jeremías 48:10).
30. Aquellos que detengan la sangre de su espada (Jeremías 48:10; 1ra Reyes 20:35–42).
31. Aquellos que dan mal por bien (Proverbios 17:13).
32. Los hijos ilegítimos (por 10 generaciones) (Deuteronomio 23:2).
33. Los asesinos (Éxodo 21:12).
34. Aquellos que asesinan deliberadamente (Éxodo 21:14).
35. Los hijos que golpean a sus padres (Éxodo 21:115).
36. Los secuestradores (Éxodo 21:16; Deuteronomio 24:7).
37. Aquellos que maldicen a sus padres (Éxodo 21:17).
38. Aquellos que provocan los abortos (Éxodo 21:22, 23).
39. Aquellos que no evitan que alguien muera (Éxodo 21:29).
40. Los practicantes de brujería (Éxodo 22:18).
41. Aquellos que ofrecen sacrificios a dioses falsos (Éxodo 22:20).

42. Aquellos que tratan de apartar a otros del camino del Señor (Deuteronomio 13:6–18).
43. Los que consultan los horóscopos (astrología) (Deuteronomio 17:2–5).
44. Aquellos que se rebelan contra los pastores y los líderes (Deuteronomio 17:12).
45. Los falsos profetas (Deuteronomio 18:19–22).
46. Las mujeres que no guardan su virginidad hasta el día que se casen (Deuteronomio 22:13–21).
47. Los padres que no disciplinan a sus hijos, sino que los honran más que a Dios (1ra Samuel 2:27–36).
48. Aquellos que maldicen a sus gobernantes (Éxodo 22:28; 1ra Reyes 2:8–9).
49. Aquellos que enseñan a rebelarse contra el Señor (Jeremías 28:16–17).
50. Aquellos que rehúsan advertir a los pecadores (Ezequiel 3:18–21).
51. Aquellos que profanan el día de reposo (Sábat) (Éxodo 31:14; Números 15:32–36).
52. Aquellos que sacrifican seres humanos (Levítico 20:2).
53. Los que participan en sesiones de espiritismo y adivinación (Levítico 20:6).
54. Aquellos que se involucran en relaciones homosexuales y lesbianas (Levítico 20:13).
55. Los que consultan a los muertos y adivinadores (Levítico 20:27).
56. Aquellos que blasfeman el nombre del Señor (Levítico 24:15–16).
57. Aquellos que tienen una mente carnal (Romanos 8:6).
58. Aquellos que practican sodomía (Génesis 19:5–15, 24–25).
59. Los hijos rebeldes (Deuteronomio 21:18–21).

El pecado lleva a la maldición. Por consiguiente, si una persona continúa viviendo en pecado, la liberación no será posible o sucederá sólo temporalmente.

Antes de que Jesús muriera en la cruz por nosotros, las maldiciones no podían romperse. Las maldiciones permanecieron por generaciones. Abraham tuvo dos hijos, Ismael e Isaac. Hagar, la empleada de Sara dio a luz a Ismael. A Ismael, el hijo mayor, normalmente se le consideraría el heredero legal. Pero por causa de las acciones de Abraham, Isaac, el hijo menor, recibió las bendiciones, rompiendo así la norma legal. Esto tuvo efecto por generaciones.

Dos hijos gemelos le nacieron a Isaac—Esaú y Jacob. De nuevo, el hijo mayor debió haber recibido las bendiciones, pero las circunstancias dejaron a Jacob, el menor, como heredero. En su momento, Jacob tuvo doce hijos y el más joven, José, se convirtió en el heredero de las bendiciones de Dios (aunque más tarde todos se convirtieron en los fundadores de las doce tribus de Israel). Es interesante observar que en todas las tres generaciones, el descendiente mayor no recibe la herencia como normalmente se daba.

Si una persona continúa pecando, eso le llevará a la maldición y la liberación no será posible.

La maldición continuó en la línea familiar cuando Israel bendijo a los dos hijos de José. Él le dio la bendición al menor de los dos.

Incluso el rey David fracasó en escapar de la maldición como resultado de su adulterio con Betsabé y el asesinato de su esposo Urías, aunque Dios lo perdonó. El profeta Natán anunció a David que a pesar del perdón de Dios, "*no se apartará jamás de tu casa la espada*" (2da Samuel 12:10) y el niño nacido de David y Betsabé debería morir (2da Samuel 12:14). Absalón, el hijo de David mató a su hermano Amnón, quien había violado a su media hermana, Tamar. Más adelante, Absalón se rebeló contra David y murió en el intento. Adonías, otro hijo de David, también se rebeló y perdió su vida por ello.

Jesús sirvió como nuestra maldición

Las buenas nuevas son que Jesús sirvió como una maldición por usted y por mí. Gálatas 3:13 dice:

> *Cristo nos redimió de la maldición de la ley, hecho por nosotros maldición (porque está escrito: Maldito todo el que es colgado en un madero).*

Jesucristo vino para salvar al mundo, pero aún así nosotros necesitamos reconocerlo como nuestro Salvador para poder ser salvos. Él vino a servir como maldición por nosotros, pero necesitamos proclamarlo a Él como nuestra maldición (Deuteronomio 21:23). Se requiere una confesión positiva de Su poder para romper nuestras maldiciones.

Rompiendo las maldiciones

Hemos encontrado la siguiente oración simple y efectiva para romper maldiciones:

> Padre, por medio de la preciosa sangre de nuestro Salvador Jesucristo, venimos ante ti. Nos basamos en la Palabra de Dios en Gálatas 3:13: *Cristo nos redimió de la maldición de la ley, hecho por nosotros maldición (porque está escrito: Maldito todo el que es colgado en un madero).* Te damos gracias Señor Jesús, por servir como una maldición por nosotros y ahora clamamos que tu preciosa sangre rompa todas

nuestras maldiciones. Por la autoridad que se me ha dado yo rompo las siguientes maldiciones: (Aquí usted puede especificar las maldiciones).

Inmediatamente seguido de una lectura y rompimiento de aquellas maldiciones, expulse los espíritus demoníacos:

En el nombre de Jesús y por el poder de Su sangre, te ordeno salir de esta persona y marcharte. ¡Sal, espíritu de____________! Espíritu de ____________, sal en el nombre de Jesús.

Haga una lista de espíritus. En primer lugar, los espíritus pueden no manifestarse, sino hasta que usted se aproxima al décimo espíritu, entonces usted notará que las personas comienzan a dar gritos, temblar o apretarse el estómago. A medida que usted continúa, los espíritus empezarán a salir.

Abominaciones en el hogar y la persona

Deuteronomio 7:26 dice:

...y no traerás cosa abominable a tu casa, para que no seas anatema; del todo la aborrecerás y la abominarás, porque es anatema.

Inadvertidamente muchos cristianos traen abominaciones a casa. Estatuas de la Virgen María, diferentes santos, Kwan Yin, Buda, Shiva, dioses de sus ancestros, libros de ciencias ocultas, adivinaciones, piedras y rocas de templos paganos, pinturas de dioses romanos y otros, cartas del tarot, libros de I Ching, cerámica y representaciones en macramé de sapos, búhos, dragones y otros objetos demoníacos son encontrados a menudo en hogares cristianos; dichos objetos fueron adquiridos como objetos de arte y decoraciones. Estas cosas malditas traen extrañas enfermedades que los doctores no pueden diagnosticar, divorcios, rebeliones de los hijos, discusiones, accidentes y opresiones.

Los demonios no saldrán hasta que los objetos malditos sean sacados de la casa o sean destruidos. Yo traté el caso de una mujer que no podía conciliar el sueño debido a que ella había colgado sobre su cama una pintura de un dragón de terciopelo negro. De cualquier manera que ella tratara de dormir en su habitación, se la hacía casi imposible. Sin embargo, cuando ella viajaba ella podía dormir hasta por doce horas seguidas. En otra ocasión, una mujer mitad hawaiana era atormentada por pesadillas y visitaciones espectrales nocturnas, finalmente llegó la paz cuando fue retirado de su cuarto una pintura de un dios-tiburón, el espíritu guardián de su familia o "aumakuas".

Los demonios no saldrán hasta que los objetos malditos sean sacados de la casa.

Discos de "rock-and-roll", juegos de "Calabozos y dragones", muñecas orientales de la buena suerte, espadas samurai (genuinas), palabras mágicas de las artes marciales (llamadas "hus"), altares budistas, esculturas aztecas y souvenires fabricados por los seguidores de Hare Krishna, todos han sido la fuente de maldiciones. Con frecuencia, objetos que parecieran inocentes han sido fabricados por los seguidores budistas o de religiones extrañas, quienes oran sobre sus productos y los "bendicen". Amigos bien intencionados cuelgan sobre sus hijos amuletos de la buena suerte o les dan cristales del ocultismo y campanitas sonadoras que actualmente son objetos de adoración hindú, budista o taoísta.

Con frecuencia encuentro que ciertas joyerías pueden traer maldiciones. Joyería turquesa hecha por los indios Pueblo, brazaletes de cobre hindú u otros objetos que porta una persona pudieran ser de origen demoníaco. Los fabricantes de piezas de joyería o mueblería algunas veces oran para poner un espíritu en esos objetos. En una ocasión, una persona llevaba un anillo que representaba la cabeza de una cabra—un símbolo de Satanás. En otra ocasión, un anillo con la figura de una calavera y huesos en forma de cruz. Y en otro caso, una mujer llevaba aretes en forma de media luna y estrellas. Cuando estos artículos prohibidos se quitan, los demonios salen durante la sesión de liberación.

Hay cristianos que han reportado casos de invasión demoníaca causada por muñecas japonesas, títeres, pitufos, muñecas repollo, y discos de "rock-and-roll". Conozco a un pastor que decía que una noche oía voces en la habitación de su hija y fue a revisar. Se dio cuenta que no había nadie en casa. Mientras iba hacia la habitación de su hija, él definitivamente oyó las voces. Cuando abrió la puerta y encendió la luz, vio que la colección de muñecas de su hija estaba mirándolo. Aquello lo "espantó" tanto que sacó a todas las muñecas y las tiró al basurero. Después de deshacerse de las muñecas, el problema emocional de la hija disminuyó considerablemente. En otro caso, un miembro de nuestra iglesia local reportó que una noche su hija de seis años de edad se asustó porque su muñeca le comenzó a hablar.

A menudo me encuentro con espíritus de "rock-and-roll" que hacen que las personas bailen, se muevan y canten dichas canciones durante la sesión de liberación. La música de "rock-and-roll", especialmente la de "metal pesado" está ligada a la violencia, al asesinato, y a las drogas. Recuerdo a una joven enfrascada en chasquear sus dedos y canciones violentas mientras se llamaba a los espíritus a que salieran. Muchos grupos de "rock" pesado salpican sus canciones con frases a Satanás y otros epítetos demoníacos parecidos. Algunos de estos grupos acostumbran grabar sus cintas al revés. Si se tocan algunas grabaciones o cintas al revés, usted oirá alabanzas a Satanás. Algunas grabaciones contienen lírica destinada a adorar a Satanás o a hacer algún encantamiento. Otros, usan palabras solapadas. Por ejemplo, si usted toma cada diez palabras en alguna lírica y luego las une a todas, ellas forman alguna declaración demoníaca que la mente humana subconscientemente las recoge. En un caso reportado, los discos de "rock-and-roll" almacenados debajo de una cama provocaron lujuria sexual y masturbación.

El crucifijo con el cuerpo de Cristo colgando de la cruz es usado en rituales satánicos. A los adoradores del diablo les encanta ver a un Jesús colgando de la cruz. Es la resurrección lo que a ellos no les gusta. Un amigo íntimo tenía un vecino que se quejaba de que su oficina estaba embrujada. Cuando él llegó ahí por primera vez, notó que el dueño anterior había dejado un crucifijo. Él sacó del lugar todos los objetos con la idea de limpiar el lugar. Cuando él quitó el crucifijo y lo llevó a su carro, él comenzó a sangrar. Las gotas de sangre caían al suelo y en su automóvil. Él horrorizado, lo tiró lejos. El lugar no ha sido "perseguido" desde entonces.

Estatuas que lloran y sangran son parte de la tradición babilónica y muchas leyendas acerca de estatuas que hablan y son como humanas, se pueden encontrar en religiones paganas. Las estatuas y los ídolos son, por supuesto, contrarias a las enseñanzas cristianas.

Un hombre de 40 años asistió a una charla que recientemente yo dicté sobre liberación. Después de la charla, él parecía muy deprimido y me solicitó ayuda. Él contó que no podía entender una opresión espiritual que le aquejaba desde hacía cinco años. Cuando se le insistió sobre su pasado, de repente él recordó que en los cinco años anteriores había estado constantemente jugando con los juegos de “Calabozos y dragones”. Ahora, cuando alguien menciona las palabras “duende” y “hechicero” su corazón comienza a palpitar más rápido y su cuerpo se estremece. No se necesita decir que esos juegos le habían causado su opresión espiritual, y, que cuando él se arrepintió y los destruyó, desaparecieron.

A los adoradores del Diablo les encanta ver a un Jesús colgando en la cruz. Es a la resurrección a la que le temen.

Los materiales pornográficos son demoníacos. La presencia de esos materiales en un hogar trae toda clase de problemas relacionados con lujuria sexual, masturbación y falta de concentración mental. Traen otras manifestaciones además de la lujuria sexual. Abren las puertas a la homosexualidad, a la fantasía sexual, a la fornicación, al adulterio, a la perversión, a la promiscuidad sexual, al incesto, a la sodomía y a muchos otros espíritus sexuales que pertenecen a la horrible madriguera de los pecados sexuales.

El cine y las caricaturas para niños propician terreno fértil para la apertura al control de la mente por Satanás. Un domingo por la mañana quedé impresionado mientras observaba a mi hijo que veía los muñequitos por televisión. Cada caricatura parecía un demonio. Los pitufos, He-Man, monstruos, demonios, culebras y otros animales aparecían como héroes. Películas como La Guerra de las galaxias promueven las ideas de la Nueva Era de una fuerza universal y meditación. "La fuerza" no es otra cosa más que el poder universal o la entidad llamada "Tao", la vibración universal o seres de adoración de los budistas, hindúes y taoístas. El levantamiento de objetos por el poder de la mente como lo hizo Luke Skywalker es el anzuelo favorito de los satanistas y artistas marciales. Estas películas aumentan el deseo de los hombres por el poder y la exaltación personal por medio del auto-mejoramiento empleando la meditación y otras técnicas.

Por supuesto que no podemos ser demasiado legalistas. Por ejemplo, no podemos considerar todas las representaciones de dragones como maldiciones. Algunas veces, las enciclopedias y otros libros contienen grabados de pinturas orientales o decoraciones con dragones o representaciones de Buda. Sería ridículo arrancar cada página con grabados de templos budistas o cosa similar, aunque yo considero definitivamente demoníacos todos los libros que enseñan "cómo llevar a cabo" el ocultismo. Usted necesita pedirle al Espíritu Santo que le muestre los límites de ciertos artículos. Algunas personas se rehúsan separarse de sus objetos, pero esperan que Dios les bendiga dichos objetos, mientras que otros ungen el objeto esperando balancear cualquier influencia demoníaca. Esto es un puro disparate y no traerá los resultados deseados.

Tatuajes

Levítico 19:28 dice: *"Y no haréis rasguños en vuestro cuerpo por un muerto, ni imprimiréis en vosotros señal alguna. Yo*

Jehová". Los tatuajes en los cuerpos pueden traer maldiciones. Los tatuajes incluyen la inserción de agujas finas y poner colorantes en la perforación para formar un modelo. Una mujer miembro de la Marina siguió la tradición de los miembros de la Marina de tatuarse y hacer votos de "armar una de todos los diablos". Los demonios atormentaban día y noche a esta joven. Ella miraba sombras y cosas que la agarraban tratando de llevársela mientras dormía. Cuando la joven renunció a los tatuajes y le pedió a Dios que le cerraran todas las puertas, los demonios respondieron intentando arañar mis ojos. Ellos gritaban obscenidades y me escupían a los ojos. Se necesitaron seis personas para sostenerla, pero los demonios salieron después de pocos minutos.

Los hechiceros a menudo pasan sus poderes o demonios por medio de un tatuaje en el cuerpo de un discípulo o descendiente. Pocos se preguntan por qué Dios prohibió a los israelitas marcar sus cuerpos como una moda.

Las mujeres algunas veces me preguntan sobre los tatuajes cosméticos donde el color de los labios y la sombra de los ojos se tatúan permanentemente. No conozco la respuesta para eso, aunque parecería que una vez que usted conoce las advertencias de la Biblia sobre desfigurarse el cuerpo o ponerse marcas en él, marcar su cuerpo por propósitos cosméticos sería pecaminoso. Si usted se siente inseguro y de todas maneras lo hace, donde no cabe la fe aunque con propósitos cosméticos eso debería ser pecaminoso. Si usted de todas maneras hizo algo donde no cabe la fe, eso es pecado. *"Pero el que duda....es condenado, porque no lo hace con fe, y todo lo que no proviene de fe, es pecado"* (Romanos 14:23).

Moradas limpias

Los demonios pueden persistir en habitar en una morada aun después de que la práctica de adoración hacia ellos esté terminada. Por más de cuarenta años, una mujer adoró a la diosa china Kwan Yin. Ella quemaba incienso dos veces al día y le ofrecía alimento y bebidas diariamente. Algunos miembros de la familia regularmente le ayudaban en la veneración, aunque algunos de ellos eran cristianos. Aun después de repetidas sesiones de liberación, no fue posible lograr la completa liberación. Los ocupantes sacaron todos los adornos de adoración a ese demonio, incluyendo altares e incienso. Sin embargo, la casa permanecía oprimida.

No fue si no hasta que yo di a la casa una bendición y limpieza cristiana, que la completa liberación tuvo lugar. Durante la ceremonia de limpieza uno de los ocupantes comenzó a sacudirse y los demonios comenzaron a manifestarse. Los demonios comenzaron a gritar: "¿Por qué, oh, por qué tuviste que limpiar esta casa? No puedo soportarlo, está demasiado limpia". Ellos salieron.

Nosotros normalmente empleamos el siguiente procedimiento para limpiar una morada:

- Un grupo de creyentes debe orar por la casa por lo menos un día antes de reunirse en el lugar. Pedir a Dios que envíe sus ángeles adelante para limpiar el local. Clamar el poder de la sangre de Jesús sobre la casa. En muchos casos, los dueños del inmueble informan que la casa se sintió limpia el mismo día que los santos ofrecieron oraciones por la casa y que el dueño nunca supo de las oraciones.
- Se lleva a cabo un servicio de Santa Cena en la casa con la mayoría, o preferiblemente, todos los miembros de la

familia u ocupantes del inmueble. Llevarlos al perdón de cada uno de los miembros. Usted puede emplear pan, galletas o algo similar que sirva como pan. Usted puede emplear vino, jugo de uvas e incluso agua.

- Caminar por todo el perímetro del lugar y reclamar el lote para el reino de Dios. Por ejemplo: "Por donde quiera que mi pie camine o donde mi dedo apunte, yo lo reclamo para el reino de Dios, y ordeno a todos los espíritus inmundos salir en el nombre de Jesús".

- Tomar un frasco de aceite ungido (cualquier clase puede ser, aunque yo generalmente llevo mi propio vaso de aceite de oliva), pídale a Dios que le permita representar la sangre de Jesús y que lo bendiga con Su poder y autoridad. Unja cada puerta y ventana con el aceite humedeciendo los lados y las partes de arriba. Pida a Dios que ponga una coraza invisible alrededor de la casa y sobre cada puerta y ventana. Ore para que Dios aposte a un ángel en todo lo que abre y cierra alrededor de la casa en momentos de necesidad. Una vez más, mientras orábamos por los ángeles, los demonios comenzaron a señalar hacia los ángeles y gritar: "¿Quién envió los ángeles? " ¿Por qué están aquí?" "Son muchos". "Son bien grandes". "No podemos soportarlo". "Los ángeles vienen con cadenas para encadenarnos".

- Mientras usted camina alrededor de la casa, sea sensible al Espíritu Santo. Usted a menudo sentirá la presencia de los espíritus malignos por medio de una presión a su espíritu o "conocimiento". Frecuentemente, si se le paran los pelos, el sitio está infestado. A veces, tales manifestaciones son confirmadas por los ocupantes de la casa.

- Romper las maldiciones sobre la casa y sus habitantes. Advierta a los habitantes que si continúan con la conducta pecaminosa invitarán a los demonios a que regresen al local y a sus vidas con más poder que el que tenían antes.

La falta de perdón

Una de las áreas más insidiosas de las maldiciones es la falta de perdón. En Mateo 18:23–35, Jesús le cuenta a Sus discípulos del siervo a quien su amo le perdonó una deuda muy alta de $52,800.00, de acuerdo a las cantidades modernas. El mismo siervo, al salir, encontró a otro siervo compañero suyo que le debía $44,000.00, lo tomó por el cuello y le ordenó que le pagara. Cuando el compañero no pudo pagar, el primer siervo lo envió a prisión. Cuando su amo lo encontró, le dijo:

> *"Siervo malvado, toda aquella deuda te perdoné, porque me rogaste. ¿No debías tú también tener misericordia de tu consiervo, como yo tuve misericordia de ti? Entonces su señor, enojado, le entregó a los verdugos, hasta que pagase todo lo que le debía".*
>
> (Mateo 18:32–34)

Jesús dijo también: *"Así también mi Padre celestial hará con vosotros si no perdonáis de todo corazón cada uno a su hermano sus ofensas"* (Mateo 18:35). Uno de los significados de "verdugos" [o "atormentadores"] es "demonios".

Perdonar es la clave importante para libertar a los cautivos. Los demonios a menudo se resisten y se rehúsan a salir, aun después de un fuerte bombardeo. Tan pronto como la persona perdona, los demonios se van. Con frecuencia los demonios gritan: "¿Por qué hiciste que ella perdonara a su padre? Ahora tenemos que irnos".

En un caso bombardeamos por talvez treinta minutos a espíritus de temor, sin éxito, aunque los demonios gemían y se quejaban del ataque persistente. Los espíritus se mantenían insistiendo que ellos tenían derecho a quedarse. Finalmente, el pastor se acercó y mencionó que Dios le había mostrado que la mujer tenía que perdonar a su padre y a su tío. Nosotros le ordenamos a los espíritus que se rindieran y que permitieran que la mujer saliera a flote. Cuando la mujer reconoció que Jesús es el Señor (los espíritus generalmente no pueden decirlo), le dijimos a ella lo que Dios había dicho. Ella inmediatamente comenzó a llorar: "No puedo. No puedo, los odio". Sin embargo, por medio de una oración, gradualmente la llevamos a pedirle a Jesús que le diera un corazón de perdón. Mentalmente ella quería perdonar, pero su corazón no se lo permitía. Cuando la mujer finalmente dijo: "Los perdono" de corazón, nosotros inmediatamente le dijimos a los demonios: "Ustedes oyeron eso, demonios, ella perdonó a su padre y a su tío. Salgan en el nombre de Jesús". Los demonios salieron inmediatamente.

La falta de perdón ciertamente es un pecado de odio ante los ojos de Dios y también un terreno fuertemente legal para Satanás. Recuerde, si usted no perdona a otros sus pecados contra usted, Dios no perdonará sus pecados contra Él. Así que, las maldiciones se derivan de los continuos pecados que operan en su vida. Una y otra vez, Jesús nos enseña a perdonar a los demás. Para Dios no hay sentido de sacrificio si usted tiene algo en contra de su hermano (Mateo 5:22–25). Antes de que usted quite la astilla del ojo de su hermano, saque la mota de su propio ojo (Mateo 7:4–5).

En sesiones de consejería, usted necesita explicar el perdón en detalle. Dios no libera a una persona mientras no de lugar a la humildad y al arrepentimiento. Cuando por primera vez entré en el campo de la liberación, traté seis veces consecutivas sin ningún resultado. Empecé a sentir como que Dios no me amaba. Después de cada fracaso, los obreros me decían que me fuera a casa y que tirara todos mis libros de ocultismo e ídolos y que le pidiera a Dios me perdonara por mis pecados específicos. Después de cada "falla" corría a casa para buscar libros, esculturas y otros accesorios de ocultismo. Finalmente, después del sexto intento, me sentía en un tremendo aprieto. Muy temprano de la mañana siguiente, mientras yo gemía y lloraba, Dios comenzó a mostrarme algunas cosas pecaminosas que hice años antes de ser cristiano. Él en ese momento me dio visiones de eventos por mucho tiempo olvidados y de personas que no había visto por muchos años. Dios me hizo comprender cuan feas son todas las formas de pecado ante Él, aun aquellos cometidos "inocentemente" o en nuestra locura juvenil.

Simplemente, no hay excusa para la falta de perdón. Es pecado.

Esa misma tarde, después de que Dios me mostró aquellos pecados, fui a una maravillosa sesión de liberación. Como usted puede ver, la liberación siempre funciona; sin embargo, la liberación se da dentro del tiempo y la providencia de Dios. Lo mismo ocurre con la sanidad. Muy a menudo Dios demanda más de la persona antes de bendecirla.

No hay excusa para la falta de perdón. Es pecado. Muchas personas se niegan rotundamente a perdonar. Si alguien los lastima, su orgullo arde en fariseísmo y resentimientos. Ellos dedican su vida a la venganza, a la autocompasión y a la amargura. Ellos se encuentran envueltos en toda clase de tormento y problemas físicos—problemas del corazón, cáncer, hipertensión, fallas renales, diabetes, etc.—y aun se niegan a perdonar. Algunos llevan en la manga de la camisa (o sea, a flor de piel) a todas las personas que les hicieron daño. Esto se convierte casi como un emblema de heroísmo, como la medalla del *Corazón Púrpura* que se le da a los heridos en batalla. "Dime tus problemas y yo te contaré los míos". A ellos les gusta poner este lado triste de "pobre de mí" y llorar sobre su hombro por horas. Agitan sus manos y lloran profusamente, pero no quieren cambiar. Ellos miden a sus amigos por cuanta simpatía les brindan cada uno. A ellos les gustan sus fiestas de compasión e indignación santurrona.

Pedirles que saquen su amargura es como pedirles que se corten su brazo derecho. Ellos prefieren morir antes de hacer lo correcto, y a menudo les ocurre así. Ellos buscan el consejo de los creyentes pero no quieren dejar sus odios. Con frecuencia terminan siendo maníacos depresivos o esquizofrénicos. El no perdonar es desobediencia y rebelión contra Dios.

Una sola oración general pidiendo perdón o para perdonar a otros no será suficiente. Con frecuencia las personas oran así: "Perdono a mi madre por todo lo que ella me ha hecho". Otras veces es: "Yo perdono a cualquiera que haya pecado contra mí". Eso no es suficiente. Necesitamos llegar ante el Señor y descubrir nuestro corazón. Dios quiere una limpieza desde dentro, no desde afuera. Su mente puede decirlo, pero su corazón puede permanecer impasible y duro. Sea específico.

Almas unidas

Aconteció que cuando él hubo acabado de hablas con Saúl, el alma de Jonatán quedó ligada con la de David, y lo amó Jonatán como a sí mismo.

(1ra Samuel 18:1)

Las almas de hombres y mujeres también se unen con repercusiones negativas. El espíritu dominante de una madre se ata a su hijo y él termina en un asilo para dementes que sufren de esquizofrenia. Cuando la mujer corta el cordón umbilical y lo tira, el hijo recobra la salud mental y varios días después deja el asilo ya sano (McAull 7–9). La manipulación y el control de otra persona pueden crear ataduras negativas.

Con frecuencia los espíritus de los ex amantes se unen, aunque ya no se frecuenten. Ellos pueden casarse con otras personas, pero continúan atormentados por los pensamientos del antiguo amante. Circunstancias extrañas los llevan a unirse, al punto de encontrarse repentinamente en lugares y tiempos inesperados. Aun su si su relación ha terminado de una manera desagradable, a menudo piensan, fantasean y se desean el uno al otro. Sus espíritus unidos necesitan ser rotos y echados fuera.

Una hermana de nuestra iglesia se encontraba inesperadamente con un ex amante aunque la reunión no estuviera conscientemente planeada. Los demonios la atormentaban constantemente con pensamientos de frustración y fantasías lujuriosas. Ella se vio incapaz de amar complemente a su esposo, un maravilloso cristiano. Pronto su mal humor le impidió crecer en Dios, a pesar de cada esfuerzo por su parte. Cuando ella finalmente rompió las ataduras espirituales, los demonios que la atormentaban se fueron y ella crecía diariamente en el

Señor. Al salir su opresión y culpa, ella floreció en su relación con su esposo y con otras personas.

Otras ataduras negativas incluyen al compañero homosexual, a los antiguos jefes, maestros, empleados, padres, hermanos mellizos, parientes o cualquier otra persona que juegue (o jugó) una parte dominante en algún punto de su vida. Su compañero sexual le puede pasar multitudes de espíritus por medio del sexo.

Satanás robará fragmentos del alma para que la víctima nunca se sienta en paz.

Si los demonios se vuelven más fuertes durante una sesión, alguien en esa habitación podría tener espíritus que alimentan a los demonios en la persona que está siendo liberada. Usted necesita cortar la atadura entre aquellas personas y pedirle a Dios que le pongan un escudo protector alrededor de la persona siendo liberada para que ningún otro espíritu pueda alimentar y dar fuerzas a los demonios que esta persona tiene. Algunas veces usted necesitará separar físicamente de las personas, tales como amigos, cónyuges, novios o padres e hijos.

En un caso, después de bombardear a los espíritus de las artes marciales de Ki o Chi, los espíritus habían comenzado a llamar por su nombre a otra persona en la habitación. Al principio nosotros pensamos que la persona que estaba siendo liberada la estaba llamando porque sentía que la segunda persona podría ayudarla a expulsar los demonios. Mientras la segunda persona caminaba hacia la primera, los demonios empezaron a hacerse más fuertes. (Yo no quiero decir que la distancia afecta la fuerza del demonio). Está demás decir que cuando pusimos un escudo de protección alrededor de él, cortamos las ataduras espirituales e hicimos quitar de su vista a la segunda persona y los espíritus salieron de él.

La brujería crea fuertes ataduras espirituales negativas. Además, el alma puede ser fragmentada y destruida poco a poco. Satanás roba los fragmentos del alma, de manera que la víctima nunca se siente completa o en paz. Sintiendo así que algo le hace falta en su vida sin saber qué es.

Tuvimos un caso donde los padres de una mujer la dedicaron a Satanás cuando era una niña; por ende, ella nunca se sintió completamente en paz consigo misma aunque ella fielmente caminaba con Jesús y asistía regularmente a la iglesia. Ella nunca supo lo de la dedicación hasta que el Espíritu Santo se lo mostró. En otra situación, un buen amigo de la persona con problemas practicaba la brujería. La persona con problemas a menudo soñaba con el amigo y a veces oía que el amigo la llamaba, aunque ella estaba sola. Aunque por varios años ellos no se habían hablado personalmente, los pensamientos de la persona atormentada estaban siendo controlados por su amigo.

Entonces, le pedimos a Dios que enviara muchos ángeles como fueran necesarios para recoger los fragmentos de su espíritu, que los pusieran en orden y que los vivificara y restaurara a ella. Algo literalmente se desprendió en ella al punto de sentirse completa por primera vez desde que ella fue llamada. Su mente se aclaró y ella se sintió viva.

...Así ha dicho Jehová el Señor: ¡Ay de aquellas que cosen vendas mágicas para todas las manos, y hacen

velos mágicos para la cabeza de toda edad, para cazar las almas! ¿Habéis de cazar las almas de mi pueblo, para mantener así vuestra propia vida? ¿Y habéis de profanarme entre mi pueblo por puñados de cebada y por pedazos de pan, matando a las personas que no deben morir, y dando vida a las personas que no deben vivir, mintiendo a mi pueblo que escucha la mentira? Por tanto, así ha dicho Jehová el Señor: He aquí yo estoy contra vuestras vendas mágicas, con que cazáis las almas al vuelo; yo las libraré de vuestras manos, y soltaré para que vuelen como aves las almas que vosotros cazáis volando. Romperé asimismo vuestros velos mágicos, y libraré a mi pueblo de vuestra mano, y no estarán más como presa de vuestra mano, y sabréis que yo soy Jehová. Por cuanto entristecisteis con mentiras el corazón del justo, al cual yo no entristecí, y fortalecisteis las manos del impío, para que no se aparatase de su mal camino, infundiéndole ánimo. (Ezequiel 13:18–22)

Los nombres

Algunas veces poner nombres a las personas con el nombre de algunos ancestros formará una atadura con el espíritu de aquella persona. Los hawaianos tienen pasión por ponerle a sus hijos los nombres de sus dioses, kahunas o de famosos ancestros. Los orientales les ponen a sus hijos nombres de personas, ancestros o sacerdotes famosos. Llevan a sus hijos al templo budista o sintoísta y los dedican a sus dioses o diosas. Debido al nombre y/o dedicación, se crea una atadura en el espíritu.

Los nombres son importantes para Dios. Usted puede recordar que Dios le cambió el nombre de Abram por el de

Abraham (Génesis 17:5), y, a Jacob por Israel (Génesis 32:28). En aquellos días, el nombre de un individuo era significativo puesto que ello reflejaba su carácter o destino. Cuando los dos hijos de Elí murieron y a Elí se le rompió el cuello y murió, la nuera de Elí le puso Icabod a su niño recién nacido, queriendo decir "la gloria del Señor se ha ido".

En el libro de Apocalipsis, Dios prometió que Él daría un nuevo nombre a todo vencedor, nombre que estaría escrito en el Trono Blanco (Apocalipsis 2:17). También Dios prometió escribir en la frente de cada vencedor el nombre secreto de Dios, el de la ciudad de Dios y el nuevo nombre dado al Señor Jesús (Apocalipsis 3:12).

Desafortunadamente, los nombres pueden crear ataduras negativas, por lo que necesitamos romper con los votos demoníacos y las ataduras asociadas con los nombres.

Envolvimiento en el ocultismo

El envolverse en las ciencias ocultas puede acarrearle fuertes maldiciones, ya sea que lo haga inocentemente o conscientemente. No solamente eso, sino que una persona puede comenzar a recibir espantosas visitas nocturnas, aparición de fantasmas, escuchar voces y cosas raras también pueden comenzar a ocurrirle al envolverse en las cosas ocultas.

Algunos se sienten oprimidos y sienten una presencia oculta. Otros comienzan a oír voces por las noches y aun durante el día. Las voces a menudo empiezan suave y encantadoras pero terminan gritando palabras blasfemas, ásperas y soeces. Algunos ven cosas por las noches—como la sombra de una cabeza, manos o piernas; figuras flotando en el ambiente; figuras que desaparecen en las esquinas; cosas moviéndose alrededor sin que hayan manos que las muevan, y, hasta objetos que simplemente desaparecen.

Algunos informan haber oído voces altas por la noche y sentir sus espíritus saliendo de sus cuerpos en levitación o proyección astral sin esfuerzo y en contra de sus voluntades. Unos pocos informan de pesadillas o de ser forzados a perversión sexual con algo mitad cabrío, mitad hombre, mientras otros espíritus observan y aplauden. Esas personas despiertan magulladas y exhaustas. Las visitas nocturnas los dejan cansados y desesperados.

Religiones extrañas

En su origen todas las religiones extrañas son demoníacas. La mayoría parecen bastante inocentes, mientras que unas pocas son abiertamente satánicas. Por un lado aparece el satanismo con sacrificios humanos, misteriosos rituales en el que se involucra el mismo Satanás, a brujas y brujos. Por otro lado existen religiones que parecen inofensivas; tales como el budismo, el hinduismo, el mormonismo, la ciencialogía, la cristiana científica, la unidad, y sectas cristianas similares. Entre éstas están las religiones como la santería, el vudú, la kahuna, el taoísmo, el sintoísmo, la católica romana, la Nueva Era, y una amplia lista de religiones nativas procedentes del pacífico sur, África, América Central, Europa, y otras partes del mundo. Cada área del mundo tiene su propia rama de adoración a demonios indígenas. De una manera o de otra todas involucran lo oculto.

Otras actividades de pseudo religiones que pueden llevar a una persona a caer en los lazos del ocultismo incluyen la sanidad psíquica, los masones y las sociedades secretas. Ciertas organizaciones de niños exploradores están ligadas con la religión nativa americana al asignarle guías nativos o guerreros a cada explorador.

Otras actividades ocultas que pueden traer maldiciones son: el uso de la tabla de la güija, la participación en sesiones de espiritismo, la adivinación, las cartas del tarot, la lectura de las manos, I Ching, los cristales, la octava esfera (popularmente conocida como las "ocho bolas"), la astrología, zambullirse, la lectura del rostro, la consulta psíquica, la sanidad holística, la acupuntura, las artes marciales, las religiones extranjeras, el juego de "Calabozos y dragones", el vudú, las supersticiones populares, el exorcismo nativo, la sanidad popular empleando "buenos" espíritus, los cantos y rituales, la música ocultista, y también la simple brujería antigua. Los atletas y los jugadores emplean encantos mágicos y reliquias para la buena suerte, tales como llevar la pata de conejo para el éxito. Todas estas cosas traen invasión demoníaca, maldiciones y generalmente enfermedades.

Cada área del mundo tiene su propia rama de adoración a demonios indígenas.

La sanidad holística, la acupuntura, las artes marciales, el juego de "Calabozos y dragones", los muñequitos de los niños, las películas y los programas de TV, abren amplias puertas a la invasión satánica. En la misma iglesia, algunos métodos interiores de sanidad pueden introducir técnicas chamanísticas como la visualización, el enfoque y el procedimiento mental. Por siglos, la brujería ha incluido visiones e imágenes. El movimiento de la Nueva Era también emplea constantemente la imaginación y el enfoque. Cualquier persona que alguna vez haya estado involucrado en actividades de ocultismo, al instante reconocerá que ciertas técnicas cristianas de sanidad interior han tenido sus orígenes en lo oculto.

Cualquier profundización en la adivinación, tabla de la güija, los cristales, los encantos de la buena suerte, I Ching, la octava esfera, la astrología, las cartas del tarot, la lectura de las manos, las sesiones de espiritismo y las actividades similarmente ocultistas abren las puertas a los espíritus malignos. Los resultados pueden no ser inmediatos, pero eventualmente esclavizarán a la persona. En los últimos tiempos Satanás controlará las mentes y los cuerpos de hombres y mujeres. Él establece el grado de introducción de lo oculto a los niños por medio de muñequitos, películas y juguetes. Muchas películas y muñequitos resaltan temas de ocultismo de una manera engañosa. Los personajes de los muñequitos tales como los monstruos espaciales, el amistoso pitufo y otros, preparan a las personas para la aceptación de los demonios. No todos los demonios son feos. Ellos pueden parecer personas atrayentes y hasta héroes. Los niños asociarán a los demonios con seres amistosos como E. T. y los duendes que trabajan para Papá Noel. Poco a poco, el público está siendo desensibilizado a la presencia de los espíritus malignos.

Espíritus guías

Muchos cristianos recogen espíritus guías demoníacos por medio de votos y dedicaciones. A menudo los guías son asignados a una persona por un instructor de artes marciales, instructor de hula, maestro de tambor o como parte de una religión. Los católicos romanos con frecuencia les ponen nombres de santos a sus hijos y algunas veces se los dedican a ciertos santos o a la Virgen María. Los santos y la Virgen

María son demonios que se convierten en espíritus guías demoníacos.

Personas que se involucraron grandemente en la adivinación, la lectura de las palmas de las manos, la astrología, las cartas del tarot y las hojas de te con frecuencia reciben de sus instructores espíritus guías para que "les ayuden". Algunas formas de sanidad psíquica involucra supuestamente a un "buen espíritu". La sanidad Reiki y otras formas similares de sanidad milagrosa que se encuentran en México yen las Filipinas son trucos de manos, aunque algunas son reales. Las personas pueden ser atraídas a tales actividades con buena intención, pero aun así son engañados.

Los instructores de artes marciales consultan a antiguos dioses guerreros para que entren en un individuo para así ayudar a esa persona a desarrollar sus habilidades de lucha o para protegerlo. Cada uno tiene sus propios dioses modelos. Los estudiantes pueden descubrir más tarde que estos espíritus guías son reales.

Votos y dedicaciones

A menudo los padres dedican sus hijos a un dios o diosa en particular. Especialmente los orientales y los católicos romanos incluyen esto en sus tradiciones. Algunas veces la dedicación es de un niño o niña exploradores a un espíritu guía de algún nativo americano, un voto y una dedicación a la masonería o a un santo patrón de alguna sociedad secreta o dios.

Estos votos les dan a los espíritus malignos el derecho a entrar en la vida de alguna persona. El demonio realmente reclamará el alma de esa persona, aunque él o ella se conviertan al cristianismo. Algunas veces un santo informará de sentimientos de que él no ha sido salvo o sueños de algún extraño dios que los llama. Se debe romper y renunciar a los votos y dedicaciones por medio de la oración de la persona por la que se ora.

Herencia psíquica

La herencia psíquica abarca la habilidad para la adivinación, incluyendo un desastre o la muerte de alguien, el encontrar cosas, el predecir acontecimientos, el tener visiones y sueños que son de naturaleza ocultista. Algunos heredan espíritus guías a la muerte de un ancestro. Algunos han sido nombrados como sucesores de un ancestro que fue un notable psíquico, adivinador o exorcista.

En un caso particular, una joven cristiana empezó a ser atormentada por la noche con espectros, sombras y voces. Manos invisibles la agarraban y muchas cosas sobrenaturales comenzaron a sucederle. Dios reveló que una tía de ella, la cual vivía todavía, practicaba la brujería y que la tía había designado a la joven como su sucesora. Rompimos los espíritus que ataban a la tía y ella en voz alta renunció al ocultismo. Reprendimos a los demonios y les ordenamos que salieran. Después de un periodo de tiempo, la mujer quedó libre de su cautividad.

El catolicismo romano

Ex católicos romanos a menudo sufren de maldiciones de brujería traídas por medio de la adoración a la Virgen María o a diferentes santos. La adoración a los santos es una forma de necromancia y puede que la verdadera Virgen María esté en el cielo mientras que un demonio la imita y demanda adoración de los humanos en la tierra. La Virgen María y muchos santos son adorados comúnmente junto con dioses paganos en una clase de "chopsuey" o mezcla de cristianismo y religiones paganas [lo que hoy en día se conoce como "sincretismo"]. La adivinación y la sanidad sobrenatural por medio de tradiciones nativas son parte de la religión católica.

El problema del catolicismo romano es su práctica de absorber religiones nativas dentro de la iglesia adoptando así costumbres y ritos paganos. El pueblo puertorriqueño mezcla el catolicismo romano con la santería, el vudú y otras religiones nativas.

Cuando estuve en las Filipinas me acerqué a un joven que había sido católico romano. Él había sido muy devoto y un católico bien intencionado, incluso fue tan lejos que permitió ser clavado en una cruz para demostrar su penitencia. Mientras los hombres lo azotaban él les gritaba: "¡Más fuerte, ustedes me azotan como muchachas, como maricones!" Él casi muere al estar colgado de la cruz, su devoción era incuestionable.

Mientras cantábamos y adorábamos a Dios durante un servicio el joven se dobló de dolor mientras los espíritus se manifestaban en su estómago. Nosotros lo sacamos y empezamos a ministrarle liberación. Muchos demonios de los católicos romanos salieron, tales como el de mariolatría (excesiva veneración a la madre terrenal de Jesús), el crucifijo, demonios mentirosos, penitencia, purgatorio, confesionario, falsas doctrinas, la única iglesia verdadera, temor a los sacerdotes y a la Virgen María.

A principios del IV Siglo, el imperio romano adoptó el cristianismo como religión oficial del estado. En su celo por convertir los elementos paganos del Imperio al cristianismo, el Imperio comprometió al cristianismo, permitiendo que los paganos hicieran meramente cambios de sus deidades demoníacas a nombres de varios santos. Los paganos se mantuvieron adorando a sus deidades demoníacas en nombre del cristianismo.

Cientos de años más tarde, Satanás indujo a la Iglesia Católica Romana a adoptar la adoración a la deidad de Babilonia, el de la madre-hijo. Semiramis y Tamuz se convirtieron en la Virgen María y el Niño Jesús. Osiris y Horis e Isis llegaron a ser el Padre, el Hijo y María. La Biblia llama a este feo espíritu, la virgen, hija de Babilonia (Isaías 47:1). A ella también se le llama señora de los reinos (Isaías 47:5); virgen, hija de Egipto (Jeremías 46:11); y reina del cielo (Jeremías 44:17–19). Desafortunadamente, un estudio completo de la materia no puede ser tratado en este libro. Para un vistazo más amplio en esta materia, lea el libro *Las Dos Babilonias* o *La Adoración Papal,* escrito por el Obispo Hislop, y *Religión del Misterio de Babilonia,* escrita por Ralph Woodrow.

La mayoría de los católicos romanos son personas cariñosas, sinceras y devotas a su fe. Yo los estimo y a muchos los he liberado de las ataduras demoníacas. Su religión, como la practican hoy, es una mezcla de verdad y mentiras, cristianismo y paganismo; desafortunadamente el engaño ha llegado a lo profundo.

Drogas

Las drogas juegan una parte importante en la brujería. La "copa del misterio de la iniquidad" se refiere a los antiguos ritos caldeos que consistían en ofrecer una copa de oro llena de drogas que alterban la mente para iniciarse en la religión babilónica (Véase Apocalipsis 17:4). Tales drogas provocaban un estado alucinógeno por medio del cual el participante podía ver dentro del espíritu del mundo y experimentar cosas desconocidas a la conciencia humana. Estas experiencias "espirituales" convencían a los practicantes que ellos habían visto dioses. Mucho de lo mismo sucede hoy con nuestra juventud. La experiencia de las drogas los convence del poder misterioso que hay detrás de las drogas y que tienen un más alto nivel de conciencia. Sobrevienen fuertes ataduras. Con frecuencia los que usan las drogas oyendo voces porque han abierto una puerta para la entrada de los demonios.

Sátiro

Cuando una persona voluntariamente (y algunas veces involuntariamente) se involucra en brujería, su nombre termina en el Libro de la Muerte del Cabrío (de Sater) la contra parte del Libro de la Vida del Cordero.

Como mencioné anteriormente, cuando se ora contra los espíritus de brujería, nosotros ocasionalmente vemos un espíritu mitad cabrío y mitad hombre. Lo conocemos como Sátiro, Pan, Fauno, Camut o Kammutz. En una ocasión la bestia hombre apareció con un chaleco y un par de gafas adornadas de oro y se mantuvo mirando en un libro largo. Cuando yo ví ese espíritu, se me hizo evidente que un fuerte vínculo ocultista había de parte de esa persona o de sus antepasados. Se debe renunciar absolutamente a la brujería, y, la persona tiene que arrepentirse y pedir perdón. La habitación de él o ella debe ser limpiado y bendecida. Toda abominación o trazas de brujería deben ser destruidas, incluyendo las joyas con signos de brujería. No es por coincidencia, que a muchas personas con espíritu de brujería les gusta portar anillos con la cabeza de un cabrío, aretes con estrellas y la luna creciente u otras cosas con objetos, signos y símbolos de ocultismo.

La mente pasiva

No tan evidente es la conexión ocultista con las religiones como el budismo y el hinduismo. El movimiento de la Nueva Era está lleno de peligros, teniendo en su centro el budismo Zen, el hinduismo, el taoísmo, el chamanismo, y al catolicismo romano. El movimiento de la Nueva Era es engañosamente bueno e inocente por afuera, pero su núcleo es verdaderamente demoníaco. El proceso mental que incluye la meditación, viene directamente del hinduismo y el budismo, lo cual abre amplias puertas al cuerpo y al alma de la persona. Los que practican la meditación y cosas como estas interpretan sus manifestaciones demoníacas como piadosas visiones. Las religiones demoníacas usan la pasividad de la mente y el cuerpo para abrir las puertas de los espíritus malignos.

Los obreros de la liberación saben bien que una mente y un cuerpo pasivos invitan a los espíritus por medio de rendirse al proceso normal de las fuerzas externas. Las sesiones de "cantando a Jesús" y "esperando en Dios", las cuales usan técnicas de confusión, invitan a los espíritus malignos en vez de al Espíritu Santo. Para un tratamiento completo de pasividad, lea el excelente libro de Jessie Penn-Lewis *War on the Saints* (*Guerra contra los Santos*).

Sanidad holística

La sanidad holística en sus muchas formas, incluyendo el Reiki y la sanidad psíquica son puramente demoníacas. Estas formas tienen sus orígenes en el budismo y otras religiones orientales. Ellas pueden usar la oración del Padre Nuestro y el nombre de Jesús, pero obran con o sin mencionar el nombre de Jesús. Lo mismo es cierto de otras formas de sanidad como la visualización empleada por los chamanes.

Alguna "sanidad interior de los cristianos" prueba ser no diferente a la de los budistas y brujos empleadas alrededor del mundo. Por centurias, los exorcistas kahunas y nativos americanos han empleado las visiones, la imaginación y los enfoques técnicos.

Esto funciona, pero los orígenes de las fuentes malignas hacen tales técnicas parte de la brujería. El intitulado *The Beautiful Side of Evil* (*El Bello Lado del Mal*) de Johanna Michaelson, proporciona un excelente tratado acerca del tema de la sanidad psíquica. El libro titulado *The Seduction of Christianity* (*La Seducción del Cristianismo*) de Hunt y MeMahon nos da una amplia exposición de la sanidad interior en las iglesias cristianas. No todas las formas de sanidad interior son ocultistas, pero necesitamos ser más cuidadosos.

El hecho de que una persona obre milagros no quiere decir que le está sirviendo a Dios.

En su celo o deseo de ser los "primeros" en la competencia, muchos quiroprácticos y algunos médicos adoptan las técnicas de sanidad holística sin saber nada de la verdadera fuente de sus nuevos poderes descubiertos. Así las personas, con frecuencia concluyen que todo milagro sobrenatural procede de Dios. ¡Que tontos son! La Palabra de Dios establece claramente:

> *Y no es maravilla, porque el mismo Satanás se disfraza como ángel de luz. Así que, no es extraño si también sus ministros se disfrazan como ministros*

de justicia; cuyo fin será conforme a sus obras.
(2da Corintios 11:14, 15)

El hecho de que una persona haga "buenas" cosas no quiere decir que automáticamente le está sirviendo a Dios.

"EST", "PSI", Gestalt, el control mental de Silva, Rolfing, la Nueva Era, la meditación trascendental, la terapia de parto y una cantidad tergiversada de disciplinas modernas motivacionales y de alteración de la mente tienen orígenes similares en el ocultismo. Ellas representan la tremenda habilidad de Satanás para engañar aun a los escogidos, si fuere posible. He tenido que liberar a jóvenes de las ataduras causadas por cursos de auto-mejoramiento. Como usted puede ver, la telaraña de Satanás es extremadamente extensa y sus artimañas incontables.

Pecados sexuales

En estos últimos tiempos Satanás está saturando al mundo con cosas carnales. Él sabe que los pecados sexuales son detestados por Dios. Levítico dieciocho enumera algunos de los pecados sexuales que Dios aborrece. Entre éstos encontramos la homosexualidad, la promiscuidad sexual, la fornicación, el adulterio, la bestialidad, la sodomía, el incesto y la lujuria sexual en general. Ataduras extremamente fuertes a menudo van seguidas de pecados sexuales.

El mundo ya está lleno de lujuria y oportunidad sexual. Es difícil observar la televisión sin ver los anuncios comerciales de sexualidad explícita, programas de espectáculos, videos musicales y películas. Todas ellas promueven la promiscuidad sexual. La lujuria sexual lleva al hombre a caer al nivel de la naturaleza de la bestia bruta como lo señalan

Judas y 2da Pedro 2:12–15. Mientras el mundo se mueve más profundo hacia la oscuridad, los hombres llegan a ser como animales—sin ley, llenos de insaciable lujuria y completamente vencidos por la carne.

La gente ya no ve la impureza sexual como pecado, y pocos se niegan a recrearse en ello.

El Movimiento de la Liberación Femenina, trajo la revolución a niveles más altos, y muchas mujeres ahora buscan agresivamente compañeros sexuales. La moralidad no es una salida. La libertad individual y la Constitución de los Estados Unidos toman prioridad sobre la santidad y la Biblia. A hombres y mujeres agresivos sexualmente se les hace difícil permanecer en celibato o puros. Hoy en día, el adulterio entre esposos y esposas es común. Toda clase de experimentación y entretenimiento sexual ha aumentado entre la mayoría de las edades y de la sociedad. La gente ya no ve la impureza sexual como pecado, y pocos se niegan a recrearse en ello. Los Estados Unidos se han convertido verdaderamente en una Sodoma y Gomorra.

Antes de que se de una liberación duradera, la persona necesita renunciar a los pecados sexuales y arrepentirse. Negarse a desear el cambio en las áreas sexuales mantendrá atada a la persona. La lujuria sexual representa una difícil área para la liberación por las amplias oportunidades disponibles para la satisfacción. La persona que desea deshacerse de la lujuria sexual debe comprender el daño de permitirse tomar lo que el mundo ofrece. El conocimiento de cómo Dios ve la fealdad de los pecados sexuales y el sincero deseo para evitar futuros pecados sexuales pueden consumir el alma de una persona, la mente debe ser cambiada y debe aplicarse disciplina.

Si una persona solamente desea alivio temporal, él no logrará una liberación permanente. Algunos quieren controlar sus lujurias cuando no las pueden satisfacer, pero cuando la oportunidad es propicia para complacerla, ellos no se pueden controlar. Ellos miran la fantasía sexual como un entretenimiento no dañino para la mente y el cuerpo. En una ocasión, un miembro de la iglesia tuvo un sueño en el cual él mismo se encontraba en un área como parque con miraderos y bonitos arbustos con frutos que parecían queso. Vacas pequeñitas corrían por los alrededores como pequeñas mascotas, mordiendo el queso y luego alejándose, importunando al soñador. El soñador recuerda perfectamente que las vacas miniaturas eran "bonitas" y amistosas, jugando al escondite con él y corriendo por todos lados. La siguiente escena era una escena sexual.

El Señor nos mostró que las bonitas vacas miniaturas representaban fantasías sexuales, las cuales ocuparon mucho de los pensamientos del soñador. Él consideraba que las fantasías lujuriosas eran un entretenimiento no perjudicial—como pequeñas mascotas cariñosas jugando al escondite. Pero estas vacas miniaturas eran peligrosas. Ellas se robaron el queso—las bendiciones de la vida— porque ellas impidieron que el soñador se moviera hacia el crecimiento en Dios. Ellas parecen inofensivas pero aun con todo hurtan y roban los frutos de la vida.

Se necesita un esfuerzo real para vencer los espíritus de lujuria. No podemos culpar a los espíritus malignos por cada tribulación. Los espíritus pueden salir pero los hábitos y la elección permanecen. El humano se convierte en el objetivo principal. Ninguna persona puede clamar verdadera madurez en Cristo sin disciplina, y, la lujuria sexual permanece como la suprema prueba de la voluntad del hombre. Cuanto más una persona permite la impureza sexual, el derecho legal de Satanás para atormentarlo permanece. He echado muchos espíritus sexuales, solamente para encontrar que los mismos han regresado porque el santo volvió a su antiguo hábito del deseo.

Religiones y ataduras culturales

En la sección del envolvimiento en el ocultismo, discutimos las maldiciones ocultistas derivadas de las religiones extrañas. Sin embargo, los cristianos también pueden inadvertidamente involucrarse en actividades peligrosas por medio de las tradiciones.

Muchos cristianos se recrean en las tradiciones y costumbres que son derivadas de religiones paganas (satánicas). En la actualidad, la mayoría de los periódicos tienen una columna sobre astrología u horóscopos. La astrología se originó en las tribus gobernantes de Caldea y Babilonia (Isaías 47:13). La contemplación de las estrellas es un signo de paganismo (Jeremías 10:2). Sin embargo, hay cristianos que participan con deleite en estas actividades ocultistas.

Jugar a las cartas viene de las prácticas de adivinación de la Edad Media. De hecho, las figuras del "jack" [o jota], el rey, la reina, y el bromista vienen directamente de las cartas del tarot. Algunos adivinadores aun utilizan las barajas regulares en el juego de cartas. Y es más, a muchos cristianos les encantan los juegos de azar y las brillantes luces de Las Vegas, Reno, o algún otro lugar favorito de juegos de azar.

La Noche de Brujas es otra celebración que viene directamente de la adoración satánica. En estos días, los sacrificios humanos ocurren alrededor del mundo, según la cantidad de ex satanistas. La Noche de Brujas originalmente representó la respuesta de los brujos al Día de los Santos [conocido también como el "Día de los Muertos"] observado anualmente por todas las iglesias cristianas el 1 de noviembre. Los brujos se vengaban mediante la "Noche de Brujas" en la víspera del "Día de los Santos". Irónicamente, más cristianos celebran ahora el día festivo de los brujos en lugar del día de los Santos y muchas iglesias contribuyen a celebrar con los brujos en su día festivo más importante haciendo fiestas en la Noche de Brujas.

Muchos cristianos se recrean en costumbres que son derivadas de religiones paganas.

Hubo un incidente donde una máscara de lobo resultó muy real cuando el espíritu de un lobo entró en el portador. Durante una liberación, el lobo salió a la superficie y comenzó a aullar. Descubrimos que la máscara se mantenía en la casa y la usaban cada año en la Noche de Brujas. La máscara en ese momento pertenecía a un hermano que vivió en la misma casa. Fue tan real y espantoso que reaccionamos al caso. De acuerdo con Elaine Lee y Rebecca Brown, la licantropía existe en el reino de Satanás actualmente. Él la emplea para mantener el orden entre los satanistas.

Muchos cristianos orientales continúan quemando fuegos artificiales y observando los días festivos budistas y taoístas. La práctica de llevar alimento ciertos días a los cementerios ("Bi Sun") y la quema de incienso a sus antecesores debería descontinuarse. Yo encuentro familias enteras bajo ataduras de demonios por causa de las maldiciones acarreadas por estos "fuegos extraños" (Levítico 10:1–2; Números 26:61). En muchos casos, un padre de familia puede continuar siendo budista e insistir que el altar quede intacto. Por supuesto, esto presenta una situación difícil y debemos apelar a Dios para abrir los ojos de los padres y poner un escudo alrededor del creyente y en las habitaciones donde ellos duermen.

La sustitución del nombre de Jesús por Shiva, Buda o cualquier otro demonio falla al no poder cambiar el origen de la atadura que estos dioses traen. Algunas veces nosotros observamos a cristianos en la posición de flor de loto "cantándole a Jesús" y "esperando en Dios", concentrándose en su "tercer ojo". Sus excusas impertinentes son de que todas las leyes espirituales fueron creadas por Dios, que el enemigo emplea las leyes espirituales de Dios y que los cristianos también tienen derecho a usar estas leyes. Eso es extremamente ingenuo. Si la Biblia no nos delinea claramente el uso de esas "leyes", entonces no debemos utilizarlas. Además, esto es parecido a decir que tenemos derecho sobre cualquier cosa que usen las ciencias ocultas. Claramente Dios nos advierte que no debemos seguir costumbres paganas (Jeremías 10:2).

Algunas tradiciones cristianas, definitivamente son de origen babilónico. La Pascua deriva su origen del festival de la fertilidad de la primavera de Ishtar que tiene lugar en abril. La palabra original en la Biblia era Pascua, pero los traductores ingleses la tomaron de la palabra ("Easter"), la cual pasó a la Biblia por la invasión de las costumbres paganas en boga. Los satanistas Medievales adoraban a Ishtar como la diosa babilónica de la brujería y la fertilidad. Los huevos de color, los conejitos, los panes de cuaresma (pasteles para la reina del cielo, en Jeremías 44:17–19) eran símbolos de Ishtar.

El uso de bolitas para la oración de los hindúes y budistas ha terminado llamándose "el rosario". Los monjes y monjas provienen de religiones hindúes y budistas que ya existían alrededor de 500 años antes de Cristo. Aun sus vestimentas y cabezas rapadas son similares.

Los árboles de navidad continúan fascinando a los cristianos de todo el mundo. La siguiente escritura de Jeremías parece prohibir explícitamente esta práctica moderna de hoy en día:

> *Así dijo Jehová: No aprendáis el camino de las naciones. Ni de las señales de cielo tengáis temor, aunque las naciones las teman. Porque las costumbres de los pueblos son vanidad; porque leño del bosque cortaron, obra de manos de artífice con buril. Con plata y oro lo adornan; con clavos y martillos lo afirman para que no se mueva. Derechos están como palmera, y no hablan; son llevados, porque no pueden andar. No tengáis temor de ellos, porque ni pueden hacer mal, ni para hacer bien tienen poder.*
>
> (Jeremías 10:2–5)

Estos signos representan a Tamuz, el dios sol mencionado en Ezequiel 8:14. La Biblia profetiza que Tamuz, el dios babilónico del sol, el hijo de Ishtar (Semiramis) en los tiempos del fin serían adorados por los sacerdotes e iglesias del Dios verdadero. Los babilonios se desmayaban ante las señales de los cielos; ellos originaron la astrología. Por consiguiente, el capítulo diez de Jeremías se refiere a los babilonios. El árbol de navidad y el muérdago proceden de las prácticas de adoración de los druidas y Tamuz.

Los cristianos han adoptado muchos signos, símbolos y objetos que se originaron en el paganismo o de los ritos de adoración a Satanás.

El adoptar símbolos paganos podría erosionar nuestra libertad en el Espíritu Santo.

No estoy diciendo que estos signos deben ser de exclusiva propiedad del reino de las tinieblas. Pero, necesitamos saber de dónde proceden. Tal es así que muchas observaciones y costumbres cristianas como se mencionan en la Palabra de Dios indican intrusión pagana. Ellos se convierten en obstáculos que erosionan nuestra libertad en el Espíritu Santo. No es de asombrarse que Dios nos ordena no hacernos imágenes gravadas de ninguna clase.

Dios no ha cambiado. La Palabra dice: "*Yo no cambio*" (Malaquías 3:6) y "*Jesucristo es el mismo ayer, y hoy, y por los siglos*" (Hebreos 13:8). Recuerda que Levítico 10:1, 2 y Números 26:61 relata que los dos hijos de Aarón, Nadab y Abiú murieron por ofrecer fuego extraño ante el Señor. No importa cuán entusiasta y bien intencionado sea usted. Nadab y Abiú pueden no haber comprendido cuan preciso y cuidadoso se requería que ellos fueran para estar en la presencia de Dios. La Biblia no dice de qué se trataba el fuego extraño. Si en lo que usted está involucrado no es de Dios, entonces es fuego extraño.

Hechizos

Las personas pueden intencionalmente o sin intención maldecir o hechizar a la gente. Los brujos pueden hacer ataques directos e intencionales contra los cristianos y otras personas. Satanás con frecuencia envía una "novia de Satanás" a infiltrarse en las iglesias y manda hechizos contra sus miembros. Amigos y familiares no intencionalmente exponen a las personas a ataques demoníacos a través de oraciones psíquicas, dedicaciones o votos hechos a Buda, Kwan Yin, la Madre Kali, la Virgen María, y etc.

En una ocasión, una mujer cristiana trabajaba en la misma oficina con una bruja conocida. Cuando la cristiana entró en una oficina discutió con la bruja, la bruja aparentemente puso un hechizo en la familia de la mujer cristiana. Su esposo y dos hijos jóvenes adquirieron un mareo y enfermaron. Nosotros inmediatamente reconocimos que era un hechizo. Oramos y clamamos la sangre de Jesús y pedimos a Dios que rompiera las maldiciones y le regresara el hechizo al que lo había enviado. Cuando la mujer regreso a la oficina después del almuerzo, la bruja había sido enviada al hospital después que falló el hechizo de mareo.

Basados en lo que las Escrituras dicen que debemos bendecir a los que nos maldicen, una cantidad de objetos cristianos revierten las maldiciones. Por otro lado, notables obreros de liberación, como Win Worley, defienden enviando de regreso las maldiciones a quienquiera que las haya enviado.

Muchos cristianos inadvertidamente se ven envueltos en oraciones psíquicas pidiendo a Dios que alguien se enamore de ellos, forzando a alguien a hacer algo en contra de su voluntad o cambiando la mente de otra persona acerca de un asunto. Estas oraciones manipulativas sugieren brujería. La brujería se defina como la "manipulación de otros", especialmente por medio de cantos, oraciones, pociones, y drogas. Necesitamos ser cuidadosos de cómo le pedimos a Dios, pues algunas veces oramos impropiamente.

¿Cómo rompe usted los hechizos? Simplemente rómpalos en el nombre de nuestro Señor Jesucristo y por el poder de Su sangre. Se nos ha dado toda autoridad para pisotear serpientes y escorpiones, y, se nos ha dado autoridad sobre todas las fuerzas del enemigo (Lucas 10:19).

En resumen

El primer paso para echar fuera demonios es quitarles sus derechos legales. Jesús a menudo dijo: "Tus pecados te son perdonados" cuando sanaba a las personas. El perdón de Dios rompe las maldiciones que pesan sobre una persona que es incapaz de sanar (Mateo 9:2; Marcos 2:5; Lucas 5:20; Lucas 7:48). Primero debemos tratar con las maldiciones y luego ordenar a los demonios que salgan. Si hay muchas, el eliminar las maldiciones puede tomar cierto tiempo; sin embargo, usted no tiene que romper cada maldición para echar fuera demonios. Usted necesita romper aquellas que aplican a los demonios que usted está confrontando.

5 Conocimiento y discernimiento

De acuerdo con Primera de Corintios, capítulo doce, versículo diez, el sólo discernimiento de espíritus es un don de Dios. Ore pidiéndolo.

Algunos cristianos ven espíritus en forma corporal, tales como criaturas negras o blancas, parecidas a monos sobre las espaldas de las personas, colgando de sus cabezas, saliendo de las personas o caminando alrededor. Algunas personas mientras están siendo liberadas ven demonios viéndolos de reojos. Unos pocos ven demonios dentro de sus cuerpos. Otros ven criaturas de toda forma y tamaño que vienen y van, pero la "mirada" sigue siendo rara. Personalmente, yo nunca he visto estos espíritus con los ojos abiertos. He leído relatos de personas como Ken Hagin, quien ocasionalmente ve a estos demonios a través de sus ojos espirituales como si los estuviera viendo directamente con ojos naturales.

Discernimiento—un conocimiento

Lo que es más importante que ver a los espíritus es la habilidad de discernir estos espíritus. Algunas veces, el discernimiento es sólo un conocimiento. Usted solamente sabe lo que usted conoce—como una palabra de ciencia o una percepción. Usted ve a una persona e inmediatamente usted sabe.

MANERAS DE CONOCIMIENTO

En algunas ocasiones en el calor de la liberación, el Espíritu Santo simplemente pronuncia en voz alta el nombre del espíritu maligno. Con frecuencia usted piensa que uno de los otros obreros habló. Invariablemente, cuando usted repite el nombre que le dio el Espíritu Santo, los demonios gritarán bien enojados: "¿Quién te lo dijo?" Entonces ellos deben salir. Los demonios algunas veces no quieren salir sino hasta que usted los llama por sus nombres, aunque es más que un pretexto técnico. Algunos dicen: "¡Yo no tengo que salir!" Usted les pregunta: "¿Por qué, demonio? Habla". Ellos contestarán: "No has dicho mi nombre". Cuando esto sucede y usted no tiene el discernimiento, ordénele al demonio que le de su nombre. Si usted persiste, el le revelará su nombre. Sin embargo, llamar a los espíritus por su nombre, no es necesario en la mayoría de los casos.

Usted debe estar en armonía con el Espíritu Santo quien pone impresiones en su mente.

Algunas veces el Espíritu Santo pone un pensamiento o una descripción en su mente y usted sabe qué espíritu es. Por ejemplo, un cabello rizado, serpiente, araña con cara de mujer cubierta con mucho maquillaje o una joven desnuda, indica que es la hija virgen de Babilonia—de nuevo Jezabel. El Espíritu con frecuencia emplea versículos de la Biblia para revelar espíritus.

El Espíritu Santo también usa visiones y sueños para revelar la presencia de ciertos espíritus. Estos sueños pueden darse en la misma persona o en otra de la iglesia. También el espíritu puede verse por medio de los frutos en la vida de la persona. Dificultades en el matrimonio, problemas con el alcohol, las drogas o con las relaciones muestran claramente qué espíritus están operando en la persona.

Durante una sesión de liberación su mente debe estar en armonía con el Espíritu Santo, quien pone en su mente los pensamientos, las impresiones y las descripciones en rápida secuencia. A medida que usted aprende cómo responderles, usted será capaz de separar lo que viene del Espíritu y lo que es producto de su propia mente. Hebreos 5:14 dice: *"Pero el alimento sólido es para los que han alcanzado madurez, para los que por el uso tienen los sentidos ejercitados en el discernimiento del bien y el mal"*. Al principio usted va al "azar", pero pronto usted empezará a conocer lo que viene de la carne y lo que viene de su espíritu. La persona por la que se oró exclamará: "¿Cómo lo supiste?" Tan pronto como usted dijo 'ira' algo en mi me salió".

Las modalidades de los demonios

El discernimiento por medio de un conocimiento a menudo surge con el puro conocimiento de las modalidades de los demonios y toma un poco más saber lo que sigue. Por ejemplo: al momento que usted oye a la persona comenzar a gritar o gemir, usted puede reconocer el espíritu de brujería. La brujería generalmente sale con fuertes gritos y tensión del cuerpo. No importa si el espíritu es kahuna, gitano, brujería, budista, Jezabel, la Virgen María o cualquier otra forma de brujería u ocultismo. Cuando es desenmascarado, ese espíritu gime o grita.

Si la persona comienza a agarrarse el cuello y los hombros, considere los espíritus de rechazo y orgullo. A Jezabel le gusta ocultarse en las articulaciones y médulas de los huesos, especialmente de la espina dorsal. El orgullo a menudo trae dolor al corazón o la parte baja de la espalda. Si la persona empieza a tener dolor de cabeza, lo más probable es que se manifestará la ciencia oculta del control mental.

El conocimiento de diferentes espíritus y de cómo operan también ayuda en el discernimiento. A medida que yo intento impartir algunas técnicas de liberación e ideas para usar contra diferentes espíritus, necesitamos tener presente que nosotros no lo sabemos todo, necesitamos poner atención al Espíritu Santo y no debemos limitarlo. Debemos buscar siempre diligentemente la guía del Espíritu Santo. No lo reprima; en vez de eso, deje que Él opere por medio de usted.

El tener conocimiento de diferentes espíritus le ayudará a discernirlos.

El conocimiento acrecentado de la esfera espiritual incluye un profundo entendimiento del reino espiritual de Satanás, cómo trabaja, los mayores espíritus que él emplea, sus nombres y características, y cómo operan en estos tiempos finales. ¿Cuáles son sus fuerzas y debilidades? ¿Cuáles son sus tácticas y maneras de operar? ¿Cómo revela Dios en la Palabra sus identidades? ¿Cómo Dios nos muestra las armas de nuestro espíritu y como aplicarlas? A menudo, el conocimiento suplementa el discernimiento. Una vez que el Espíritu Santo revela un espíritu en particular, el conocimiento pasado le trae a la mente todo lo conocido de ese demonio. La práctica agudiza su espíritu, así que no huya de la batalla.

Compartir el conocimiento del reino satánico no glorifica a Satanás. Contribuye a derrotarlo. Nada en este libro glorifica a Satanás. Revela su vulnerabilidad a la Palabra de Dios y la sangre del Cordero.

Mientras usted continúe en guerra espiritual, su discernimiento aumentará más agudamente. Solamente confíe en Dios; Él conoce su corazón y lo equipará con el discernimiento necesario. Si usted desea aprender acerca de la liberación, Dios le dará todas las herramientas necesarias, si es que usted camina en obediencia al Espíritu Santo. ¡Loado sea el Señor!

6 Atando y desatando

En un capítulo anterior, mencioné que Satanás gobierna desde la mitad del cielo con un ejército bien organizado. Él divide la tierra en principados que gobiernan por medio de príncipes, también conocidos como espíritus gobernadores. Los espíritus gobernadores se sientan en tronos en medio de los cielos y dirigen a los espíritus malignos en la tierra. Ellos les dan órdenes y fuerza a los espíritus bajo su mando. Otros espíritus gobernadores operan en la tierra misma. Yo creo que en la actualidad existen tres niveles de espíritus gobernadores: (1) los principados que gobiernan sobre amplias áreas geográficas en la tierra; (2) los que gobiernan sobre personas, iglesias, familias, comunidades y otros grupos específicos o individuos; y (3) los gobernadores que habitan dentro de las personas.

A menos que atemos a los espíritus gobernadores, será difícil expulsar demonios. En Mateo 16:19 Jesús nos instruyó a atar a los espíritus gobernadores. Él repite su amonestación en Marcos 3:27 y nos advierte en Mateo 12:29 que no podemos saquear la casa del dictador a menos que lo atemos: *"Porque ¿cómo puede alguno entrar en la casa del hombre fuerte, y saquear sus bienes, si primero no le ata? Y entonces podrá saquear su casa".*

Es una simple verdad. A menos que se ate al hombre fuerte [o espíritu gobernador], usted experimentará tremenda dificultad para expulsar aunque sea a los demonios menores. Los demonios menores continuarán tomando fortaleza del hombre fuerte o espíritu gobernador. Es como si hubiera una línea de gas entre el espíritu gobernador y los espíritus bajo su mando. Ate al espíritu gobernador y corte sus cuerdas, y, los espíritus controlados por el espíritu gobernador se debilitarán. Todos los estrategas militares entienden la necesidad de cortarle al enemigo su línea de abastecimiento.

Los estrategas militares entienden la necesidad de cortarle al enemigo su línea de abastecimiento.

La iglesia tiene mucha necesidad de aprender cómo atar al enemigo tanto aquí en la tierra como en las regiones celestiales. La lucha es en el reino espiritual, por lo que debemos actuar por fe en la Palabra de Dios. No podemos ver al espíritu gobernador, si no conocemos su trabajo.

> *Porque no tenemos lucha contra sangre y carne, sino contra principados, contra potestades, contra los gobernadores de las tinieblas de este siglo, contra huestes espirituales de maldad en las regiones celestes.*
>
> (Efesios 6:12)

La expresión, "gobernadores de las tinieblas de este siglo" y "huestes espirituales de maldad en las regiones celestes" se refiere a los espíritus gobernadores.

Nuestra autoridad

La autoridad para atar al espíritu gobernador viene de nuestro Señor Jesucristo.

Y a ti te daré las llaves del reino de los cielos; y todo lo que atares en la tierra será atado en los cielos; y todo lo que desatares en la tierra será desatado en los cielos. (Mateo 16:19)

De nuevo en Mateo 18:18, Él dice:

De cierto os digo que todo lo que atéis en la tierra, será atado en el cielo; y todo lo que desatéis en la tierra, será desatado en el cielo.

Satanás hace planes para cada uno de nosotros. Muchos cristianos en el presente le piden a Dios que les muestre el sitio de guerra de Satanás donde él elabora sus planes para destruir a cada matrimonio, relaciones e iglesias. ¿Qué planes tiene Satanás para usted? ¿Qué hombre fuerte gobierna su iglesia? Si usted conoce al espíritu gobernador, usted conoce sus planes. Para conocer al espíritu gobernador, mire los frutos. Jesús dijo: *"Por sus frutos los conoceréis"* (Mateo 7:16).

Las personas rechazan el Evangelio de paz porque el dios de este mundo las ha cegado, no necesariamente porque ellos conscientemente rechacen la Palabra:

En los cuales el dios de este siglo cegó el entendimiento de los incrédulos, para que no les resplandezca la luz del evangelio de la gloria de Cristo, el cual es la imagen de Dios. (2da Corintios 4:4)

Aten al espíritu gobernador que los tiene ciegos y ellos aceptarán el Evangelio o por lo menos tomarán una decisión sin interferencia exterior.

En un caso, el pastor de nuestra iglesia tomó varias oportunidades para dirigir a Howard (este no su nombre real) al Señor. En cada ocasión, Howard sacudía su cabeza y declaraba que no estaba listo todavía. Finalmente, una noche, el pastor entabló conversación con Howard sobre un asunto trivial. Mientras Howard hablaba del asunto, yo me senté al lado atando a los espíritus de ceguera y les ordené que liberaran los ojos espirituales de Howard. Después de unos diez minutos, Howard hizo una pausa y el pastor le dijo: "A propósito, Howard, ¿estás listo para recibir a Jesucristo esta noche?" Howard, miró al pastor, sonrió y le dijo: "¿Por qué no? Estoy listo". Howard se convirtió en uno más para el reino y su familia lloró de gozo cuando él recibió a Jesús en su vida. La doctora Rebecca Brown, publica magníficamente esto en su libro: *Preparémonos para la Guerra.*

¿A la ofensiva o a la defensiva?

Disturbio oficial, altercado entre miembros de una misma familia o compañeros de trabajo, depresión, fracasos en la vida—estos son golpes de la opresión demoníaca. Casi todos los días mi hija llegaba llorando de su trabajo y la gente de su oficina. El mismo día que ella comenzó a atar los espíritus de discordia en la oficina, dejó de quejarse. Era algo demoníaco. Usted necesita salir a la ofensiva. Póngase la armadura y vaya a la batalla. ¿Cómo ata usted al espíritu gobernador? Por fe, sencillamente diga:

> Yo ato al espíritu gobernador de __________ en las regiones celestiales con las cadenas del cielo. Me

baso en la Palabra de Dios que dice: "*Y a ti te daré las llaves del reino de los cielos; y todo lo que atares en la tierra será atado en los cielos; y todo lo que desatares en la tierra será desatado en los cielos*" (Mateo 16:19). Yo te ato de manos y pies y corto las cuerdas entre el espíritu gobernante y los espíritus de esta persona, y los echo fuera en el nombre de Jesús.

Algún discernimiento es requerido para conocer cuál espíritu gobernador es el hombre fuerte. Aunque los siete mayores espíritus gobernadores controlan los principados, el verdadero espíritu gobernador sobre un área en particular o persona puede no ser uno de los siete. Por ejemplo: la brujería (ocultismo), el rechazo, la rebelión, la esquizofrenia, el temor, la enfermedad, el odio, la falta de perdón y demás que puedan actuar como espíritus gobernadores.

Recuerde que los espíritus gobernadores habitan también en las personas. Un espíritu gobernador específico gobierna sobre cada albergue de fortalezas. Algunos espíritus gobernadores son obvios. Por ejemplo: en el área de la brujería, Jezabel y Hades gobiernan. En enfermedades terminales gobiernan la muerte y la enfermedad.

Dentro de las jerarquías

Los espíritus algunas veces tienen una jerarquía a la que se niegan violar. En una ocasión un espíritu de cáncer pulmonar se negó a salir. Después del cuestionamiento, el espíritu dijo que no podía salir porque la alta presión sanguínea lo bloqueaba. A menos que la alta presión sanguínea saliera primero, él no podría hacerlo. Cuando expulsamos a la alta presión sanguínea, el espíritu de cáncer del pulmón salió. Por supuesto, a veces los espíritus podrían tratar de engañarlo a usted con pretextos. Lo mismo cosa ocurrió muchas veces y dio lugar a sacar mi conclusión de que una jerarquía entre los demonios puede existir.

Jezabel gobierna como una reina. Ella tiene muchos servidores y espíritus menores que le sirven. Para llegar a ella, usted puede primero necesitar ir tras muchos espíritus menores. Simplemente, ella se retira a su habitación más recóndita y se sienta en el trono mientras los espíritus bajo su mando tratan de confundirlo y detenerlo a usted. Jezabel lanzará muchos espíritus como el rechazo, la ira, la falta de perdón, la rebelión, los celos, el odio, el asesinato y la violencia antes de que se pueda llegar a ella. Sencillamente, estos espíritus de manifestarán en la persona.

La persona debe tener un intenso deseo de perseverar hasta que la victoria sea obtenida.

Esto me recuerda a la invasión a un castillo y cómo muchos soldados bloquean el paso, mientras la reina se retira a la recámara más recóndita ocultándose en el lugar más oscuro del castillo donde ella es atendida por sus muchos sirvientes. Como el leviatán, usted no olvidará muy pronto una lucha con Jezabel. Para derrotarla, la persona que está siendo liberada debe tener un intenso deseo de perseverar hasta que la victoria sea obtenida.

No permanecen para siempre

La Biblia no indica que un espíritu gobernador atado en los cielos permanece siempre atado. Así como necesitamos ponernos la armadura de Dios diariamente, también necesitamos atar periódicamente a los espíritus gobernadores, si no es que lo debamos hacer diariamente. Como mencioné anteriormente, el pastor Yonggi Cho de Corea del Sur atribuye su éxito en Corea del Sur a la atadura del espíritu gobernador. Le llevó todo un año de oración constante—24 horas al día, 365 días al año para atar al hombre de fuerte del país. Las personas oraban toda la noche como un solo cuerpo por lo menos una vez a la semana, y, algunos voluntarios oraban individualmente; así que, las oraciones llegaban al trono de Dios todo el día. Hoy, las personas en Corea del Sur oran veinticuatro horas al día para mantener atado al espíritu gobernador.

Necesitamos hacer una distinción entre espíritus gobernadores en las regiones celestiales asignados a una persona en particular y aquellos que controlan un principado en particular. Sin mucho problema, el espíritu gobernador de una persona puede ser atado por obreros. Sin embargo, el príncipe gobernador sobre una amplia área representa un adversario más grande y requiere de oración colectiva.

Guerra en los cielos

Si el pueblo de Dios intenta tomar esta tierra para el reino de Dios, deben primero tomar las regiones celestiales. El espíritu gobernador sobre cada área debe ser atado para poder liberar las almas de los hombres, mujeres y niños. Como se mencionó anteriormente, cuando se le preguntó la razón de su éxito, el pastor Yonggi (Paul) Cho, fundador de la iglesia más grande del mundo (400,000 miembros en el último conteo), dijo muy sucintamente: "Nosotros atamos al espíritu gobernador de Corea".

El espíritu gobernador sobre principados controla muchas personas y su jurisdicción se extiende sobre una amplia área geográfica, se compara a un espíritu gobernador sobre una persona o sobre un vecindario. Al espíritu gobernador no será atado solamente por unos pocos santos. Dios ha designado a Su verdadera iglesia, el cuerpo de Cristo, para derrotar principados (Jeremías 51:20, 21). Las puertas del infierno no prevalecerán contra la iglesia. Es la iglesia la que está designada por Dios para derribar las puertas del infierno. Ningún santo debe ir individualmente a esa batalla. Requiere unidad de esfuerzo del pueblo de Dios para atar al espíritu gobernador sobre diferentes áreas. Uno de los trabajos del ejército de Dios de los últimos tiempos es hacer la guerra en las regiones celestiales contra el alto mando de Satanás y Satanás mismo.

Para cumplir con la tarea de batallar contra los principados, el cuerpo de Cristo debe venir en unidad de espíritu y oración. No estamos hablando de soltar, desconectar u orar ocasionalmente. Esto requiere un concertado esfuerzo del cuerpo de Cristo, orando continuamente.

> *¡Mirad cuán y cuán delicioso es habitar los hermanos juntos en armonía! Es como el buen óleo sobre la cabeza, el cual desciende sobre la barba de Aarón, y baja hasta el borde de sus vestiduras; como el rocío de Hermón, que desciende sobre los montes de Sión; porque allí envía Jehová bendición y vida eterna.*
>
> (Salmos 133:1–3)

Hay tremenda fortaleza en la unidad. Satanás sabe esto y es por eso que trata de hacer lo mejor que puede para mantener dividido al cuerpo de Cristo. El precioso ungüento es el aceite de la unción que Dios promete. La unidad trae una unción sobre la Iglesia, algo que Satanás no puede resistir.

En el Oriente Medio por lo general es caliente y seco durante el día. Sin embargo, por la noche es frío; así que, por las mañanas se encuentra un rocío sobre las plantas. Sin el rocío las plantas perecerían. Cuando el pueblo de Israel vivió en el desierto con Moisés, el rocío que se evaporaba por la mañana daba lugar al maná que alimentaba y le daba vida al pueblo. Hermón y Sion son palabras sinónimas. Donde haya unidad, Dios enviará bendición y vida eterna. La verdadera iglesia de Dios de los últimos tiempos moverá en unidad al mundo cuál nunca se haya visto antes.

Aun en la actualidad, Dios está levantando un cuerpo de oradores y guerreros de liberación que un día, unidos, llegarán a ser el gran ejército de Dios. Yo no tengo todas las respuestas, pero puedo compartir lo que sé y confío en que Dios revelará más tarde el resto.

La iglesia local es llamada al ministerio de oración e intercesión.

En varias profecías sobre nuestra iglesia local, Dios declaró que Él usará creyentes como flechas de luz en el cielo para neutralizar a los principados. En un reciente retiro de varones, los hombres se pusieron de pie en unidad y se levantaron contra los espíritus gobernadores del retiro. Mientras ellos oraban y conducían unificados la guerra espiritual, Dios les dio a varios hombres visiones de filas de ángeles combatiendo en las regiones celes por la Iglesia. Rayos de luz procedían de los hombres que estaban orando al unísono, atando a los principados. Estos rayos empezaron a hacer grandes agujeros en los cielos ardientes. Los espíritus gobernadores huyeron espantados.

La Biblia habla acerca de flechas relampagueantes de Dios (2da Samuel 22:15; Salmos 144:6). La oración combinada de los santos será como flechas de relámpagos derribando a los principados. Por esta razón, las iglesias locales son llamadas a volver a la oración e intercesión.

7 La sangre de Jesús

"Y ellos le han vencido por medio de la sangre del Cordero..." (Apocalipsis 12:11). Si los cristianos llegaran a entender cómo la preciosa y poderosa sangre de nuestro Salvador está en nuestro andar con Él, ellos estarían camino a ser vencedores. La preciosa sangre de nuestro Señor no solamente sirve como una expiación por nuestros pecados, ella arrasa con el reino demoníaco. Al mencionar la sangre de Jesús, los demonios literalmente tiemblan. Ellos pueden permanecer en silencio por unos pocos minutos, pero luego comenzarán a gritar: "¡Paren eso!" la Sangre limpia el espíritu y quema a los demonios. Los poderes de las tinieblas nunca podrán levantarse contra la sangre de Jesucristo.

Como la mayoría de las cosas espirituales, la fe debe ser un ingrediente activo al clamar la Sangre o utilizarla como arma. La fe viene por medio del oír y oír la Palabra de Dios. Hay muchos libros buenos que hablan sobre la sangre de Jesús, incluyendo el de H. Maxwell Whyte, *The Power of the Blood* (*El Poder de la Sangre*), *The Overcoming Blood* (*La Sangre Vencedora*) por Bob Lamb y el del Dr. M. R. DeHaan *The Chemistry of the Blood* (*La Química de la Sangre*).

La Sangre es preciosa para el hombre porque es preciosa para Dios. Desde los primeros libros de la Palabra, Dios nos muestra la importancia de Su sangre y la de la humanidad. Génesis 3:21 dice: *"Y Jehová Dios hizo al hombre y a su mujer túnicas de pieles, y los vistió"*. Para obtener las pieles tuvo que ser derramada la sangre. Ellos mismos, Adán y Eva se cubrieron con hojas de higuera, pero las hojas de higuera nunca serían suficientes. Sólo la sangre provee una cubierta para la humanidad. La palabra "expiación" significa "cobertura". Solamente la Sangre cubrirá nuestros pecados. Dios ya tenía planes para salvar a la humanidad. Él sabía que la preciosa sangre de Su Hijo un día sería derramada por el mundo.

La preciosa sangre de nuestro Señor totalmente arrasa con el reino demoníaco.

En Génesis capítulo cuatro, Dios honró el sacrificio de un cordero que Abel presentó, pero rechazó el sacrificio de Caín de frutos y vegetales. Dios mostró que un sacrificio por medio de la sangre era el único sacrificio aceptable para Él. Caín lo mal interpretó, como muchos cristianos también mal interpretan la importancia de la sangre. El cubrimiento con hojas de higuera y los sacrificios de vegetales jamás serán suficientes. Las iglesias que no conocen el poder de la sangre de Jesús, tienen ministerios de hojas de higuera y de vegetales. Caín, sin lugar a dudas, trabajó arduamente por sus frutos y vegetales, pero no importa cuán duro trabajó, no importa cuántos frutos y vegetales cosechó, eso no le podía proveer una cubierta para su pecado. En términos de la iglesia, no importa cuántas buenas obras haga una persona, si la sangre del Cordero no está en su vida, no hay salvación, no hay expiación y no se le agrada a Dios.

Aleja la muerte

De nuevo Dios les mostró el poder de la sangre cuando Moisés y el pueblo de Dios salieron de Egipto. Esta vez Dios nos mostró que la sangre aleja aún a la muerte. En Éxodo 12:7 y 13, Dios le dio instrucciones a Moisés de que el pueblo tenía que matar un cordero perfecto, uno por cada hogar de quince personas, y rociar su sangre en los postes laterales y dinteles de las puertas. Cuando el ángel de la muerte pasó, no entró en los hogares donde había sido rociada la sangre pues Dios no le permitió la entrada. La muerte es un enemigo. La Biblia dice que Jesús se sentará a la derecha del Padre hasta que todos Sus enemigos sean puestos debajo Sus pies. *"Porque preciso es que él reine hasta que haya puesto a todos sus enemigos debajo de sus pies. Y el postrer enemigo que será destruido es la muerte"* (1ra Corintios 15:25–26).

La vida derrota a la muerte. La Biblia dice que la vida está en la sangre—no en el corazón, los riñones o el cerebro (Levítico 17: 11, 14). La vida de Jesús está en Su sangre. Es la vida en la Sangre la que rechaza a la muerte.

Solamente el perfecto Cordero de la Pascua de Dios, Jesucristo, será suficiente. Es Su sangre la que nos protege de la muerte y nos da la vida eterna. Su sangre obliga a la muerte a huir. Ni las hojas de higuera ni los frutos serán suficientes—tampoco las buenas obras— solamente la fe, la gracia de Dios y la sangre del Cordero.

Expía

Es la sangre la que expía por el alma.

Porque la vida de la carne en la sangre está, y yo os la he dado para hacer expiación sobre el altar por vuestras almas; y la misma sangre hará expiación de la persona. (Levítico 17:11)

Por eso es que Dios fuertemente amonesta al pueblo en contra de comer o beber sangre. La sangre es preciosa. No debemos irrespetarla o verla de una manera sin importancia. Dios no lo permitiría, ya que un día Su amado Hijo derramaría Su sangre por la humanidad y quitaría el velo entre el Padre y nosotros.

La sangre expía o cubre el pecado. Hebreos 9:22 dice: "*Sin derramamiento de sangre no se hace remisión* [de pecados]". Sin el derramamiento de Su sangre, nosotros estaríamos condenados para siempre.

Salva

Dios tomó cuidadosos pasos para enseñarnos acerca del poder salvador de la sangre. A Rahab, la ramera, quien junto con toda su familia se salvó de la destrucción, se le había orientado que atara un cordón escarlata en su ventana. Cuando los muros de Jericó cayeron, sólo la casa de Rahab quedó en pie. No se consiguió ningún cordero, así que los espías usaron un cordón escarlata. Ese cordón escarlata representó la sangre. Ésta salvó a Rahab y a su familia entera.

Fue la crucifixión de Jesucristo, el Hijo de Dios que rompió el velo entre Dios y el hombre, y, trajo la reconciliación (Romanos 5:10; 2da Corintios 5:18). Ahora, nosotros le llamamos a Él "Abba Padre", y Él nos llama hijos e hijas. La Sangre hizo posible que los hijos pródigos vinieran a casa. ¡Ella salva!

Sana

En el Antiguo testamento la manera prescrita para limpiar a un leproso era colocar la sangre de un cordero en la oreja derecha, el pulgar y el dedo grande del pie. La sangre limpiaba a las personas de todo tipo de enfermedades. Para aquellos en la carne, esto tenía que ser una de las más extrañas maneras de sanar enfermedades, pero para Dios era la única manera. Era un tipo y sombra para nosotros que hoy creemos en Jesucristo.

Es la Sangre la que sana y continúa haciéndolo hoy. Ella viene del Hijo que se sienta a la diestra del Padre. La Biblia promete que por Sus llagas nosotros somos curados (Isaías 53:5; 1ra Pedro 2:24). Treinta y nueve latigazos cortaron Su espalda y los látigos crueles con una pieza de hueso en la punta rompieron Su carne y la desgarraron. Bajo la ley romana un hombre no podía ser azotado más de cuarenta veces, y si la persona encargada de administrar el castigo se excedía en la cantidad de azotes, el castigo podía tornarse hacia él castigándolo severamente. Por consiguiente, para estar seguro que los cuarenta azotes no se excedieran accidentalmente, ellos lo suspendían a los treinta y nueve. Los libros de medicina separan todos los tipos de enfermedades y dolencias en treinta y nueve categorías. No es coincidencia que el número de azotes sobre Su espalda fuera treinta y nueve. Es la sangre de las llagas las que sanan. Jesús se sentó en gloria a la diestra del Padre, pero Su sangre sigue sanando en la tierra. Ella nunca perderá su poder.

Consagra

A los sacerdotes en los días de Moisés se les ordenaba colocando sangre en sus orejas derechas, manos y pies. La sangre los limpiaba de pecado y eran apartados para el servicio de Dios. Dios designó a la tribu de Leví para los deberes sacerdotales. No todos los levitas eran sacerdotes, mas todos los sacerdotes eran levitas. Los que eran llamados al servicio del templo eran consagrados por medio de la sangre. Jesucristo, el Hijo de Dios, se sienta a la diestra del Padre. Él se consagró a Sí mismo para servicio del Padre y de toda la humanidad. Es Su sangre la que consagra y aparta a aquellos que desean servir por medio de la Sangre.

Es la sangre de Jesús la que sana y continúa sanando en la actualidad.

Fue derramada en la tierra

En el Antiguo Testamento, Dios demostró la importancia de la sangre muchas veces. Los sacerdotes en el tabernáculo de Moisés derramaban la sangre de los sacrificios de animales alrededor del altar de bronce a la entrada del tabernáculo, casi dentro de la puerta. Si usted traza una línea desde el altar de bronce hasta el Arca del Pacto y desde el candelabro hasta la mesa de los panes sin levadura, éstas forman una cruz perfecta. El altar de bronce representa el pie de la cruz. Allí la sangre del sacrificio era derramada en tierra. Los sacerdotes rociaban parte de la sangre en varios artículos del mobiliario en el Lugar Santo y en el propiciatorio en el Lugar Santísimo, pero ellos derramaban la mayor parte de la sangre en la tierra alrededor del altar de bronce.

Un día, mucha sangre se derramaría en la tierra al pie de la cruz en el Calvario. Hubo sangre en la cruz, en Sus manos, pies, espalda y cabeza. La sangre vertió en la tierra desde Sus manos, costados y piernas.

Él era del cielo y vino a derramar Su sangre por aquéllos en la tierra. Él quedó colgado entre el cielo y la tierra. Él era Dios y sin embargo, era completamente hombre. Él es llamado el Hijo de Dios, y sin embargo, a Él se le llama Hijo del Hombre, aún en el cielo (Apocalipsis 14:14). Él vino a crear una nueva raza de personas que habitaran en la tierra, pero que son ciudadanos del cielo. Jesús es el primogénito de los muertos (Colosenses 1:18). Él es el Alfa y Omega, el principio y el fin (Apocalipsis 1:8, 11; 21:6; 22:13). No hay otro como Él. Su sangre vertida en la tierra nunca muere, nunca se seca, nunca se pudre y nunca se corrompe. Ella vive para siempre. Está en la tierra para todos aquellos que creen.

Hay suficiente Sangre

Si usted considera la cantidad de animales que Israel mató como sacrificio de pecado desde el día Moisés hasta la llegada de Jesús, usted se asombraría. Por ejemplo: La mayoría de los eruditos bíblicos debaten que entre dos y tres millones y medio de israelitas tomaron parte en el éxodo de Egipto. Quince personas comprendían una familia. Si eso es así, entonces el pueblo hebreo mató entre 133,333 y 233,333 corderos en el primer día de la Pascua. Los eruditos bíblicos estiman que en los días de Salomón vivían en Israel 6,000,000 de israelitas. Eso significa que por lo menos 400,000 animales derramaron su sangre cuando el templo de Salomón fue dedicado. La sangre debió haber corrido como río. Aún si esas cantidades son exageradas, la sangre habría corrido como un río. ¿Puede imaginarse usted cuantos animales derramaron sangre entre el tiempo de Moisés y la crucifixión de Jesús?

Como ve, Dios quiere que nosotros sepamos que la sangre de Jesús cubre la tierra. Ella fluye como río, nunca se seca, nunca termina. Hay suficiente Sangre para todos. Los historiadores informan que el avivamiento de Gales a principios de los 1900s comenzó cuando Dios le dio a la esposa de un predicador una visión de la sangre de Jesús fluyendo y vertiendo como las Cataratas del Niágara sobre la tierra. "Hay mucha sangre, gritó ella". Siempre que el pueblo de Dios clamaba "La sangre de Jesús", el Espíritu Santo caía sobre la reunión y empezaba el avivamiento. Después de eso, clamar "la sangre de Jesús y "hay poder en la Sangre" llegó a ser el grito de reunión de los cristianos en todas partes. No hay sustituto para la Sangre; ella aún clama.

Lava y limpia

En los días de Moisés, Dios tenía sumos sacerdotes que se ataviaban con vestimentas de lino blanco (Levítico 6:10). Dios le estaba mostrando a la humanidad las cosas celestiales. Antes de que Jesús caminara como humano sobre la tierra, Dios tenía que dar santas vestimentas a aquellos que aparecieran en Su presencia celestial (Zacarías 3:5). Isaías 61:10, dice:

> *En gran manera me gozaré en Jehová, mi alma se alegrará en mi Dios; porque me vistió con vestiduras de salvación, me rodeó de manto de justicia.*

Después que Jesús derramó Su preciosa sangre por el mundo, las vestimentas de justicia pueden obtenerse solamente a través del lavamiento por medio de Su sangre. Ya Dios no acepta más los sacrificios de animales. En Apocalipsis 6:11, las Escrituras hablan de mártires en el cielo: *"Y se les dieron vestiduras blancas"*. Y Apocalipsis 7:9 dice: *"una gran multitud...que estaban delante del trono y en la presencia del Cordero, vestidos de ropas blancas y con palmas en sus manos"*. Quiénes son estos santos y cómo sus ropas se emblanquecieron lo explica Apocalipsis 7:14: *"Estos son los que han salido de la gran tribulación, y han lavado sus ropas, y las han emblanquecido en la sangre del Cordero"*. No puede haber vestimentas de justicia sin que hayan sido lavados por Su preciosa sangre. Jesús dijo:

> *Te aconsejo que de mí compres oro refinado en fuero, para que seas rico, y vestiduras blancas para vestirte, y no se descubra la vergüenza de tu desnudez.*
>
> (Apocalipsis 3:18)

Su sangre cubre nuestros pecados. Cuando Dios nos mira, Él no ve nuestros pecados. Él solamente ve las vestiduras limpiadas por la Sangre.

El clamar la Sangre hace que el poder del Espíritu Santo se deje sentir como nunca antes.

Hay Sangre en el cielo

Hay suficiente sangre para quemar a cada demonio del reino de Satanás y para salvar a muchos pecadores. Hay Sangre en el cielo también. En Apocalipsis 5:6, Jesús, el Cordero de Dios, se coloca ante el trono, como si fuera sacrificado. Hay sangre en el Cordero. Cuando el Padre ve la sangre en el Cordero, Él sabe que Jesús derramó Su preciosa sangre por usted y por mí. El Padre ve solamente la sangre de Su Hijo. ¡Alabado sea Dios! La Sangre nos cubre, expía por nosotros.

Él nos acepta sin reservas. Ahora nosotros podemos venir decididamente al propio trono de Dios por causa de la Sangre (Hebreos 10:19).

La Sangre cubre a todos los creyentes. La Sangre expía por nuestros pecados y nos cubre. La Sangre nos hace reyes y sacerdotes ante Dios. Como sacerdotes de Dios, nosotros ministramos en el Lugar Santo y aún en el Lugar Santísimo ante el trono de Dios. No sólo hay Sangre en el cielo, en el Lugar Santísimo, sino también en la tierra donde el cuerpo de Cristo le ministra a Él. El cuerpo debe ministrar tanto a creyentes como a pecadores.

La Sangre, la Palabra y el Espíritu van unidos

El clamar la Sangre hace que el Espíritu Santo se siente como nunca antes. Como usted puede ver, el Espíritu, el Agua de vida y la Sangre se ponen de acuerdo en la tierra. El agua con frecuencia representa la Palabra de Dios. Efesios 5:26 dice: *"Habiéndola purificado [la iglesia] en lavamiento del agua por la palabra"*.

La sangre santifica la Palabra.

> *Porque habiendo anunciado Moisés todos los mandamientos de la ley a todo el pueblo, tomó la sangre de los becerros y de los machos cabríos, con agua, lana escarlata e hisopo, y roció el mismo libro y también a todo el pueblo.* (Hebreos 9:19)

Sin la Cruz y sin la Sangre, la Palabra sola no traería salvación.

La Palabra, por consiguiente, va unida a la Sangre. El Espíritu Santo va unido a la Sangre. Él viene rápidamente cuando usted clama con fe la sangre de Jesús. Primera de Juan 5:8 dice: *"Y tres son los que dan testimonio en la tierra: el Espíritu, el agua y la sangre; y estos tres concuerdan"*.

Mencione la Sangre o la Palabra y el Espíritu Santo responde. Clame la Sangre o confiese la Palabra y el Espíritu contesta. Dios no sólo habita en las alabanzas de Su pueblo, Él responde a la Sangre y a la Palabra. La Palabra y la Sangre van unidas porque es la Sangre la que faculta a la Palabra y es la Palabra la que confiesa a la Sangre.

En resumen

El clamar la sangre de Jesús en una sesión de liberación, generalmente trae resultados inmediatos. Clame el poder de la Sangre y pídale a Jesús que cubra a la persona con Su preciosa sangre. Seque todas las aguas del enemigo.

La Biblia no prescribe exactamente la manera en que la Sangre debe ser usada para expulsar demonios ni tampoco da un esquema de cómo romper maldiciones; pero yo creo que a los santos, actuando como reyes y sacerdotes de Dios, se les ha dado autoridad sobre la Sangre.

Los vencedores de Apocalipsis 12:11 vencen a Satanás con la sangre del Cordero, sus testimonios y el amor de ellos que es más grande para Dios que sus vidas terrenales. ¡La sangre del Cordero es un arma poderosa para todos los cristianos! ¡Alabado sea Jesús por Su preciosa sangre!

8 Secando las aguas del enemigo

Existen dos clases de aguas—las aguas de Dios y las aguas de Satanás. La una da vida y la otra da muerte. La Biblia a menudo describe al Espíritu Santo como ríos de agua viva. La Biblia también se refiere a la Palabra de Dios como aguas. Efesios 5:26 dice, *"el lavamiento del agua por la palabra"*. La Palabra limpia y renueva como agua. Jesús habló a la mujer en el pozo acerca de aguas vivas:

> *Más el que bebiere del agua que yo le daré, no tendrá sed jamás; sino que el agua que yo le daré será en él una fuente de agua que salte para vida eterna.*
>
> (Juan 4:14)

Jesús le habló a la mujer samaritana acerca del agua de vida. En Juan 7:38, Jesús dijo: *"El que cree en mí, como dice la Escritura, de su interior correrán ríos de agua viva"*. En Apocalipsis 21:6, El Señor dijo: *"Al que tuviere sed, yo le daré gratuitamente de la fuente del agua de la vida"*. Las aguas de Dios traen vida eterna.

Río de muerte

Por su puesto que a Satanás le encanta imitar todo lo que Dios hace. Él también imita las aguas de vida con sus aguas de muerte.

En la mitología griega y romana, el río *Styx* representa el río de la muerte. El barquero Carón [conocido también como "Caronte"] traslada a las almas a través del río y las lleva al otro lado, al reino del Hades.

Los orientales también creen en un río que se debe cruzar para llegar al paraíso o al mundo infernal. Los taoístas queman vestidos y monedas de papel en los funerales. De acuerdo a la leyenda China, sin dinero para pagarle al botero para que lo pase al otro lado del río, no se puede llegar a la otra orilla y la persona podría terminar errante en esta tierra.

Los escritores con frecuencia llaman al río Jordán un río de muerte. Para alcanzar la Tierra Prometida, primero todos los hombres deben cruzar las aguas de la muerte. Usted puede recordar que Josué y toda la nación hebrea cruzaron en tierra seca para llegar a la Tierra Prometida. Los sacerdotes llevaron el Arca del Pacto mientras todo Israel miraba fijamente al arca, un tipo de Jesús.

> *Y cuando las plantas de los pies de los sacerdotes que llevan el arca de Jehová, Señor de toda la tierra, se asienten en las aguas del Jordán, las aguas del Jordán se dividirán; porque las aguas que vienen de arriba se detendrán en un montón. Más los sacerdotes que llevaban el arca del pacto de Jehová, estuvieron en seco, firmes en medio del Jordán, hasta que*

todo el pueblo hubo acabado de pasar el Jordán; y todo Israel pasó en seco. (Josué 3:13, 17)

La muerte es derrotada

Así será al final de los tiempos cuando algunos del pueblo de Dios pasarán a la Tierra Prometida en tierra seca. Jesucristo, el Arca del Pacto de Dios, dirigirá el camino. Cuando sus pies toquen las aguas del río de Muerte, las aguas se detendrán. La muerte será puesta bajo sus pies y será destruida (1ra Corintios 15:25,26).

Satanás imita las aguas de vida de Dios con sus propias aguas de muerte.

Elías es un precursor para los hijos de Dios en los tiempos del fin. En 2da Reyes 2:8, Elías y Eliseo caminaron junto justo antes de que Elías fuese llevado al cielo. *"Tomando entonces Elías su manto, lo dobló, y golpeó las aguas, las cuales se apartaron a uno y a otro lado, y pasaron ambos por lo seco"*. Poco después, Elías fue al cielo sin probar muerte. Dios tiene autoridad sobre las aguas (Salmos 78:13) y asimismo el pueblo de Dios.

Siendo que la paga del pecado es la muerte (Romanos 6:23), no podemos separar las aguas de la muerte del pecado. Las aguas de la muerte operan en todo pecador y le dan fuerzas a los demonios y el derecho para operar en su vida. Las aguas de la muerte dan fuerza a los espíritus malignos. Con toda razón Dios promete secar las aguas del enemigo al final de los tiempos.

Secando las aguas

Jeremías 50:38 dice: *"Sequedad sobre sus aguas, y se secarán; porque es tierra de ídolos, y se entontecen con imágenes"*. En Jeremías 51:36, la Biblia dice: *"Por tanto, así ha dicho Jehová: He aquí que yo juzgo tu causa y haré tu venganza; y secaré su mar, y haré que su corriente quede seca"*. El profeta está hablando de Babilonia la Grande, el horrendo y poderoso espíritu que reina en los tiempos del fin. Su mar infiere un médium espiritual de pecado y mal que conduce a multitudes de personas a la cautividad. Millones son hundidos en las aguas del pecado y de la muerte. La Palabra dice:

> *Profecía sobre Tiro. Aullad, naves de Tarsis, porque destruida es Tiro hasta no quedar casa, ni a donde entrar; desde la tierra de Quitim les es revelado. Callad, moradores de la costa, mercaderes de Sidón, que pasando el mar te abastecían. Su provisión procedía de las sementeras que crecen con las muchas aguas del Nilo, de la mies del río. Fue también emporio de las naciones. Avergüénzate, Sidón, porque el mar, la fortaleza del mar habló, diciendo: Nunca estuve de parto, ni di a luz, ni crié jóvenes, ni levanté vírgenes.* (Isaías 23:1–4)

Las palabras *"Tiro"*, *"Tarsis"* y *"Sidón"* se refieren a Babilonia la Grande, la reina de Babilonia. Sidón saca sus fuerzas de las aguas del pecado y de la muerte.

Hay profecías acerca del fallecimiento de Egipto (el cual es sinónimo con Babilonia):

> *Y las aguas del mar faltarán, y el río se agotaré y secará. Y se alejarán los ríos, se agorarán y secarán*

las corrientes de los fosos; la caña y el carrizo serán cortados. (Isaías 19:5, 6)

En Apocalipsis 17:3, este horrible espíritu llamado Misterio, Babilonia la Grande, Madre de las rameras, y Abominaciones de la tierra, se sienta sobre la bestia que parece ser la misma bestia que en Apocalipsis 13:1salía del mar.

Las aguas o mares también son relacionadas con el leviatán, el espíritu de orgullo, que es un dragón marino. El salmista dice:

Dividiste el mar con tu poder, quebrantaste cabezas de monstruos en las aguas. Magullaste las cabezas del leviatán, y lo diste por comida a los moradores del desierto. (Salmos 74:13, 14)

Con razón que el orgullo habita en las aguas de la muerte. El orgullo lleva al pecado y el pecado a la muerte. Desde arriba hasta abajo, cada demonio está lleno de orgullo. Salmos 124:4 y 5, dice: *"Entonces nos habían inundado las aguas; sobre nuestra alma hubiera pasado el torrente; hubieran entonces pasado sobre nuestra alma las aguas impetuosas"*. El salmista describe las aguas como aguas de "orgullo". Son las aguas mortales del orgullo.

Las aguas también representan la muerte y el desastre. Salmos 18:16, dice: *"...me sacó de las muchas aguas"*. Salmos 69:1 y 2 dice: *"Sálvame, oh Dios, porque las aguas han entrado hasta el alma. Estoy hundido en cieno profundo, donde no puedo hacer pie; he venido a abismos de aguas, y la corriente me ha anegado"*. Salmos 144:7, dice: *"Envía tu mano desde lo alto; redímeme, y sácame de las muchas aguas, de la mano de los hombres extraños"*.

En muchos pasajes de las Escrituras Dios promete secar las aguas del enemigo. Obviamente, secar las aguas del enemigo los debilita y trae consigo la derrota del reino demoníaco. Nahum 1:4, dice: *"Él amenaza al mar, y lo hace secar, y agosta todos los ríos..."*. En Isaías 19:5 y 6, el profeta habla acerca de la caída de Egipto:

> *Y las aguas del mal faltarán, y el río se agorará y secará. Y se alejarán los ríos, se agorarán y secarán las corrientes de los fosos; la caña y el carrizo serán cortados.*

Egipto era un enemigo de Dios. Ella se levantó donde Babilonia una vez se levantó. Ella sacó fuerzas de sus ríos. Al secarles sus aguas, ella perdió su poder. Para el pueblo hebreo Egipto representaba el mundo y la muerte.

Secar las aguas del enemigo los debilita y trae consigo la derrota del reino demoníaco.

En Isaías 44, el profeta le ordena a Israel que regocijen por el Señor los ha redimido: *"que dice a las profundidades: secaos, y tus ríos haré secar"* (v. 27). Hay un eslabón definido entre la destrucción de Babilonia (Egipto) y sus aguas. Como liberadores nosotros necesitamos entender el papel e importancia de secar sus aguas.

Podríamos seguir y seguir explorando las aguas de la muerte y el uso que le dan Satanás y sus hordas. El punto es que los espíritus malignos se mueven en un tipo de mal, el "agua" espiritual, pero Dios promete secar los mares para que así ellos no puedan más sacar fuerzas de las aguas.

Técnicas de liberación

En una sesión de liberación, yo encuentro muy poderoso el declararle al enemigo lo siguiente:

> En el nombre de Jesús yo seco tus aguas, tus mares, tus ríos y tus fuentes. Yo me apoyo en la Palabra de Dios y provoco una sequía sobre tu tierra. Te irás Quitim y no encontrarás remanente. No hay agua; sólo hay la sangre de Jesús. Hago errante y desolada tu habitación.

Durante la liberación, secar las aguas del enemigo representa un arma superior en las manos del pueblo de Dios. En muchos casos, la persona por la que se está orando comenzará repentinamente a actuar como si su garganta estuviera quemándose. Él tragará y chupará su boca buscando agua. Los demonios comenzarán a debilitarse y podrían gritar obscenidades. Cuando eso suceda, usted sabe que ellos ya no pueden obtener fortalezas de las aguas de la muerte y su derrota es inminente.

En Mateo 12:43, Jesús dijo: *"Cuando el espíritu inmundo sale del hombre, anda por lugares secos, buscando reposo, y no lo haya"*. Los demonios odian los lugares secos. Ellos no pueden obtener fuerza o descanso ahí. No encuentran las aguas malas de la muerte para fortalecerse. En una sesión de liberación, también puede ser útil que les recuerde que deben irse a los lugares secos como está escrito en la Palabra de Dios (Mateo 12:43; Lucas 11:24).

9 Las puertas

La fortaleza o vulnerabilidad de una antigua ciudad amurallada yacía en sus puertas. Algunas fortalezas tenían una sola puerta. Otras tenían más de una. En tiempos de peligro de una invasión, las personas que vivían en el campo o en áreas aledañas, corrían hacia la fortaleza o ciudad amurallada para protegerse. En el libro de Josué, Jericó era una de esas ciudades.

Estas fortalezas o fortines generalmente estaban rodeadas por murallas de ladrillos, un puente levadizo, una puerta alta y gruesa hecha de barras firmes de hierro o bronce (2da Crónicas 14:7). Si el enemigo tomaba las puertas, ganaba la batalla. Aun en tiempo de paz, las puertas tenían un significado importante. Los ancianos de la ciudad tomaban sus posiciones en la puerta y observaban a cada persona que pasaba por ellas. Ellos detenían a los viajeros sospechosos y hacían un registro de cada uno que pasaba por ellas. Por lo general, los edificadores de la ciudad construían el centro de reuniones para el cuerpo gobernante de la ciudad junto a las puertas, o sobre las puertas. En cada entrada, los ancianos de la ciudad apostaban centinelas armados para cuidar la puerta. Quienquiera que controlara las puertas, gobernaba la ciudad.

Obviamente, los fundadores de la ciudad hacían las puertas lo más fuertes posibles. Los enemigos que venían de afuera, con frecuencia buscaban como romper las puertas y echarlas abajo, rompiéndolas con ataque sostenido y fuego. Por supuesto que ellos pagaban un alto precio por cualquier intento, puesto que el diseño de las torres o las murallas arriba de la puerta colocaba arqueros para arrojar flechas hacia los intrusos que estaban en las puertas. Brea hirviendo también era lanzada hacia abajo, y algunas veces grandes rocas eran lanzadas desde las puertas de la alta torre.

Hay puertas o entradas en el cuerpo y alma de una persona por donde el enemigo ataca.

El infierno también contiene puertas. Jesús dijo que las puertas del infierno no prevalecerían contra la iglesia (Mateo 16:18). Cada creyente debería saber esto.

Los porteros

Yo comparo las fortalezas del enemigo en el cuerpo, alma y espíritu de una persona a las antiguas ciudades con altas murallas, puertas gruesas y fosos. En el reino espiritual hay puertas o entradas al cuerpo y alma de una persona por donde el enemigo ataca. Una vez que la puerta es conquistada, el espíritu gobernador aposta a un poderoso espíritu inmundo para que actúe como portero. El portero controla la puerta desde ese momento en adelante. Él las abre para permitir que otros demonios entren. Por ejemplo: Si una persona le permite a lujuria sexual que gobierne, el espíritu muy pronto invitará al adulterio, a la fornicación, a la perversión, a la homosexualidad, a la inmundicia, a la masturbación y otros espíritus relacionados con la sexualidad. Él cierra y defiende las puertas durante el ataque de los cristianos. A menos que usted ate al portero, espere un fuerte combate en las puertas durante una sesión de liberación. El portero es por lo general, el espíritu gobernador.

Las murallas de Babilonia

Los arqueólogos afirman que la ciudad de Babilonia estaba rodeada con murallas dobles más fuertes y más fortificadas que el hombre haya construido jamás. Dos gruesas murallas rodeaban toda la ciudad. Las murallas eran tan gruesas que dos carruajes corrían encima de las murallas entre dos filas de viviendas. Algunas veces también había habitaciones dentro de su anchura—como la de Rahab en el libro de Josué. El río Éufrates corría bajo la muralla exterior y entre las dos murallas de Babilonia. Si alguien pasaba el profundo río del frente y bajo la primera muralla, éste se encontraba frente a una impenetrable puerta de dos niveles, la cual era gruesa y fuerte. Los historiadores consideraban inexpugnable a Babilonia. Dios pensaba de otra manera.

> *Así dice Jehová a su ungido, a Ciro, al cual tomé yo por su mano derecha, para sujetar naciones delante de él y desatar lomos de reyes; para abrir delante de él puertas, y las puertas no se cerrarán: Yo iré delante de ti, y enderezaré los lugares torcidos; quebrantaré puertas de bronce, y cerrojos de hierro haré pedazos.*
>
> (Isaías 45:1–2)

Milagrosamente, cuando los ejércitos de Ciro se aproximaban a las enormes puertas dobles que protegían la ciudad, éstas cayeron haciéndose añicos. Dios las había desbaratado. El ejército entró sin oposición y comenzó su matanza. Después de la batalla, Ciro vio las Escrituras, y se dio cuenta de inmediato que la victoria era de Dios. Él inmediatamente buscó hacer la voluntad de Dios, liberando a los israelitas y ayudándoles en su intento de regresar a su tierra para reconstruir la santa ciudad.

Dios nos advierte a que protejamos nuestras puertas con justicia, paz y verdad.

Dios derribará las puertas del enemigo

Dios promete, a Su pueblo, romper las puertas del enemigo.

> *Alaben la misericordia de Jehová, y sus maravillas para con los hijos de los hombres. Porque quebrantó las puertas de bronce, y desmenuzó los cerrojos de hierro.* (Salmos 107:15, 16)

El mismo Jesucristo tiene las llaves del infierno y de la muerte. En Apocalipsis 1:18, Jesús dice: "*...y el que vivo, y estuve muerto, más he aquí que vivo por los siglos de los siglos, amén. Y tengo las llaves de la muerte y del Hades*". "Las llaves", por supuesto, presupone puertas y portones.

Como se profetizó en Isaías 22:22, el poder de la llave de David se muestra en Apocalipsis 3:7: "*...Esto dice el Santo, el*

Verdadero, el que tiene la llave de David, el que abre y ninguno cierra, y cierra y ninguno abre".

Las puertas del enemigo en los tiempos del fin serán tomadas por el pueblo de Dios. Nahum 2:6 dice: *"Las puertas de los ríos se abrirán, y el palacio será destruido"*. Los obreros de liberación conocerán cómo Jezabel (Babilonia la Grande) edifica palacios o fortalezas y las esconde.

Dios nos ordena destruir las fortalezas de Satanás. En Isaías 23:11, el profeta dice:

> *Extendió su mano sobre el mar, hizo temblar los reinos; Jehová mandó respecto a Canaán, que sus fortalezas sean destruidas.*

Esa profecía es también para la actualidad.

Técnicas para la liberación

Al ministrar liberación, nosotros necesitamos atar a los porteros, derribar las puertas del enemigo y demoler los pilares de las murallas. Cuando se va tras Jezabel, las puertas representan una formidable barrera. Los paganos le llaman a este horrible espíritu la Diosa de las Fortalezas y Ciudades Amuralladas (originalmente ella se llamaba Semiramis) y la Diosa de la Guerra. La Biblia la describe como un enemigo astuto y despiadado. Ella se retira a las partes más internas y ocultas de su fortaleza. Ella también arroja muchos espíritus menores para confundir a los obreros de liberación. Usted necesita mantenerse detrás de ella hasta llegar a la sala interior de su trono. Usted la encontrará a ella allí en toda su desnudez y fealdad. Ella habita en lo profundo del corazón de hombres y mujeres.

Yo con frecuencia empleo la siguiente secuencia de órdenes de liberación:

> Yo ato al portero en el nombre de Jesús. Aquél que tiene la llave de David, cualquier puerta o portón que él abre, ninguno la cerrará, y, la que Él cierra, nadie la abrirá. En el nombre de Jesús, y por la autoridad que Él me ha dado, yo derribo tus puertas dobles, yo derribo tus pilares, yo destrozo tus murallas. Ninguna piedra se levantará sobre otra. (Apocalipsis 3:7; Isaías: 22:22; Ezequiel 21:15–22).

Nuestras propias puertas

Tenemos puertas para nuestros espíritus, almas y cuerpos. Gracias a Dios que el Espíritu Santo sella nuestro espíritu. Pero aún podemos ser oprimidos en el espíritu. Dios nos advierte a que protejamos nuestras puertas con justicia, paz y verdad (Zacarías 8:16; Salmos 118:19). A medida que una persona es liberada, usted necesita cerrarle al enemigo todas las puertas abiertas. Si aun una puerta está abierta, los demonios tratarán de introducirse por ella. Las puertas del orgullo, la amargura, el odio, la falta de perdón, etc., deben ser cerradas. Seguido al arrepentimiento, específicamente pida a Jesús que cierre cada una de las puertas, para que así nadie las pueda abrir. El pecado prolongado abrirá puertas al alma y al cuerpo. Otra palabra para portón es "puertas", y la Biblia dice esto de estas puertas:

> *Y Moisés convocó a todos los ancianos de Israel, y les dijo: Sacad y tomaos corderos por vuestras familias, y sacrificad la pascua. Y tomad un manojo de hisopo, y mojadlo en la sangre que estará en un lebrillo,*

> *y untad el dintel y los dos postes con la sangre que estará en el lebrillo; y ninguno de vosotros salga de las puertas de su casa hasta la mañana. Porque Jehová pasará hiriendo a los egipcios; y cuando vea la sangre en el dintel y en los dos postes, pasará Jehová aquella puerta, y no dejará entrar al heridor en vuestras casas para herir.* (Éxodo 12:21–23)

Cuando nosotros no estamos caminando en rectitud, nuestras puertas se abrirán y nuestros barrotes serán devorados por el fuego. En Nahum 3:13, Dios advirtió a los israelitas acerca del fin de los tiempos: *"He aquí, tu pueblo será como mujeres en medio de ti; las puertas de tu tierra se abrirán de par en par a tus enemigos; fuego consumirá tus cerrojos"*.

El pecado prolongado abrirá puertas al alma y al cuerpo.

Necesitamos ejercer el juicio de la verdad y la paz en nuestras puertas (Zacarías 8:16). Salmos 118:19 dice: *"Abridme las puertas de la justicia; entraré por ellas, alabaré al Señor"*. Es obvio, que nuestro caminar en el Señor, y en Su verdad, paz y rectitud fortalece nuestras puertas contra el enemigo.

10 Preparándose para liberar

Usted necesita considerar, por lo menos, cuatro áreas antes de entrar en una sesión de liberación. Primero, prepárese usted mismo; segundo, prepare a la persona que va a ser liberada; tercero, prepare al equipo de liberación; cuarto, prepare físicamente el lugar.

La unción del Espíritu Santo

La liberación no sucede sin preparación, a menos que el Espíritu Santo se haga cargo del caso. Cuando eso sucede, toma lugar en un acto perfecto donde nadie sale lastimado. Simplemente Dios toma control. Por ejemplo: Una persona durante un servicio repentinamente comienza a gritar obscenidades. Yo puedo citar algunas ocasiones en que extraños que estaban en la iglesia comenzaron a temblar mientras caminan hacia la puerta de entrada. Ellos tosían y se sofocaban por unos minutos mientras los demonios salían. En innumerables servicios, especialmente durante parte de la alabanza y algunas veces durante el sermón de liberación, los demonios se manifestaron en individuos que comenzaron a gritar obscenidades. En un caso, los demonios en una mujer se levantaron y gritaron: "Dejen de hablar de mi". Ella recogió un cuaderno y se lo tiró al pastor. El demonio fue rechazado inmediatamente y salió. Dios es soberano y unge cuando y donde Él lo desea. Con frecuencia, Él actúa sin ninguna preparación por parte de los obreros de liberación. Sin embargo, en ocasiones normales los obreros de liberación necesitan hacer ciertas cosas en preparación para recibir la unción.

Con esto no quiero sugerir que exista una fórmula con la cual usted pueda crear la unción. Usted se prepara para la liberación porque usted camina con Dios. Mientras usted se esconda en Él, la unción continuará (1ra Juan 2:27); Juan 15:4, 5, 7). Siendo que cada cristiano debería ser capaz de echar demonios, el mismo caminar del cristiano debe darle a usted suficiente poder o unción para manejar la mayoría de las liberaciones. Sin embargo, ciertas situaciones requieren un esfuerzo extra en el área de la oración y el ayuno. Jesús dijo que el espíritu lunático sólo sale con oración y ayuno (Mateo 17:21). La oración y el ayuno aumentan la fe, y, las súplicas a Dios no quedan sin contestación.

Su vida de oración

Los cristianos deben orar diariamente. Los guerreros de oración en el espíritu marcan el paso para echar fuera particularmente a algunos espíritus inoportunos que se resisten a la liberación ordinaria. Si los espíritus en una persona parecen inusualmente fuertes, se necesita más que una palabra de ciencia o sabiduría, ore pidiendo la guía del Espíritu Santo. Usted necesita conocer la voluntad de Dios y cómo quiere Él que usted proceda. Hay otras preguntas. ¿Qué controlan los espíritus? ¿Cómo entraron? ¿Qué espíritus necesitan ser atados? ¿Aún son base legal para el trabajo de Satanás? Los ministerios de oración y de liberación van de la mano. Con frecuencia, la sesión de oración revela secretos ocultos y eventos pasados que la persona ha olvidado por completo.

En un caso, los padres dedicaron su niñita a Satanás desde antes que esta naciera. En otro caso, un pariente puso una maldición sobre la mujer y nadie lo sabía. Dios reveló estas cosas por medio de la oración. Ore pidiendo la victoria antes de la pelea. Sencillamente, usted no debe ir a la batalla sin haber orado por la victoria primero, aunque algunas veces Dios es misericordioso y triunfa la liberación a pesar de que los obreros no estén preparados.

La oración matutina o vespertina trae muchos beneficios para la persona que ha entrado en un caminar con Dios. Yo he observado a ministros de liberación ungidos que no parece que oran tanto como yo le enseño a las personas a orar. Sin embargo, estas son personas, generalmente cristianos mayores, que han sido evangelistas y pastores por muchos años o ya tienen establecida una sólida relación con Dios.

El apóstol Pablo nos aconseja orar siempre. Efesios 6:18, dice: *"orando en todo tiempo con toda oración"*.

El ayuno

Como mencioné al principio, algunos demonios pueden ser manejados sólo por medio del ayuno y la oración. Como dije antes, Jesús le dijo a Sus discípulos que el espíritu lunático sale solamente con oración y ayuno (Mateo 17:21; Marcos 9:29). Muchos cristianos se avergüenzan de ayunar y orar. Si así es, ellos mismos se privan de armas importantes. El ayuno ayuda al crecimiento espiritual. Le ayuda a negarse a la carne y al alma para hacer de su espíritu el maestro. Hacer de su espíritu el maestro sobre su cuerpo físico y su alma, es absolutamente necesario en el caminar espiritual de todo cristiano. El espíritu humano debe estar bajo el control total del Espíritu Santo y necesita mantenerse en condiciones limpias para que Él pueda usarlo. La persona que ayuna a menudo crece tanto en el ayuno que el cuerpo y el alma difícilmente se resisten. Al punto que las súplicas y los ruegos carnales simplemente no funcionan y se rinden.

Busque de Dios; si su consciencia e intuición le llaman a ayunar, obedézcales.

El Antiguo testamento muestra que el pueblo sabía del ayuno:*"Afligí con ayuno mi alma"* (Salmos 35:13) y *"afligiendo con ayuno mi alma"* (Salmos 69:10). Daniel ayunaba (Daniel 9:3), también lo hizo el rey (Daniel 6:18). Joel 2:12, quien habla de los tiempos finales, dice: *"Por eso pues, ahora, dice Jehová, convertíos a mí con todo vuestro corazón, con ayuno y lloro y lamento"*.

"Oh, pero es en el Antiguo Testamento" dirá usted. Lo siento, en el Nuevo Testamento los santos también ayunaban por sabiduría y bendiciones (Hechos 10:30; 14:23); por ayuda (Hechos 27:33); y para resistir la tentación (1ra Corintios 7:5).

Desde luego, si el Espíritu no lo dirige a usted para ayunar, eso será una obra sin frutos. Necesitamos pedirle a Dios que nos guíe. Si su conciencia e intuición le llaman a ayunar, obedézcales. Por otro lado, asegúrese que no sea su carne. A aquellos que no les gusta ayunar, dirán: "El Espíritu Santo me dijo que no tengo que ayunar". Aquellos que dicen estar esperando que Dios les indique cuándo ayunar, nunca lo harán. No le rehuya al ayuno. Es mejor ayunar ahora y adiestrar a la carne, que pagar un precio muy alto más tarde. El ayuno sirve como una poderosa herramienta para darle al espíritu el gobierno sobre su carne y su mente.

Un corazón amoroso y limpio

El echar fuera demonios, sanar enfermos, levantar muertos y profetizar son manifestaciones de poder en su caminar, pero nunca le cambiarán su corazón. El poder puede corromper. Saúl tuvo poder para destruir a los enemigos de Dios, acumuló gran riqueza y fue famoso, pero fue rebelde y egocéntrico hasta el final. Sin amor, toda su obra no tiene valor (1ra Corintios 13:1–3).

Los demonios saben cuando un cristiano es rebelde y pueden atacar porque una puerta está abierta al pecado. Yo experimenté un caso donde un santo habló contra un líder públicamente y fue atacado por los demonios esa misma noche. Una persona puede ayunar, orar y leer la Palabra continuamente, pero si su corazón todavía es orgulloso y tiene poco amor, la unción del Señor será limitada. Cuando toma parte en el ministerio de liberación, usted necesita mantener su corazón puro y lleno de amor.

Toda la armadura de Dios

Diariamente debe ponerse toda la armadura de Dios. Existe mucha controversia de cómo ponerse la armadura. Algunos preguntan: "¿Debo quitármela en la noche mientras duermo? Después de todo, en lo natural, usted no duerme con la armadura puesta". En realidad, la armadura de Dios se mantiene puesta. Recuerde que el enemigo también ataca por la noche.

Efesios 6:13–17 describe seis artículos de la armadura. Éstos incluyendo el yelmo de salvación, la coraza de justicia, el escudo de la fe, ceñidos con la verdad, calzados los pies con el apresto del evangelio de la paz y la espada del Espíritu, los cuales necesitan ser entendidos y apropiados por su espíritu. Jesucristo es la armadura. Jesucristo es nuestra salvación, nuestra justicia, el Autor, el objeto y fin de nuestra fe, nuestra verdad, nuestra disposición, nuestro Príncipe de Paz, nuestra espada y la Palabra de Dios.

La armadura de Dios debe ponerse y mantenerse puesta. El enemigo también ataca por la noche.

Ningún creyente podría ser capaz de decir que la armadura está puesta sólo porque sí. Mientras más fuerte el caminar espiritual, más fuerte la armadura. La armadura no cubre la parte de afuera sino la interior, el espíritu. Necesitamos ser guerreros a tiempo completo, no solamente guerreros de fin de semana, como se le llama con frecuencia a la Guardia Nacional. Por consiguiente, la armadura es perpetua. Ya no somos más civiles. Tan pronto como nacemos de nuevo como cristianos, entramos en una guerra espiritual. La armadura perpetua significa un caminar perpetuo en justicia y santidad. Usted diariamente necesita estar bien delante de Dios. Mantenga una humildad y una mansedumbre edificada sobre el arrepentimiento y la diaria búsqueda de Su rostro.

La Palabra de Dios

La espada del Espíritu, la cual es la Palabra de Dios, representa una de las pocas armas para la ofensiva en nuestro arsenal. Pero gracias a Dios, ella provee todo lo que necesitamos, pues la Palabra contiene cada arma espiritual.

Hable de la Palabra por fe y llegará a ser suya. Cada obrero de liberación debe tener la Palabra de Dios en la punta de su lengua. El no conocer la Palabra es como dejar sus armas en casa. Los demonios detestan oír la Palabra, especialmente aquellos pasajes que hablan de su derrota. Siendo que toda la Biblia la atribuye, es imposible enumerar todos los pasajes que hablan de la guerra espiritual, pero nosotros con frecuencia citamos las siguientes:

- Se nos ha dado la autoridad para pisar serpientes y escorpiones, y por sobre todo el poder del enemigo. Por ningún medio nada nos dañará (Lucas 10:19).
- Jesús ha vencido. Él ha despojado a los principados y los ha descubierto públicamente, triunfando sobre ellos. Él les quitó las llaves del infierno y de la muerte (Colosenses 2:15; Apocalipsis 1:18).
- Y estas señales seguirán a los que creen. En mi nombre echarán fuera demonios (Marcos 16:17).
- Y Él les dio poder sobre los demonios para echarlos fuera. La Palabra de Dios es rápida y poderosa, y más cortante que una espada de doble filo, penetrante aun para dividir el alma del espíritu. Ahora divido y separo el alma de esta persona de su espíritu y vuelvo el completo control de su alma y espíritu a nuestro Señor Jesús.
- Demonio, escucha la Palabra de Dios. Mateo 16:19 dice que todo lo que se ate en la tierra será atado en el cielo y que todo lo que se desate en la tierra será desatado en el cielo. Ahora yo ato en el nombre de Jesús al espíritu gobernador del orgullo (u otro) que está en esta persona. Corte todos los lazos entre usted y cualquier otro espíritu en esta persona.

- Todo el capítulo 47 de Isaías.
- Todo el capítulo 18 de Apocalipsis.
- Todo el capítulo 20 de Apocalipsis.
- Es más grande Él que está en mí que el que está en el mundo (1ra Juan 4:4).
- Él tiene las llaves de David, Él cierra las puertas y nadie las puede abrir; Él abre las puertas y nadie las puede cerrar (Apocalipsis 3:7).
- He sido lavado con la sangre de Jesús. La sangre limpia (Apocalipsis 1:15).
- El Señor provocará la sequía de sus aguas (Jeremías 50:38; 51:36). Yo secaré su mar y haré que sus fuentes se sequen.
- Yo secaré su río, así como el Jordán se secó y el pueblo de Dios pasó a la Tierra Prometida en tierra seca (Josué 3:16).
- Yo secaré sus raíces así como el Señor secó el árbol de higuera (Mateo 21:19).
- Yo derribo tus puertas dobles y las puertas no se cerrarán. Yo rompo en pedazos tus puertas de bronce y corto en pedacitos los barrotes de hierro (Isaías 45:1, 2).
- Derribo tus muros como se desplomaron los muros de Jericó (Josué 6:5).
- Yo ato en los cielos, en el nombre de Jesús, al hombre fuerte sobre esta persona (o iglesia, área, casa, familia, etc.). Tenemos toda la autoridad para atar, pues el Señor dijo: *"Todo lo que atéis en la tierra, será atado en el cielo; y todo lo que desatéis en la tierra, será desatado en el cielo"* (Mateo 18:18).
- Nosotros cortamos sus cuerdas (Salmos 129:4). Los echamos fuera.
- Rompemos todas las maldiciones de iniquidad que vengan de la línea familiar ya sea por parte de la madre o del padre, diez generaciones pasadas y diez generaciones por venir.

- Clamamos a nuestro Señor Jesucristo como nuestra maldición porque así está escrito: *"Cristo nos redimió de la maldición de la ley, hecho por nosotros maldición (porque está escrito: Maldito todo el que es colgado en un madero"* (Gálatas 3:13).
- Te ordenamos doblar tus rodillas y confesar que Jesús es el Señor, porque escrito está: *"Para que en el nombre de Jesús se doble toda rodilla de los que están en los cielos, y en la tierra, y debajo de la tierra; y toda lengua confiese que Jesucristo es el Señor, para gloria de Dios Padre"* (Filipenses 2:10, 11).

Cuando luchamos contra Jezabel, los principales capítulos son Isaías 47, Apocalipsis 17 y 18. Usted puede extraer versículos o leer a ellos todo el pasaje completo. La secuencia siguiente se ha usado muchas veces:

- Te saco de tu trono y lo destruyo en el nombre de Jesús. Te ordeno sentarte en el polvo. Tú no eres reina. Tú no eres virgen. Ni eres tierna y delicada. Tú eres una vieja fea (Isaías 47:1).
- Tú eres común. Comida triturada, cerrojos descubiertos, que haces desnudar la pierna, desnudar el muslo, que pasas por los ríos. Tú estás desenmascarada (Isaías 47:2, 3).
- Tú no eres reina. Dobla tus rodillas.

Hay muchos otros pasajes de las Escrituras sobre la guerra espiritual que merecen ser memorizados. Usted no tiene que memorizarlos exactamente, pero no puede tergiversarles su significado. Los demonios saben cuando usted está tergiversando la Palabra.

Con frecuencia, espíritus tercos salen cuando yo les leo Apocalipsis, capítulo veinte. Repito, cuando se trabaje en un caso no puede trabajar en otro.

No puedo dejar de recalcar la importancia de memorizar las Escrituras. Rebecca Brown menciona un incidente que ella tuvo una noche oscura cuando un grupo de satanistas rodearon su casa y empezaron a enviarle maldiciones y espíritus malignos a los habitantes de su casa. Durante dos horas ella estuvo sentada en total oscuridad y citaba pasajes bíblicos uno tras otro. Mientras ella continuó citando los pasajes de guerra espiritual y alabando a las Escrituras, el enemigo fue incapaz de entrar y las oleadas de males enviados contra los ocupantes de la casa, se desvanecieron gradualmente. Las dos jóvenes en la casa que no sabían las Escrituras, se sintieron indefensas y aterrorizadas (Brown, *Él vino a Dar Libertad a los Cautivos*, 213–230; 270–271).

Los demonios saben cuando usted está tergiversando la Palabra.

El orgullo

El obrero de liberación siempre debe tener cuidado de que el orgullo no se infiltre en su vida. Cuando usted ve salir los demonios es tan fácil caer en el orgullo. Usted empieza a pensar que es poderoso y ungido. Los demonios lo saben y Dios lo sabe. Una vez, una obrera de liberación sintió un poco de orgullo de sí misma. Aunque a menudo se le instruyó a que se quitara el espíritu de orgullo, nunca lo hizo. Durante una sesión de liberación, ella se colocó al lado para asistir en la oración. Los demonios se rieron y le dijeron: "No me hagas reír. Estás tan llena de orgullo que no puedes sacar a ninguno de nosotros. Te tenemos. ¡Ja, ja, ja!". El rostro de la mujer se puso rojo como una remolacha. Ella estaba tan aturdida y desconcertada que salió disgustada. No se necesita decir que estaba en orden una sesión de liberación con ella por su orgullo.

El orgullo erosiona el caminar con Dios. Dios conoce exactamente lo que hay en su corazón. Es el Espíritu Santo es el que libera, y, la sangre de Jesús la que nos da la victoria. Cuando pensamos que es por nuestro propio poder y santidad, tropezamos. En todo tiempo necesitamos mantenernos humildes ante el Señor. Ningún hombre o mujer puede decir que él o ella trajeron sanidad a alguien. Yo nunca he sanado o liberado a alguien en mi vida. ¡Siempre fue Jesús por medio de Su Espíritu!

Su espíritu

Cuando ministramos liberación nosotros luchamos en el espíritu. Por esa razón, necesitamos poner cuidadosa atención a la condición de nuestros espíritus. Sea sensible a su espíritu. ¿Es normal? ¿Se siente oprimido, débil o seco? Quizás sea una opresión demoníaca. Quizás necesita más atención en el área de la oración, lectura de la Palabra, ayuno u obediencia. Quizás sus actividades diarias cansan mucho a su cuerpo. Las condiciones físicas de nuestros cuerpos algunas veces afectan a nuestros espíritus y viceversa. Aunque recibimos fortaleza por medio del Espíritu Santo, la condición del cuerpo humano afecta la obra del espíritu. El espíritu necesita mantenerse estable, lo mismo sucede con el cuerpo. La sobre agitación lo pone en malas condiciones. Después de una noche de lucha en el Espíritu contra los demonios, a menudo me encuentro con dificultades para dormir. Si usted también ha experimentado la falta de sueño, la cura para eso es la oración, especialmente el orar en lenguas. Eso tranquiliza la mente y el espíritu.

Así como el atleta, el espíritu debe ser ejercitado. Con facilidad se vuelve perezoso. Por esa razón, por lo menos una vez por semana, yo hago prácticas que tengan que ver con una sesión de liberación, aunque no siempre es posible. El practicar boxeo o leer un libro sobre boxeo, no se asemejan a entrar de un cuadrilátero e intercambiar puñetazos con un adversario real. Usted se da cuenta rápidamente cuán inefectivas son algunas de sus ideas favoritas. Su imaginado golpe asesino pasa a ser como polvo en el aire. Usted también se entera de lo que funciona. La teoría y la doctrina se deben poner en práctica; de otra manera, ellas son como palabras huecas.

El apóstol Santiago lo dice muy bien en Santiago 2:14: *"Hermanos míos, ¿de qué aprovechará si alguno dice que tiene fe, y no tiene obras? ¿Podrá la fe salvarle"?* Otra vez dice el apóstol:

> *Así también la fe, si no tiene obras, es muerta en sí misma, Pero alguno dirá: Tú tienes fe, y yo tengo obras. Muéstrame tu fe sin tus obras, y yo te mostraré mi fe por mis obras....¿Más quieres saber, hombre vano, que la fe sin obras es muerta?*
>
> (Santiago 2:17–18, 20)

La liberación prueba al hombre de fe, al igual que la sanidad divina o levantar a los muertos. Mientras usted va de una liberación a otra, su fe comienza a edificarse, y sus obras vienen a ser más provechosas.

Aunque el poder del Espíritu Santo está detrás de cada sesión de liberación, su mente traduce lo que el Espíritu dice por medio de intuición. Mientras su mente se someta al

Espíritu, usted se moverá poderosamente contra el enemigo. La cooperación entre su mente y el Espíritu mejora con el uso. Es hermoso cuando un obrero se mueve en esta área. Tal como dice el escritor de hebreos en el capítulo cinco, versículo catorce: *"Pero el alimento sólido es para los que han alcanzado madurez, para los que por el uso tienen los sentidos ejercitados en el discernimiento del bien y el mal"*. Para desarrollar su espíritu, usted necesita ejercitarlo por medio del uso.

El equipo de liberación

Un equipo de liberación bien entrenado es maravilloso. Aun cuando los miembros vienen de diferentes equipos, su familiaridad con el equipo de trabajo ayuda en el proceso. Un equipo varía de tamaño, generalmente de tres a seis. En el caso de una manifestación violenta, es mejor un equipo más grande. Con frecuencia se requieren seis personas para sujetar a una persona cuando los demonios intentan dar puntapiés y morder.

> **Un equipo de liberación bien entrenado es maravilloso de contemplar.**

El equipo debe tener a un líder designado y un asistente o dos. El líder abre la sesión con oración y dirige la liberación en voz alta. El asistente se sitúa detrás del líder con las Escrituras, orando y afirmando. El resto ora en lenguas y afirma. A medida que la batalla se torna violenta, todo el equipo espera en el Señor por discernimiento e instrucciones y relevan a los líderes. Cuando el líder se cansa, alguien se levanta y se coloca en su lugar. El líder se mueve hacia delante hasta que se siente cansado, cuando alguien más según su discernimiento o ungimiento indica que él o ella deben hacerse cargo de la situación. Cuando hay falta de coordinación, la batalla se vuelve confusa. Uno puede estar llamando a un espíritu que salga y el otro llamando a otro demonio completamente diferente.

Evite la contienda y la envidia entre el equipo de obreros. En la mayoría de las sesiones de liberación Dios utiliza uno y luego el otro. A menudo una fuerte unción está en una persona del equipo mientras se ora por un individuo, y luego el turno de la unción pasa al otro durante la misma sesión o la que siguiente.

El lugar y otros detalles

Seleccione un lugar fuera de los hogares o locales para evitar que el público en general pueda mal interpretar lo que se está haciendo. Con frecuencia los demonios gritan hasta el límite de sus voces, y francamente algunas veces suenan como una violación o paliza. Oficiales de policía aparecen algunas veces en momentos inoportunos, y usted se verá en dificultad para explicarles por qué seis personas están sujetando a una mujer que grita y luce golpeada.

El personal masculino debe evitar liberar a una mujer a menos que su esposo, compañero u otras mujeres los asistan o la atiendan. Algunas mujeres mentalmente desequilibradas pueden gritar que están siendo violadas. Un descuido puede arruinar fácilmente su ministerio de liberación. Satanás no necesita más que una pequeña abertura para ejecutar su trabajo sucio. Aun por ética, la mayoría de médicos masculinos nunca intentan examinar a una paciente femenina a menos que otra mujer está presente.

Pídales a las mujeres [que van a ser liberadas] que no lleven vestidos o blusas de corte bajo a una sesión de liberación. Si fuere posible, deben llevar pantalones. Ellas también deben llevar ropa interior. Lo mismo se aplica a todos los obreros de liberación. Un encuentro improvisto de lucha espiritual entre obreros y personas poseídas puede provocar algunos incidentes embarazosos. Cuando los demonios toman posesión de las acciones de una persona, ellos escupen, gritan, arañan y muerden. Aunque esto no es la norma, sucede con frecuencia. Aun cuando la mujer sencillamente se sienta en una silla, sus movimientos algunas veces dificultan al obrero masculino ordenar a los demonios que salgan. Usted no sabe donde mirar cuando el demonio comienza a luchar y contorsionar su cuerpo.

Los demonios le robarán el testimonio a una persona que está fuera de control.

Usted necesita mantener sábanas en el local para cubrir a las mujeres que están luchando en el piso. Cuando sea sorprendido por los demonios que quieren dar puntapiés y rasguñar, colóquelas sobre sus estómagos. Si ellas continúan luchando, sentarlas en la silla presenta posibilidades peligrosas para ellas, tales como caerse y golpearse sus cabezas en la silla o en el piso.

En algunos casos, los demonios intentarán lastimar a la persona que está siendo liberada haciéndola levantar la cabeza y golpeándola contra el piso. Obviamente, es sabio cubrir el piso con una alfombra o un tapete. Esta persona se va a lastimar aun con la alfombra en el piso, por lo que usted debe mantener la cabeza de él o de ella, lejos del piso. Asegúrese que él o ella no le muerdan las manos o los brazos. Si la persona se coloca detrás del obrero, él o ella hallará mucho más fácil el escupirlo, morderlo y darle puntapiés. De frente, la persona casi siempre pierde las oportunidades. Si la persona debe ser colocada boca abajo, póngale periódicos bajo la barbilla. De no ser así, él o ella podrían rasparse la nariz, codo y barbilla en la alfombra y/o maltratarse.

Si usted sospecha que una persona es propensa a la violencia o enojo que origine en una lucha, instrúyale firmemente que se mantenga en control. Algunas veces los demonios se manifiestan tan fuertemente que una persona no puede controlar sus acciones, aunque esto raras veces sucede. Dios protege a Sus obreros, pero sería un total disparate no estar preparado. Nunca se coloque frente a una persona sentada que va a ser liberada. Un puntapié bien colocado puede incapacitar a cualquier obrero. Yo nunca he visto seriamente lesionada a una persona que está siendo liberada, aunque he visto a personas con magulladuras como producto de la lucha.

No obstante, he visto obreros de liberación lesionados por falta de preparación o información. Es sorprendente cuanta gente necia puede estar tratando con demonios. Ellos dejan a la persona en completa libertad para golpear, dar puntapiés, escupir, arañar y morder. Sea cuidadoso. Eso solamente toma fracción de segundos. Por supuesto, en muchas ocasiones Dios misericordiosamente sana cualquier lesión que tenga lugar en una sesión de liberación. La provisión e inteligencia le ayudará en la mayoría de los casos.

Una vez ayudé a orar por un pastor pentecostal que medía 6 pies y 3 pulgadas de alto y pesaba más de 250 libras. Él era una persona muy gentil, nos imaginamos que él nunca se enfurecería. Lo hizo. Él levantó su rodilla y me rompió tres costillas en un movimiento que tomó medio segundo. Los siguientes tres meses de dolor me proporcionaron una valiosa lección. Dios me sanó, pero Él se tomó Su tiempo de lo sucedido para enseñarme una lección. Debo estar preparado.

En la mayoría de las ocasiones, la gente puede prevenir sus propias demostraciones incontroladas. Recuérdeselo a la persona, incluso con firmeza si debe hacerlo. Los demonios le robarán el testimonio a una persona que está fuera de control.

Algunas personas piensan que si ellos se desprenden de los demonios, sus problemas desaparecen.

En un caso, una joven comenzó a temblar y salirse físicamente de control no solamente durante sesiones de liberación sino también en sesiones de adoración o cuando la presencia de Dios era más fuerte. Durante un servicio particular de la iglesia, el Espíritu Santo se movió poderosamente, y ella comenzó a moverse por todas partes. Esta vez nosotros insistimos que ella mantuviera control clamando la autoridad y el poder de la sangre de Jesús. Después de unos momentos, las manifestaciones se calmaron. Más tarde ella confesó que estaba tan atemorizada de que los demonios pudieran manifestarse haciendo que los otros se sacudieran o temblaran, al punto que ella rehusó escuchar música de alabanza o alabar a Dios cuando nadie estaba en su derredor. Después de su triunfo sobre los demonios, ella perdió el temor y la vacilación. Ella llegó a conocer su autoridad sobre los demonios. Ellos nunca más se manifestaron en tiempos inoportunos.

También he encontrado que cuando una persona se fuerza a sí misma para estar en control de su cuerpo y mente, los demonios se debilitan y se van.

Frecuentemente, usted encuentra mujeres compitiendo en el área de las manifestaciones. Una mujer en la iglesia va gritando y vociferando manifestación y la siguiente mujer quiere hacerlo mucho mejor. Esto indica orgullo espiritual y un espíritu de Jezabel. Cada una quiere ser mejor que la otra. Ellas compiten entre sí por medio de los demonios que gritan y maldicen en voz alta. Sea consciente de los juegos que los demonios juegan. Invariablemente, es el espíritu de Jezabel que no quiere ser superado.

Con algunos hombres, el espíritu de "pobre de mí" se levanta provocando una rabieta donde el espíritu intenta lesionar a otra persona. Es como si un niñito buscara llamar la atención. Usted puede notar que más mujeres que hombres hacen demostraciones. De hecho, más mujeres se someten a la liberación. Los hombres tienen que mantener una imagen que los previene de ser transparentes. El espíritu de Acab en los hombres, por su puesto, los hará amilanarse y no obtener la liberación. Sin embargo, cuando usted ve el fruto en sus vidas, ellos son negativos y a menudo devastadores. Pueden sentir que no hay nada malo en ellos, sino que ellos no han tenido trabajos estables por años, están a punto de divorciarse, y son conocidos como borrachos. Ellos le deben dinero a muchos, y las situaciones familiares son miserables. Por supuesto, ellos culpan de todo a las circunstancias y a otras personas. Obviamente, usted debe animar a esas personas a recibir liberación.

Dios permite que los santos sean tocados con pruebas y aflicciones. Si es afligido por una enfermedad u otros problemas por mucho tiempo, puede ser que Dios quiera llamar su atención sobre ciertas áreas de su vida que no están agradando a Dios. Usted no puede continuar pecando y esperar liberación. Ni puede permitir que ciertas áreas no cambien y esperar liberación. Las personas quieren liberación por toda clase de problemas que generalmente no son causados por demonios sino por falta de voluntad. Usted no puede culpar a los demonios por todo.

Básicamente, muchos cristianos marginales se comprometen a medias en obediencia total a Dios. Ellos aun quieren hacer sus propias cosas. Ellos tienen dificultad con la liberación o si son liberados, pronto estarán de regreso peor que antes. Es como si un hombre viene en busca de liberación de lujuria sexual pero luego se va a la casa en la que vive con su novia. Algunas personas piensan que si ellos se desprendieron de los demonios, sus problemas desaparecieron. A ellos se les olvida que aún viven en los cuerpos de carne. Los deseos y pasiones de la carne están siempre presentes y tienen que ser sometidos diariamente con o sin demonios. Hay una ley del pecado en la carne y no todo proviene de los demonios (Romanos 7:23).

Cuando la liberación o la sanidad no parecen estar funcionando, algo lo está bloqueando, o es la voluntad de Dios que la liberación o la sanidad no se lleven a cabo en ese momento. Dios no es el autor de las enfermedades. Él es el Señor que nos sana y aunque Él permite a Satanás tocar nuestro cuerpo, sólo donde Satanás tiene derecho, siempre es por una razón particular. Dios quiere que primero cambien otras cosas. Quizás una astilla de orgullo o una mala relación de familia, falta de perdón, amargura o el amor al auto-impedimento para recibir sanidad o liberación. No hay dos casos exactamente iguales. Usted necesita pedirle sabiduría a Dios.

El principal impulso de este capítulo se encuentra en Marcos 16:17: *"Y estas señales seguirán a los que creen: En mi nombre echarán fuera demonios"*. Si usted es creyente, usted echará fuera demonios en el nombre de Jesús. No hay excepciones.

Los líderes de liberación siempre deberán ministrar en amor y cuidado, nunca por codicia o deseo.

Abuso de poder

La liberación es un ministerio muy poderoso. Desafortunadamente, nosotros oímos de pastores que abusan de su autoridad. Ellos se disfrazan como líderes poderosos, que todo lo saben y que son ungidos de una manera especial por Dios. Ellos ponen a su gente bajo esclavitud, demandando que toda cosa (por pequeña que sea) dentro de la congregación sea controlada por el liderazgo de la iglesia, aun las decisiones como qué clase de automóvil comprar, a qué escuela asistir y con quién casarse. La liberación da una apariencia de poder y favor de Dios cuando en realidad, todo cristiano tiene una unción del Espíritu Santo para echar fuera demonios.

Hemos oído como algunos pastores emplean un conocimiento básico de liberación para colocar a sus feligreses en temor de tal manera que puedan ser manipulados. En un caso que salió al aire en la televisión nacional, un pastor empleó su supuesto conocimiento de liberación y poder para convencer a una esposa a cometer sexo ilícito con él mientras impartía una terapia de liberación. Yo aborrezco y denuncio tal manipulación y deshonestidad. Tales líderes probarán la ira de Dios. La liberación se edifica en amor y compasión, no en lujuria personal por el poder y control. Yo comprendo que tales líderes surgen en muchos otros ministerios, ya sea de liberación o cualquier otro. Ellos obran en la ignorancia y temor de los otros y desvían a las ovejas.

Los líderes de liberación siempre deberán ministrar en amor y cuidado, nunca por codicia o deseo. Sin amor, todo su esfuerzo será en vano (1ra Corintios 13:1–3). Sea más cuidadoso para mantener un ministerio sin faltas, sin sospechas y completamente abierto a los demás. Camine en la verdad.

11 Preparando a la persona para ser liberada

La consejería pre-liberación puede ahorrar mucho tiempo y marcar la diferencia entre el éxito y el fracaso. Todas las sesiones son exitosas en el sentido de que ellas traen beneficios. Éstas, por lo menos pueden llevar a una conclusión, que la persona todavía no debe ser liberada.

La consejería completa debe incluir lo siguiente:

- Informar a la persona siendo liberada lo que debe esperar.
- La liberación no es una píldora o una medicina para todos los males. La persona ha ser liberada debe romper convenios con los demonios. Ésta debe conocer qué mentiras ha aceptado del enemigo y qué pecados ha cometido que continúan manteniéndola esclavizado. Usted se sorprendería saber cuantos cristianos creen que vivir con una novia es aceptable.
- La persona ha ser liberada necesita saber que los demonios no causan todas sus aflicciones. Ella misma es la causa muchas. Dios permite algunas aflicciones para llamar la

atención sobre un área de su vida. Otras veces, la persona debe aprender cómo llevar su cruz. La liberación puede echar fuera el demonio, pero debemos aprender cómo ejercer nuestro dominio. El vencer conlleva las dos cosas, liberación y vivir por medio de la Palabra de Dios.

- El arrepentimiento aun se destaca como uno de los más importantes elementos en el caminar cristiano. El pecado le da a los demonios derechos legales para atormentar. El consejero de liberación debe ir tras la lista de los derechos legales dados por Dios a Satanás y sus obreros. Mientras va revisando la lista, comience a romper los derechos legales y las fortalezas. Si la persona se resiste a la confesión de pecado y al arrepentimiento, la liberación no tiene sentido. La liberación representa una forma de limpieza (*"Sé limpio"*, Mateo 8:3), y la confesión y el arrepentimiento preceden al perdón de Dios. Los demonios conocen sus derechos y se niegan a salir si hay áreas de pecado sin perdonar.
- La consejería debería ser planeada para crear una mejor relación entre la persona ha ser liberada y los obreros. No necesitamos ser súper espirituales para discernir los espíritus. Una ligera incursión en la historia de la vida de una persona rápidamente revelará áreas de invasión demoníaca. por ejemplo, si la persona o su familia juegan a la brujería, no necesitará mucho discernimiento para entender que los espíritus de ocultismo y probablemente maldiciones lo controlan.
- Aconsejar a la persona sobre lo que debe hacer después de la liberación. Que quede claro que la liberación no es un asunto rápido. Tampoco es salvación. Cuando Dios preparó a la nación hebrea para conquistar la Tierra Prometida,

Él les informó que no conquistarían a sus enemigos en un año: *"...para que no quede la tierra desierta, y se aumenten contra ti las fieras del campo"* (Éxodo 23:29). Cuando la persona esté lista, Dios hará que ésta sea liberada de una futura fortaleza. Entre tanto, la persona necesita permanecer bajo la cobertura de la autoridad y el compañerismo. La persona necesita llenar los lugares vacíos de la antigua habitación de los espíritus que fueron echados con la Palabra de Dios y su rectitud, y no invitar a los espíritus a que vuelvan a ella (Mateo 12:43–45).

Que quede claro que la liberación no es un asunto rápido. Tampoco es salvación.

Lo que una persona dice puede estar muy lejos de la verdad. El discernimiento, cuando verdaderamente viene de Dios, nunca se equivoca. Algunos dirán que ellos han perdonado, pero en realidad no lo han hecho. En un caso, un joven insistió que él ya había perdonado a sus padres por sus abusos contra él. Más tarde, en el transcurso de la misma conversación, él comentó que no había visto a sus padres desde hacía años. Ellos vivían cerca, pero él nunca quiso hablar con ellos. "Yo los perdono, pero no quiero tener nada con ellos", expresó el joven. Él realmente no los había perdonado.

En algunos casos, la persona necesita saber qué función jugó ella o él en el pecado original. A menudo, una persona no es perdonada porque él no quiere enfrentar su propia implicación y culpa de cómo empezó. Una persona puede evitar responsabilidad en el abuso firmemente acusando a otros. Una mujer que se casa porque salió encinta puede acusar al esposo: "Él me forzó". Dios quiere un corazón limpio, no uno mentiroso.

Con frecuencia, la persona que está buscando liberación necesita ir a Dios y pedirle que le revele las áreas que no han sido perdonadas. Ciertamente, Dios le contestará a la persona sincera.

Deseos

¿Realmente quiere la persona que salga el espíritu? Ésta puede decir sí, pero en su interior no lo desea. Por ejemplo, muchos jóvenes quieren tener su lujuria sexual controlada pero no eliminada completamente. Ellos piensan que es una buena idea mantener bajo control sus deseos sexuales, pero solamente cuando estos deseos no pueden ser satisfechos. Ellos realmente no quieren dejar sus fantasías y películas pornográficas.

¿Desea la persona caminar realmente con el Señor o sólo quiere una salida rápida? ¿Quiere una cirugía mayor o solamente una aspirina? Si ésta desea liberación por puro orgullo religioso, entonces la liberación será imposible. El egoísmo y el orgullo pueden bloquear el mover del Espíritu Santo. Dios no será burlado. Recuerdo a veces cuando personas vienen a la iglesia con una actitud de "demuéstrenme". Mientras ellos estuvieron cerca nada pasó. Pero tan pronto salieron del edificio, el Espíritu Santo se movió y hubo tremenda liberación. Dios sabe exactamente qué hacer y cuando.

¿Está solamente actuando? ¿Pasa por la sesión de liberación para mostrar cuán sincero es para que lo acepten sus compañeros, o realmente porque quiere ser limpiado? Usted necesita mostrarle a la persona la espantosa realidad de los demonios y cómo controlan su vida.

Si fuere necesario, usted debe asignar a alguien para que le enseñe y ministre a la persona de manera más constante para que la persona adquiera más conocimiento. A veces usted necesita tomar acción más rígida, en amor, para poder sacudirla. La complacencia entre los cristianos hace que el Espíritu Santo se congele.

No una salida rápida

La iglesia no es un supermercado donde la gente puede ir para una compra rápida. Algunas personas quieren que los demonios se vayan, pero no quieren que Jesús entre. Si la persona asiste regularmente a la iglesia, esto algunas veces le da a usted la aventaja de poder preguntarle acerca de su caminar con Dios. Si la persona no llega a la iglesia y ni siquiera lo intenta, sería mejor que no se orara por su liberación, a menos que ésta se incline por aceptar a Jesús.

Algunas personas realmente no quieren a Jesús. Ellos quieren una vida mejor sin cambiar nada. Ellos vienen para que las maldiciones sean rotas, para ganar más dinero, obtener un mejor trabajo, encontrar novia(o), encontrar un(a) amante, casarse o vivir una vida mejor. Déjelos solos, a menos que tomen la decisión de caminar con Jesús. Ellos aceptan a Jesús y sin embargo, lo rechazan como su Salvador personal. Algunas veces las personas tienen motivos egoístas.

Como usted puede ver, aun si usted echa fuera a los demonios, ellos vuelven. La Palabra dice que cuando se echa fuera un demonio, él va por lugares áridos y al no encontrar lugar para descansar, regresa a su antigua habitación y viéndola vacía, limpia y adornada trae consigo a siete demonios peores que él. Luego, el estado de la persona es peor que el anterior (Mateo 12:43–45). Eso es absolutamente cierto. Por consiguiente, no les haga un favor, y no los libere si ellos se niegan a caminar en santidad o no dan muestras de querer convertirse. Su última condición será peor que la primera.

Una persona vino a una sesión de liberación, pero ella en realidad no tenía intenciones de caminar con Dios; ella sólo quería deshacerse de su compañero. Sin embargo, a causa de sus espíritus de lujuria sexual, ella encontró dificultad para rechazar su insinuación sexual, y, por eso, terminaron juntos otra vez. Después de que el espíritu de lujuria sexual salió, ella dejó de asistir a la iglesia y terminó regresando al mundo. Como resultado, ella misma se encontró en un estado promiscuo y lleno de lujuria mucho más que antes. Cuando finalmente regresó, la desafiamos en cuanto a sus motivos. Después, ella quiso caminar con Jesús en pureza. Jesús la libertó y ahora ella disfruta su caminar cristiano libre de problemas sexuales.

La liberación puede llevar a las personas hacia la salvación.

El diablo ciertamente trata de regresar para tentarlo a usted, aun después que los demonios han salido. Todo cristiano debe aprender a mantenerse firme y resistir cuando eso suceda. Echar a los demonios no significa liberarse de la tentación para siempre. Aun con nuestro Señor Jesucristo, Satanás lo dejó por un tiempo (Lucas 4:13).

Por otro lado, cuando usted discierne que las personas están abiertas a recibir a Jesús, la liberación puede llevarlos a la salvación. Señales y prodigios siguen a la predicación del Evangelio para confirmar la Palabra. Las señales y los prodigios llevan a los incrédulos a creer. En esa situación particular, la liberación puede ser una valla de convicción de que Jesús vive.

Consejería

La historia de una persona puede encubrir áreas de almas atadas negativamente y envolvimiento oculto. Tal conocimiento puede eliminar una cantidad de tiempo perdido tratando de recibir discernimiento espiritual así como la identificación de los espíritus involucrados. Las raíces de la familia revelan mucho. Si la madre se ha casado tres veces, usted no necesita mucho discernimiento para reconocer al espíritu de rechazo y posiblemente el de Jezabel. Si un antecesor fue un asesino convicto, es obvio que usted está cara a cara con él. Si un padre alguna vez practicó la brujería, no necesita mucho discernimiento para saber qué espíritus acechan en las sombras. Usted no necesita jugar a la psiquiatría, pero ahondar en la historia de una persona y su antecedente personal puede ahorrarle tiempo.

La consejería ayuda en la preparación de la persona en conexión de lo que espera y como reacciona. Algunas veces la falta de preparación deja a una persona aturdida y desconcertada. Si una persona no quiere a cierta persona en la sesión, usted debe saber por qué. Con frecuencia, una persona se siente avergonzada de confesar su lujuria sexual, masturbación, fantasía o fornicación. Si ésta titubea porque cierta persona está presente, esto puede impedir la liberación. Proteja a la persona que está siendo liberada.

Debe informársele a la persona a no orar o pensar de alguna cosa en particular durante la liberación. De otra manera, eso puede bloquear las manifestaciones de los demonios. Algunas veces, sirve de ayuda que la persona diga en voz alta los pensamientos que cruzan por su mente, aun si ellos involucran el maldecir. Una vez expuestos de esa manera, se les puede ordenar a los demonios que salgan. Algunos ministerios de liberación afirman que el permitirle hablar a los demonios glorifica a Satanás. Otros consideran que de cualquier modo, todos los demonios son mentirosos. A pesar de todo, yo hallo que es bueno.

Ahondar en la historia de una persona y su antecedente personal puede ahorrarle tiempo y esfuerzo.

Jesús entabló conversaciones con los demonios; salieron de las personas gritando y los demonios ocasionalmente se manifestaron físicamente. Jesús en Marcos 5:2–13, no sólo le ordenó a los demonios que salieran, Él les preguntó sus nombres también. La Biblia dice: *"Y le rogaban mucho que no los enviase fuera de aquella región"* (v. 10). La palabra "mucho" indica que la conversación era más que una salutación. Jesús no trató de aquietarlos (Véase también Lucas 8:27–34). En Marcos 1:25, Jesús le ordenó a los demonios que se tranquilizaran y salieran. Sin embargo, esta orden implica que todavía Jesús no quería que los demonios revelaran Su identidad como el Mesías, aunque Jesús no objetó la otra declaración, ya que el siguiente versículo dice: *"Y el espíritu inmundo, sacudiéndole con violencia, y clamando a gran voz, salió de él"*. "Sacudiéndole" muestra que el demonio se manifestó haciendo cosas al cuerpo del hombre. El demonio clamó en alta voz. En las sesiones de liberación, los demonios a menudo gritan y provocan que el cuerpo de la persona que está siendo liberada entre en varias contorsiones, aunque esto es relativamente raro (Hechos 8:7).

Marcos 1:34 responde a la pregunta de por qué Jesús le dijo a los demonios que se mantuvieran quietos. Dice: *"Y sanó a muchos que estaban enfermos de diversas enfermedades, y echó fuera muchos demonios; y no dejaba hablar a los demonios, porque le conocían"*. Jesús todavía no quería revelarse como Mesías.

> *También salían demonios de muchos, dando voces y diciendo: Tú eres el Hijo de Dios. Pero él los reprendía y no les dejaba hablar, porque sabían que él era el Cristo.* (Lucas 4:41)

Las acciones posteriores de echar fuera demonios no quiere decir que Jesús le ordenara siempre a los demonios que se calmaran (Marcos 1:25).

En Marcos 9:26, Jesús echó fuera a un espíritu mudo y sordo: *"Entonces el espíritu, clamando y sacudiéndole con violencia, salió; y él quedó como muerto, de modo que muchos decían: Está muerto"*. Esta oración muestra tres cosas: primera, el espíritu hizo ruido; segunda, le hizo algo al cuerpo del muchacho; tercera, mucha gente lo observó.

Informe al deliberado que no suprima los demonios o sus manifestaciones. Él o ella deben cooperar con los liberadores hablándoles cualquier cosa que oigan o sientan decir. Puede ser un demonio hablando o dejándose sentir, y, expresándolo ayuda a desenmascarar al demonio.

La liberación en masa o liberación de grupo se refiere a echar fuera demonios por medio de una (o más) persona (s) en una multitud. Algunos ministerios de liberación usan la liberación en masa eficazmente. Otros claman que la liberación en masa glorifica al diablo y no debe hacerse por lo siguiente: (1) desconcierta a la persona liberada; (2) asusta a los espectadores; (3) promueve la violencia y permite a los demonios vociferar obscenidades o atacar; (4) es anti-bíblico pues Jesús no les permitió hablar. Los oponentes de la liberación en masa (llamémosles "consejeros privados") reclaman que ciertas formas de brujería involucran a espíritus muy poderosos que pueden causar gran destrucción en la liberación en masa.

Dios obra de diferentes maneras. No existe una formula determinada.

Los consejeros privados favorecen las sesiones en recintos cerrados, tratando de uno a uno con la persona que está recibiendo liberación en el área de arrepentimiento y autoliberación.

Los liberadores en masa reclaman que si una persona realmente se arrepiente y desea ser libre, él o ella no deberían pensar estar en la compañía de creyentes u otra gente buscando de Dios. Si este desconcierto previene a alguien de seguir adelante, entonces quizás él no lo quiera lo suficiente. De hecho, algunos liberadores en masa se rehúsan totalmente a dar consejería privada en base a que es generalmente el orgullo lo que hace a una persona querer atención especial.

La liberación en masa puede alcanzar a gran cantidad de personas y raras veces se les salen de la mano. Yo he conducido sesiones de liberación en masa, tantas como a seiscientos cincuenta santos a la vez. La gente que observa la liberación en masa recibe una valoración de su fe en Dios cuando oyen a los demonios y los ven manifestarse. Esto convence a muchos de que Jesús es el Señor.

Aquellos con ministerios de consejería con sesiones en recintos cerrados parecen tratar mayormente con adoradores de Satanás que vienen a ellos individualmente, o, con pacientes mentales que no llegan en masa para recibir liberación. Es verdad que los adoradores de Satanás a menudo tienen demonios muy poderosos y feos, es entonces cuando no debemos permitir que se manifiesten dichos demonios, pues es probable que los espectadores se asusten. Además, los pacientes mentales con frecuencia necesitan consejería sólo para darles suficiente ánimo y entendimiento para que se levanten contra los poderes de las tinieblas.

Auto-liberación

Algunos favorecen el enseñar a la persona cómo auto-liberarse. A ésta se le enseña ordenar a los espíritus salir de su propio cuerpo. Por supuesto, esto es importante; sin embargo, usted una vez más necesita sabiduría. Existen ciertos espíritus que son muy poderosos como para salir por medio de la auto-liberación, puede que eso también dependa del grado de madurez que tenga el cristiano.

Dios todavía es el Jefe

Para terminar debemos concluir que Dios obra de diferentes maneras. De un obrero de liberación, el Espíritu Santo puede requerir sesiones de uno a uno. De otro, el Espíritu Santo bendice la liberación en masa. En cada ocasión el Espíritu Santo debe estar en control. Ha habido ocasiones cuando la liberación en masa no funciona para alguien, pero en consejería privada sí. En algunas ocasiones la liberación en grupo fuerza a un demonio particular a manifestarse, pero se niega salir. Cuando se trabaja con esa persona privadamente, los demonios salen. No debemos ser rígidos o limitar al Espíritu Santo en ninguno de los casos. He trabajado en ambos lados y en el medio también. Muy a menudo, en vez de llevar a cabo una liberación en masa o sesiones privadas, yo pido a los que desean que se ore por ellos que se sienten en la fila de asientos del frente y asignamos equipos de tres o cuatro para que trabajen con ellos.

Una vez que usted comienza a ejecutar una formula o secuencia rígida, usted le quita al Espíritu Santo el derecho a dirigir.

Yo recuerdo algunas ocasiones cuando el Espíritu Santo soberanamente efectuó la liberación en masa. Algunas veces cuando se enseña liberación, personas en la audiencia comienzan a sofocarse y toser. Muy pronto media docena o más reciben liberación sin ninguna asistencia humana. En este punto, la liberación en masa toma lugar casi automáticamente. En otras ocasiones, pienso que el Espíritu Santo desea la liberación en masa, pero hasta ahora, no hay confirmación o movimiento, así que abandono la idea. No obstante, a medida que entramos en la oración semi-privada, el Espíritu Santo se mueve: *"No con ejército, ni con fuerza, sino con mi Espíritu, ha dicho Jehová de los ejércitos"* (Zacarías 4:6).

Necesitamos ser sensibles al Espíritu Santo y seguir todo lo que Él diga. Una vez que usted comienza a ejecutar una fórmula o secuencia rígida, usted le quita al Espíritu Santo el derecho a dirigir. No estoy diciendo que usted no debe seguir un patrón, sólo que debe ser consciente de lo que el Espíritu está diciendo en cada caso.

12 Anatomía de una liberación

No hay dos liberaciones exactamente iguales. Sin embargo, la secuencia de abajo compendia una típica sesión de liberación. La presento para que usted pueda obtener una idea dentro de lo que puede pasar durante la liberación. Este conocimiento espera eliminar temores indebidos y aprehensiones en las personas que desean entrar al ministerio de liberación o efectuar una liberación.

Práctica

Permítame montar la escena. Joan es una mujer de unos veintiséis años de edad quien inocentemente ahondó en las ciencias ocultas cuando un amigo, a la edad de quince años, la introdujo a la tabla de la güija y al juego de "Calabozos y dragones". Ella tiene dificultad para mantener un trabajo estable y se encuentra deprimida, al borde del suicidio. Ella tuvo una pelea con su novio hacía ocho meses atrás y está amargada por eso. Ellos rompieron relaciones y ella no puede hablar con él sin gritar y llorar. Recientemente, ella nació de nuevo como cristiana y fue bautizada con el Espíritu Santo. Ella trata de orar y leer la Biblia pero se duerme tan pronto comienza a orar y leer la Palabra. Cada vez que ella ora en lenguas, eventualmente comienza a gritar, sudar y palabras guturales de odio salen de su boca.

Primero, usted necesita aconsejar a Joan, si fuere posible. Si no es posible debido a las circunstancias de tiempo y lugar, usted necesita, por lo menos, darle una idea de lo que espera durante una sesión de liberación. (Refiérala al capítulo "Preparando a la persona para ser liberada").

Segundo, yo estoy asumiendo que las personas que conducen la liberación se han preparado por medio de la oración y el ayuno. En la mayoría de los casos, un cristiano que camina diariamente con Cristo no necesita hacer ninguna preparación de régimen especial.

No hay dos liberaciones exactamente iguales.

Siente a la persona en una silla cómoda. Un par de obreros pueden sentarse a cada lado de ella. No se coloque o se siente en frente a ella, ya que ella le puede dar puntapiés o golpear inesperadamente. Infórmele a Joan que ella se debe abstener y refrenar del intento de morder, dar puntapiés, golpear con los puños u otras acciones de daños físicos.

Obrero: Comience con una palabra de oración. Padre, venimos ante ti en la preciosa sangre de nuestro Señor Jesucristo, y clamamos tu protección. Nos ponemos toda la armadura de Dios—el yelmo de salvación, la coraza de justicia, el escudo de la fe, ceñidos con la verdad, calzados con el apresto del

Evangelio de la paz y la espada del Espíritu. Nos ponemos bajo la autoridad del Señor Jesucristo, pues la Palabra de Dios dice que Él es nuestra salvación, nuestra justicia, el objeto de nuestra fe y el autor y consumador de nuestra fe, así también como nuestra presteza. Nuestro Señor Jesús también es nuestro Príncipe de paz. Él es nuestra paz. La espada del Espíritu es la Palabra de Dios y Jesucristo es la Palabra de Dios.

Te pedimos que envíes a tus ángeles guerreros, que pongas un cerco de fuego alrededor nuestro para alejar a los enemigos; que pongas a tus ángeles en círculo alrededor nuestro, Señor. Elevamos a Joan hacia ti y te pedimos que la libertes de estos demonios que están atados alrededor de ella. En el nombre de Jesús, te agradecemos por ello. Amén.

No hay requisito rígido que una oración de apertura tenga que ser como la anterior.

Obrero: Ahora Joan, queremos que tú renuncies en alta voz a involucrarte en las ciencias ocultas o cualquier otro pecado que el Espíritu Santo te traiga a la mente. Pídele a Dios que te perdone. (Diríjala por medio de la oración que está a continuación).

Joan: Señor, renuncio a todo envolvimiento en lo oculto. Le digo a Satanás que yo le pertenezco a Jesucristo y que Él es mi Señor y Salvador. Yo renuncio a todo envolvimiento en tablas de güija, adivinación, juego de "Calabozos y dragones", lectura de las manos y cualquier forma de brujería. Padre, me arrepiento por haber participado en cualquier de estas actividades ocultas y te pido me perdones. Clamo la sangre de Jesús sobre mi vida.

Obrero: Joan, tú necesitas perdonar a tu novio, padres, hermanos, hermanas, y cualquier otro con el que tengas alguna agravio o problema. (Una vez más, diríjala).

Joan: Padre, perdono a mi novio por abandonarme y por las muchas otras cosas que tengo contra él. Te pido que me ayudes a aceptarlo completamente. Perdono a mi madre y mi padre por no ayudarme y por las cosas que tengo contra ellos. Señor, yo no deseo tener amarguras en mi vida. Señor, te pido que perdones mis pecados ahora.

Pídale a Joan que hable en voz alta, pero no para que todos puedan oír, si es que la naturaleza del pecado pueda lastimar o turbar a alguien, incluyendo a la misma Joan. En realidad, yo estoy a favor de que Joan sea más específica en las áreas que ella necesita perdonar.

Obrero: Padre, estamos con Joan y te pedimos que extiendas tu infinita misericordia sobre tu hija. En el nombre de Jesucristo de Nazaret, rompemos toda maldición de iniquidad que le haya llegado a Joan por la línea de su familia, hasta diez generaciones anteriores en ambos lados de su familia, por el lado materno y por el lado paterno. Clamamos a nuestro Señor Jesucristo como su maldición, porque así está escrito en la Palabra de Dios que Jesús sirvió como maldición por nosotros, que todo aquel que haya sido colgado en un madero sea maldito. Padre, oramos por el perdón de los pecados de sus antepasados.

Señor, has oído a Joan perdonar a todos aquellos que han pecado contra ella, te pedimos que rompas todas las maldiciones causadas por la falta de perdón.

Desligamos, en el nombre de Jesús, todo espíritu que esté atado entre Joan y su novio. Desligamos todo espíritu que esté atado entre Joan y su madre. En el nombre de Jesús, rompemos todos los embrujos y maldiciones que le hayan sido colocados desde cualquier procedencia.

Si el Espíritu Santo le sugiere que imponga manos sobre la cabeza y hombros de Joan, usted debe hacerlo. De otra manera, no lo haga. Los hombres no deben imponer las manos debajo de los hombros de una mujer, ni aun sobre su espalda. Si la mujer u otra mujer ponen sus manos en esas partes, los hombres pueden colocar sus manos en la punta de las manos de la mujer.

Obrero: Demonios, llamamos tu atención. Venimos contra ti en el nombre de Jesús. Te ordenamos que no causes ninguna violencia o vómito. Atamos en los cielos al espíritu gobernador de Jezabel. Desde los cielos te atamos de manos y pie con cadenas. Te amordazamos. Cortamos toda liga entre tú y los espíritus que se encuentren en Joan. Los echamos fuera. Atamos en los cielos el espíritu de leviatán.

Ate a todos los hombres fuertes que el Espíritu Santo le muestre.

Obrero: Demonios, secamos tus aguas. La Palabra de Dios dice que Él secará los mares y causará sequía. Destruimos tu árida habitación. Secamos tus mares, tus ríos y tus fuentes. Derribamos tus puertas. La Palabra de Dios dice que las puertas del infierno no prevalecerán contra la Iglesia. La Palabra también dice que el Señor romperá las puertas dobles. Él romperá los barrotes de bronce y cortará en dos los barrotes de hierro.

Derribamos tus pilares. Atamos al portero del orgullo y la brujería. Derribamos cada pared. Ninguna piedra quedará sobre la otra.

Vertimos la sangre de Jesús sobre todo tu cuerpo. Ella limpia.

En el nombre de Jesús, te ordenamos salir. En Su nombre tenemos toda autoridad sobre ti. Él nos ha dado poder para hollar serpientes y escorpiones, y, todo poder sobre el enemigo. Ninguna cosa, por ningún medio, nos podrá hacer daño. En el nombre de Jesús, ahora mismo te pongo bajo mis pies y te pisoteo con fuerza.

Más grande es Él que está en nosotros que el que está en el mundo. El Señor Jesús te ha derrotado. Él despoja principados y se mofa de ellos abiertamente, triunfando sobre ellos, Jesús derrotó al mismo Satanás.

Demonio, tú eres un enemigo derrotado. Te ordenamos soltar a esta mujer. En el nombre de Jesús, déjala. Aún a Satanás lo atamos en los cielos. Cortamos los lazos entre tú y Satanás.

Sus ayudantes deben estar de acuerdo con usted y orar en lenguas. El asistente debe estar de acuerdo con usted y más o menos repetir lo que usted dice o agregar algo suyo. El asistente debe decirle lo que ha recibido del Espíritu Santo.

Para este tiempo, es probable que los espíritus se estén manifestando ya sea tosiendo, vomitando, sofocándose, bostezando o lloriqueando. Si no, la persona debe estar por lo menos, crispándose o quejándose de calambres en el estómago u hombros y cuello. Ordéneles que se manifiesten y salgan. Si no lo hacen aún, es que hay alguna área legal que no se ha tocado todavía. Algunas veces el individuo tiene artículos de joyería ocultista en su persona, o no ha perdonado. En ocasiones, es que hay cosas en su hogar que son objeto de maldiciones. Se necesita sacarlos primero.

La liberación siempre funciona. Si por diez o quince minutos no hay manifestaciones, eso indica áreas de derecho que tienen los demonios.

Ordenándole al espíritu que cese

Si hay falta de perdón, entonces la persona necesita perdonar. Si usted está en el grueso de la batalla con los demonios y ellos están gritando y resistiéndose, use la siguiente secuencia:

> **Obrero:** Demonio, quiero hablarle a Joan. Te ordeno que ceses. En el nombre de Jesús te ordeno que dejes libre a Joan y que ceses hasta que yo te llame. Yo quiero hablarle a Joan. Joan, ¿estás aquí? Di: "Jesús es el Señor".

Si la persona no puede decir "Jesús es el Señor", quiere decir que los demonios no se han ido. Manténgase ordenándoles que se cesen. Algunas veces ellos resisten, pero si usted persiste, ellos tienen que cesar. En el caso particular de fuertes demonios gobernadores, puede que tome unos minutos para forzarlos que cesen; sin embargo, nunca he tenido un caso donde ellos no lo hagan. Cuando la persona reconoce que Jesús es el Señor, su voz generalmente indica que ha recobrado el control. Instrúyale que perdone a la persona que el Espíritu Santo le mostró a usted. Si él se rehúsa, la sesión termina justo ahí. Si él coopera e inmediatamente perdona en voz alta, usted puede continuar en la batalla.

> **Obrero:** Demonio, oíste. Ella ha perdonado a su amigo. Ella ha roto tu dominio legal. En el nombre de Jesús yo te ordeno que salgas.

Generalmente, en este punto, los demonios saldrán rápidamente. Si no lo hacen, es que hay otro derecho legal en alguna otra parte. Pídale a Dios que se lo revele. Una vez que se ha renunciado el derecho legal, los demonios tienen que salir. No hay excepciones.

Técnicas diferentes

En el Espíritu hay muchas otras armas. Diferentes obreros favorecen diferentes técnicas. Algunos favorecen del fuego del cielo o de los carbones encendidos sobre las cabezas. Algunos favorecen de la espada de Dios, las flechas, las lanzas o las piedras de granizo. Personalmente, yo he tenido gran éxito con la Sangre de Jesús. Los demonios no pueden resistir la sangre.

Cuando se trabaja contra espíritus específicos tales como el leviatán, emplee las armas que le da la Palabra. El leviatán queda vulnerable al partirle la cabeza con la espada del Señor, engancharlo por la nariz, una espina clavada en la quijada y una cuerda alrededor de la lengua. Puesto que el leviatán se describe como una serpiente mordaz y curvada, yo le pido a Dios que enderece al leviatán y lo saque de cualquier lugar profundo en que esté.

Otras armas incluyen pedirle a Dios que envíe Sus avispas a la tierra para buscar a cada demonio. Con frecuencia los demonios comienzan a gritar como si una avispa les hubiese picado. Pídale a Dios que haga brillar Su luz en cada rincón oscuro. A los demonios no les gusta la luz.

Pídale a Dios que haga brillar Su luz en cada rincón oscuro. A los demonios no les gusta la luz.

Algunas veces nos apoyamos en la Palabra que dice: *"Porque donde están dos o tres están congregados en mi nombre, allí estoy yo en medio de ellos"* (Mateo 18:20). Declaramos la Palabra y pedimos a Jesús que esté en medio de nosotros para mostrarle a los demonios a dónde tienen que irse. Luego, decimos: "Demonio, Jesús te mostró a dónde ir. Te ordenamos irte donde Jesús te envió".

Aunque algunas iglesias sostienen que los espíritus salen automáticamente después que usted les ha ordenado salir. Yo difiero en esto. La Biblia dice que tenemos que "luchar". La palabra "luchar" significa pelear cuerpo a cuerpo. Cuando ministramos liberación luchamos para que los demonios salgan con más que una simple oración. Desde luego, Dios es soberano y puede liberar a una persona instantáneamente. Sin embargo, estos casos son raros. La mayoría de las veces, peleamos y luchamos hasta que los demonios salen. Ellos salen con ruidos y manifestaciones físicas, después de argumentar.

Felipe, quien era solamente un diácono, llegó a ser conocido por los milagros que Dios hacía por medio de él.

> *Y la gente, unánime, escuchaba atentamente las cosas que decía Felipe, oyendo y viendo las señales que hacía. Porque de muchos que tenían espíritus inmundos, salían éstos dando grandes voces; y muchos paralíticos y cojos eran sanados.* (Hechos 8:6–7)

Si usted conoce el espíritu maligno

Si usted conoce la identidad de un espíritu en particular, usted debe usar la Palabra de Dios específicamente refiriéndose a ese demonio. Por ejemplo, durante una sesión de liberación, la persona algunas veces se agarra su estómago o vientre, especialmente en el caso de Jezabel. A Jezabel le encanta vivir en los órganos reproductivos de las mujeres. Ella también se oculta en la médula ósea, especialmente en la espina dorsal. Jezabel causa dolores de menstruación, y las mujeres con ese espíritu a menudo abortan y tienen dificultades para concebir. Cuando se echan fuera, la mujer deja de sufrir y los calambres se van. Cuando se echa fuera a Jezabel, generalmente usamos la siguiente secuencia:

> **Obrero:** Jezabel, en el nombre de Jesús, nos levantamos contra ti. Atamos al espíritu gobernador de Jezabel en los cielos. Está escrito en la Palabra de Dios que todo lo que se atare en la tierra será atado en el cielo. Jezabel, yo te ato con cadenas desde el cielo. Porque todo lo que yo desate en la tierra será

desatado en el cielo. Yo te ato, Jezabel, con cadenas desde el cielo. Padre, te pedimos que envíes a tus ángeles guerreros desde los cielos para ayudarnos a echar este espíritu grotesco.

Jezabel, te ordenamos que te sientes en el polvo. Que te veas como una plebeya. No hay trono. Tú no eres reina; tú eres común. Eres mentirosa. No eres virgen; tú eres una ramera. No eres tierna y delicada; tú eres fea, arrugada y vieja bruja (Isaías 47:1). Botamos y destruimos todos los ídolos y todos los sacrificios. Ya no habrá sacrificios.

Te ordenamos que tomes los molinos y muelas los granos. Remueve tu velo, descubre tus cabellos, levanta la falda, desnuda el muslo y cruza los ríos. Exponemos tu desnudez, exponemos tu vergüenza. Venimos en el nombre del Señor de Israel, el Señor de los ejércitos de Jehová.

Secamos tus mares y te provocamos sequías, yo seco tus ríos, tus fuentes. Ya no hay agua. Está seco (Jeremías 50:38; 51:36).

Derribamos tus puertas. El Señor prometió a Sus hijos que iría delante de nosotros, así que las puertas no serán cerradas. Él destruirá las puertas de bronce y cortará los barrotes de hierro (Isaías 45:1, 2). Yo derribo tus pilares. Yo derribo tus paredes. Ninguna piedra quedará sobre la otra.

Escapa a la isla de Quitim, no encontrarás descanso. Estás derrotada. No hay fortaleza en tus mares. Tus mercaderes lloran sobre ti. Tu ciudad está destruida. El humo se levanta hasta el cielo como en

> Sodoma y Gomorra. Estás derrotada. Tus jóvenes están destruidos. Te convertirás en viuda dentro de una hora. Sufrirás la pérdida de los hijos. El Señor dice que Él te echará sobre una cama y arderás con fuego. Yo derramo la sangre de Jesús sobre ti. Ella limpia.

En ocasiones les leo a los espíritus Apocalipsis 18, 20, 21 y 22; a ellos no les gusta, pues se vuelven débiles. Pelee con la Palabra de Dios, la espada del Espíritu. Tanto el Antiguo Testamento como también el Nuevo Testamento es un manual de guerra lleno de armas y estrategias.

La Biblia nos provee una gran variedad de armas espirituales.

A Jezabel le gusta ocultarse en las recámaras más internas del cuerpo y el alma de una persona. Para que la persona pueda ser liberada, usted necesita separarla de su esposo, Acab, y de sus hijos.

> **Obrero:** Yo corto los lazos entre (Alicia) y su esposo y los echo fuera. Yo corto todo los lazos entre (Alicia) y sus hijos y los echo fuera. No habrá más sacrificios de niños.

Durante la liberación, Jezabel generalmente gemirá y gritará. Los espíritus de ocultismo gemirán, pues ella es la reina de las brujas. Ella se tornará violenta y tratará de morder, arañar y dar puñetazos. Átela y ordénele firmemente a la mujer que está siendo liberada que mantenga el control y que se abstenga de violencia. "Párala, Alicia. Mantente en control. Vuelve a la lucha. Vuelve al control de tu mente y cuerpo".

La brujería le roba fragmentos al alma. Después que la liberación ha sido efectuada, pídale a Dios que envíe ángeles a recoger los fragmentos del alma de Alicia, los que le habían sido robados, vivificarlos y ponerlos en orden adecuado con el resto del alma de Alicia.

Luchando contra el leviatán

Existen muchas armas que la Biblia nos ha dado. Cuando luche contra el leviatán, por ejemplo, cite Job 41 e Isaías 27:1–3.

> **Obrero:** Leviatán, yo seco tus mares y tus aguas. Yo te ato en los lugares celestes. Yo pongo espinas en tu quijada, gancho en tu nariz, y cuerda alrededor de tu lengua.
>
> Yo corto los lazos de Jezabel y del control mental. Ya no atormentarás a esta mujer. Tú, serpiente mordaz y curvada, yo te ordeno que te estires y te desenrolles. Estírate. En el nombre de Jesús, sal. Sal de su corazón, serpiente mordaz. (Si la persona agarra su corazón y gime, no se alarme. Continúe ordenándole al espíritu que salga).

La serpiente a menudo se moverá del corazón a la parte baja de la espalda, enrollándose alrededor del espinazo o se manifestará arriba en los hombros y el cuello. La persona se agarrará su cuello o la parte baja de la espalda. Ponga las manos en el área o, si usted es un hombre y el sujeto una mujer, pida que otra mujer ponga las manos sobre las áreas que los hombres no deben tocar. Luego usted puede poner las manos sobre la mano de la mujer. Prosiga.

> **Obrero:** Me ha dado todo poder para hollar serpientes y escorpiones como tú, serpiente horrible, y, sobre todo poder del enemigo y por ningún medio me podrá hacer daño (Lucas 10:19). Te pongo bajo mis pies. (Algunas veces, yo piso con mis pies a medida que digo eso y los espíritus dan quejidos).
>
> Escúchame, serpiente, la Palabra de Dios dice que Él matará al dragón en el mar (Isaías 27:1). Yo quebrantaré las cabezas de los dragones en las aguas, las cabezas del leviatán haré pedazos (Salmos 74:13,14). Sal, en el nombre de Jesús.

Manténgase repitiendo hasta que el enemigo salga. Sus palabras serán como flechas bombardeándolo y el efecto acumulativo lo sacará. En casos difíciles, particularmente, la sesión puede durar una hora o más. Al principio yo luché por varias horas. Sin embargo, ahora mis sesiones no van más allá de treinta minutos. Si la persona por la que se está orando o los obreros están exhaustos, es sabio parar y continuar otro día. Por supuesto, si los obreros están exhaustos, pueden traerse otros obreros.

Si nada ocurre

Recuerde que la liberación siempre funciona. Si no se producen resultados, lo más probable que sea una de dos razones: (1) Satanás tiene un derecho legal en alguna parte; (2) puede que Dios no sea el autor de la enfermedad o la invasión demoníaca, pero Él la permite para que el afligido crezca en Él. Una persona puede rechazar ese crecimiento y nunca recibir sanidad o liberación. Por ejemplo: Dios puede querer limpiarlo a usted de la falta de perdón hacia su padre. Si usted se rehúsa, los espíritus no salen y la sanidad no se efectúa.

Yo recuerdo casos donde cristianos por largo tiempo sufrieron enfermedades que no eran curadas, y, eventualmente les llegó la muerte. Después de que la liberación y las oraciones de sanidad hechas por cantidad de personas y por cada visita pastoral o profeta “fallaron” muchas veces, se descubrió que el cristiano “maduro” estaba viviendo en pecado o por años no le había hablado a su familia por causa de amargura u otra razón. Dios obra todo en conjunto por el bien de aquellos que Lo aman. A menudo, sin embargo, los cristianos no quieren tratar con Él. Muchos cristianos aparecen en el mundo como santos y justos pero, en un escrutinio más detallado, tienen rebelión o falta de perdón en sus corazones o se rehúsan a sacar el pecado oculto.

13 El leviatán

Cuán mortal es el espíritu del orgullo. Si hay una característica que separa a Satanás de Dios, es el orgullo. Cada demonio en el infierno está lleno de orgullo. Adán y Eva desobedecieron por orgullo. La rebelión vino pronto después de eso. Jesús, la imagen del Padre, es diametralmente opuesto. Filipenses 2:8 dice: *"Y estando en la condición de hombre, se humilló a sí mismo, haciéndose obediente hasta la muerte, y muerte de cruz"*. Jesús dijo: *"Estoy entre vosotros como el que sirve"*. Orgullo versus humildad es la diferencia principal entre los dos reinos.

La humildad

Hay muchos pasajes de las Escrituras en los cuales Jesús nos instruye a buscar la humildad (Mateo 18:4; Lucas 14: 11; 18:14; Juan 13:14–17). Los apóstoles también enseñaron a todos los cristianos a ser humildes (1ra Timoteo 1:15–17; 1ra Pedro 5:6).

Proverbios 18:12 señala la diferencia entre orgullo y humildad: *"Antes del quebrantamiento se eleva el corazón del hombre, y antes de la honra es el abatimiento"*. En breves palabras, el orgullo conduce a la destrucción, pero la humildad a la honra. Dios promete derribar la altanería. Isaías 10:33 dice: *"y los altos serán humillados"*. Dios desea y respeta al de humilde corazón.

> *Yo* (Dios) *habito en la altura y la santidad, y con el quebrantado y humilde de espíritu, para hacer vivir el espíritu de los humildes, y para vivificar el corazón de los quebrantados.* (Isaías 57:15)

Hay muchos otros pasajes de las Escrituras que enseñan al pueblo de Dios a ser humildes: 2da Crónicas 7:14; Job 22:29; Salmos 9:12; 10:17; Proverbios 16:19; Mateo 18:4; 23:12; Santiago 4:6; Lucas 14:11; 18:14; Hechos 20:19; 1ra Pedro 5:5.

El orgullo traerá destrucción

Isaías 24:4 habla de la destrucción en los últimos tiempos: *"Se destruyó, cayó la tierra; enfermó, cayó el mundo; enfermaron los altos pueblos de la tierra"*. De nuevo el profeta habla del fin de los tiempos y dice: *"La altivez de los ojos del hombre será abatida, y la soberbia de los hombres será humillada; y Jehová solo será exaltado en aquel día"* (Isaías 2:11). En Isaías 5:15, él dice: *"Y el hombre será humillado, y el varón será abatido, y serán bajados los ojos de los altivos"*.

La *Nueva Versión Internacional* se refiere al leviatán como al *"rey de todos los soberbios"*. Ciertamente los hijos del leviatán son muchos. El leviatán se yergue como uno de los demonios más poderosos y maléficos. Dios algunas veces usa animales tales como serpientes, escorpiones, sapos y machos cabríos para describir a ciertos demonios. Sin embargo, tan terrible es su figura que cuando se refiere al leviatán, ningún animal sobre la tierra puede describirlo. Dios usa una criatura mítica, un dragón, para describir al leviatán.

Igual que a Jezabel, nadie lo ha visto. Pero Dios dice: *"No guardaré silencio sobre sus miembros, ni sobre sus fuerzas y la gracia de su disposición"*. Su ferocidad previene a cualquier hombre de su intento de domarlo. *"¿Quién descubrirá la delantera de su vestidura? ¿Quién se acercará a él con su freno doble? ¿Quién abrirá las puertas de su rostro? Las hileras de sus dientes espantan"* (vs. 13, 14). La respuesta es obvia: Sólo Dios puede hacerlo. ¿Puedo usted domar el orgullo? Ningún hombre puede.

> *La gloria de su* [del leviatán] *vestido son escudos fuertes, cerrados entre sí estrechamente. El uno se junta con el otro, que viento no entra entre ellos. Pegado está el uno con el otro; están trabados entre sí, que no se pueden separar.* (Job 41:15–17)

Algunos escritores de liberación afirman que siendo que la Biblia compara al Espíritu Santo con el aire o el viento, las escamas del leviatán evitan que los cristianos reciban las cosas de Dios, incluyendo los dones del Espíritu Santo y apagan el crecimiento espiritual de los que nacen de nuevo en Cristo. Yo no puedo discutir contra eso.

> *Con sus estornudos enciende lumbre, y sus ojos son como los párpados del alba. De su boca salen hachones de fuego; centellas de fuego proceden. De sus narices sale humo, como de una olla o caldero que hierve.* (Job 41:18–20)

Se dice que el leviatán se sienta en el Lugar Santo, tomando la forma del mobiliario y bloqueando la entrada que conduce al Lugar Santísimo. Él da una falsa paz y sensación de bienestar mediante la falsificación de los dones del Espíritu Santo—falsas revelaciones, profecías, palabras, visiones y sueños. Su "estornudo" (estornudos) y boca toman la forma del candelero de oro con las siete lámparas con *"sus ardientes lámparas y chispas de fuego"*. En nuestro caminar cristiano todo debe ser visto a la luz de Dios. En el Lugar Santo no podemos ver si no es por la luz de las siete lámparas. El leviatán falsifica, dando luz falsa y por consiguiente, falso entendimiento.

El orgullo puede llevar a los cristianos a adherirse a doctrinas favoritas que los llevan a ser indóciles.

El orgullo espiritual lleva a los cristianos a adherirse a doctrinas favoritas y creencias que los lleva a ser indóciles. Ellos "acampan" alrededor de ciertas verdades mientras que Dios quiere que avancen. Ellos se estancan en el entendimiento de la Palabra, viendo solamente a través de la falsa luz del leviatán. Ellos tienen intereses creados en defender sus creencias, denominaciones o iglesias. El leviatán ha cortado la verdadera luz.

El leviatán también toma la forma de la mesa de los panes de la proposición y da una palabra falsa. El orgullo tergiversa la Palabra para así apoyar doctrinas favoritas y bloquea cualquier otra luz de la Palabra. Muchos cristianos aceptan falsificar el pan del cielo. Las escamas del orgullo son tan cerradas que ellas no solamente rehúsan permitir que entre la verdad, ellas no permiten que salga la doctrina falsa o limitada.

A menudo el orgullo da problema a la boca de las personas. Les gusta criticar, juzgar, quejarse, encontrar fallas, ridiculizar y desafiar. Disparos salen de sus bocas. Les encanta argumentar, contender y debatir para mostrar su conocimiento (o ignorancia) de la Palabra. El orgullo puede chismear por medio de la oración: "Señor, por favor ayuda al hermano Alfredo que está golpeando a su esposa e hijos y anda con otras mujeres". El orgullo puede convencer a la gente de que ellos son escogidos para ser apóstoles y profetas porque hace años ellos recibieron una fabulosa profecía, aunque sean inmaduros. Éstos se convierten en altaneros.

El fuego y el humo que sale de las fosas nasales y boca del leviatán es una falsificación del altar del incienso. En vez de oraciones santas y alabanzas de agradecimiento a Dios, ellos hacen oraciones impías y alabanzas que repugnan. El fariseo que decía: "Te doy gracias por no hacerme como ese hombre que está allí" ora por orgullo. El orgullo puede sacar su fea cabeza y mirar alrededor de la iglesia en medio de la oración y adorar. Él puede abrir su boca y hablar palabras de orgullo en medio de la oración intercesora.

El versículo 31 menciona una olla o caldero hirviendo: *"Hace hervir como una olla el mar profundo, y lo vuelve como una olla de ungüento"*. Nosotros comparamos la profundidad del mar con aquella parte del hombre donde mora el hombre interior—la parte más interna del hombre. Con frecuencia el leviatán hace hervir lo profundo como una olla de ungüento. El revuelve tus emociones y voluntad. El orgullo hierve lo que está dentro en lo profundo. Las personas que son poseídas por el leviatán, actúan calma y pacíficamente en la iglesia. Sin embargo, tan pronto como se encaminan a casa el leviatán se pone en acción y luego comienzan a gritar y hervir—gritándole a la esposa y a los niños. Inquietud, somnolencia y desorden en lo interno de alguien a menudo indican la presencia del leviatán.

> *En su cerviz está la fuerza, y delante de él se esparce el desaliento. Las partes más flojas de su carne están endurecidas; están en él firmes, y no se mueven. Su corazón es firme como una piedra, y fuerte como la muela de abajo.* (Job 41:22–24)

El orgullo promueve un falso sentimiento de paz, dándole falsos dones del Espíritu Santo.

A las personas que ceden al espíritu del leviatán se convierten en cuello endurecido. No miran ni a la derecha ni a la izquierda porque tienen su mente en una sola vía. Usted no los puede cambiar. Ellos son como el concreto—todo mezclado y completamente colocados en sus caminos. Sus corazones se tornan duros. Lo *"fuerte como la muela de abajo"* se refiere a la piedra de debajo de los molinos en el cual los antiguos moledores molían los granos. Los molineros forman la piedra de molino de la parte más dura de la roca que se pueda conseguir. Dios le llamó a los hebreos nación obstinada de corazón y dura de cerviz. (Véase Éxodo 32:9 y Ezequiel 3:7). Esta misma descripción se aplica a las personas que tienen el espíritu del leviatán. Daniel 5:20 dice del rey Nabucodonosor: *"Más cuando su corazón se ensoberbeció, y su espíritu se endureció en su orgullo"*.

Las escamas de su carne se unen tan fuertemente que no pueden ser movidas. Si las escamas o anillos en una serpiente no se pueden mover, la misma serpiente no puede moverse. La gente con orgullo no puede moverse y, por consiguiente, es incapaz de crecer. Ellos se aferran a ideas y doctrinas que le previenen del crecimiento personal. Eso sería admitir que ellos están equivocados, y, el orgullo nunca le permite a nadie estar equivocado.

Más que orgullo

El leviatán representa más que un simple orgullo. El orgullo forma las propias bases del pecado. Todos los tipos de desobediencia y rebelión encuentran sus raíces en el orgullo. Jesús, la propia imagen del Padre, mantuvo la humildad. Jesús dice: "Yo soy manso y humilde". Sin humildad, el amor y la sumisión son solo palabras huecas. El orgullo no te deja obedecer a Dios.

El orgullo trabaja de muchas maneras astutas dentro del cuerpo de Cristo. Da un falso sentimiento de paz y bienestar. Usted puede sentir crecimiento, paz y consuelo, pero el leviatán le da dones falsos y falsa adoración. El leviatán enrolla sus anillos alrededor de su corazón y usted siente que todo es maravilloso. Gradualmente, sus oraciones se vuelven secas, muere su adoración y su alabanza escasamente llega al techo del templo. Se le hace difícil recibir la Palabra de Dios y algunas veces usted se pregunta si Dios está enojado y ya no le hablará más. Si usted se encuentra en esa situación, el leviatán puede que esté haciendo su trabajo.

Sobre la Iglesia

El leviatán se deja caer sobre la Iglesia como una sábana que sofoca. Usted escasamente puede respirar por la opresión. Sus anillos de presión cortan al Espíritu Santo. Uno de los trabajos principales del leviatán es detener los ministerios de liberación. Él ahoga y mata la unción. Usted puede orar pidiendo liberación por las personas, pero no sucede nada. Las personas sienten como si no se estuviera ministrando liberación y otros no sienten que ellos necesitan liberación. Hoy en día, el cuerpo de Cristo languidece en un jardín infantil espiritual debido al trabajo del leviatán.

El leviatán les hace pensar a los creyentes que las buenas obras y las riquezas se equiparan a la santidad.

Algunas personas perciben una cubierta sobre la iglesia. Otros experimentan un humo denso que los hace respirar con dificultad. El leviatán falsifica la gloria de Dios. El fruto del Espíritu se marchita. No sólo la liberación, sino la sanidad y otros dones del Espíritu Santo se sofocan y chisporrotean. Si usted se siente soñoliento en el servicio, dificultad para leer la Biblia, hacer sus devociones diarias u orar, ya sea en la iglesia o en lo privado, entonces puede que el leviatán esté haciendo su trabajo.

Manifestaciones

Una babosa

Algunas veces se discierne espiritualmente al leviatán como una babosa negra o un caracol. Él aprisiona a las personas y allí no hay libertad. Usted observa a otros moviéndose en el Espíritu Santo y anhela ser como ellos. Parece que ellos van a cincuenta millas por hora, mientras usted va a cinco y con dificultad.

El leviatán es el que gobierna sobre la iglesia de Loadicea. Él les hace pensar a los creyentes que sus buenas obras y sus riquezas se equiparan a la santidad y el mundo los admira. Ellos están satisfechos porque queda quien reconoce sus buenas obras y riqueza.

Este horrible espíritu también trae el abatimiento, la opresión mental y muchos otros problemas emocionales. Detiene los avivamientos y otras formas de crecimiento espiritual, lo cual es una de sus mayores tareas. Las sesiones de oración pronto pierden el celo y el entusiasmo que tuvieron originalmente antes que el leviatán entrara para hacer su trabajo.

El orgullo trae consigo el espíritu rebelión. "¿Por qué tenemos que escuchar al pastor? Después de todo, él no es mejor que nosotros. No tenemos que someternos a él, más bien él tiene que someterse a nosotros. Sin nosotros él se quedaría sin trabajo". Donde hay orgullo, de seguro que allí también se encontrarán la rebelión, la discordia y la sedición. El orgullo es el que le dice a la gente que Dios quiere que ellos vayan por las diferentes iglesias para corregir a los pastores. Sin embargo, esos mismos individuos nunca se someten a nadie.

Un sacacorchos

El leviatán, la serpiente encorvada, nos recuerda a un sacacorchos. Es difícil halar un clavo torcido o sacar un sacacorchos de algo. De la misma manera, debido a las torceduras del leviatán es difícil de extraerlo. Las Escrituras también lo describen como una serpiente mordaz.

> *En aquel día Jehová castigará con su espada dura, grande y fuerte al leviatán serpiente veloz, y al leviatán serpiente tortuosa; y matará al dragón que está en el mar.* (Isaías 27:1)

Múltiples cabezas

El leviatán tiene muchas cabezas. Él particularmente odia el Salmos 74:13, 14 que dice:

Dividiste el mar con tu poder; quebrantaste cabezas de monstruos en las aguas. Magullaste las cabezas del leviatán, y lo diste por comida a los moradores del desierto.

Él también odia el siguiente pasaje:

En aquel día Jehová castigará con su espada dura, grande y fuerte al leviatán serpiente veloz, y al leviatán serpiente tortuosa; y matará al dragón que está en el mar.

La Biblia dice que él tiene cabezas, pero no dice cuántas. Nosotros hemos encontrado que el leviatán en una persona puede tener diferentes o más cabezas si lo comparamos con el mismo espíritu en otra persona. Por ejemplo: Una persona puede poseer orgullo de su cuerpo, el sexo, el mundo o las riquezas, y, otra persona puede ceder al orgullo espiritual al cantar o profetizar. En el mismo sentido, el número exacto de cabezas parece inmaterial.

Dios puede controlarlo

Es imposible para usted y para mí controlar al leviatán por nosotros mismos en la carne, pero con el Espíritu Santo nosotros podemos echar fuera al leviatán usando Job 41. Los versículos 1 y 2 son pasajes de combate. Dios está diciendo: "Tú no puedes, pero yo sí". En el versículo 11, Él dice: *"¿Quién me ha dado a mí primero, para que yo restituya? Todo lo que hay debajo del cielo es mío"*.

Mientras que Jeremías 50 y 51 se refieren específicamente a Babilonia la Grande. Nótese que la Biblia nombra al orgullo como uno de los asistentes de Babilonia. Como se mencionó anteriormente cuando estudiábamos acerca de Jezabel en Nahum 3:9, la Palabra de Dios dice esto de Babilonia: *"Etiopía era su fortaleza, también Egipto, y eso sin límite; Fut y Libia fueron sus ayudadores"*. Etiopía era un aliado cercano de Egipto. Conocemos esa ciudad como un gran puerto que comerciaba fuertemente en oro, plata y otras riquezas mundiales. La Biblia describe a Egipto como una ciudad conocida por su pompa y orgullo de poder. De hecho, el faraón habló en términos casi idénticos como los del leviatán (Job 41:1–2).

El leviatán acostumbra llegar a la genealogía familiar como una maldición.

> *Habla, y di: Así ha dicho Jehová el Señor: He aquí yo estoy contra ti, Faraón rey de Egipto, el gran dragón que yace en medio de sus ríos, el cual dijo: Mío es el Nilo, pues yo lo hice. Yo, pues, pondré garfios en tus quijadas, y pegaré los peces de tus ríos a tus escamas, y te sacaré de en medio de tus ríos, y todos los peces de tus ríos saldrán pegados a tus escamas.*
>
> (Ezequiel 29:3–4)

Específicamente Dios llama "dragón" al faraón de Egipto. Él también habla de ponerle ganchos en las quijadas del faraón, lo cual es un lenguaje idéntico al que se encuentra en Job 41:1.

Liberación

El leviatán acostumbra llegar a la genealogía familiar como una maldición. Usted necesita romper esa maldición por medio de la sangre del Señor Jesús. Use Gálatas 3:13 y pídale a Dios que rompa las maldiciones desde diez generaciones pasadas de cada lado de la familia.

Como otro hombre fuerte, el leviatán emplea muchos otros espíritus para cubrir áreas específicas. La persona necesita arrepentirse por haber cedido a los espíritus mencionados seguidamente. En el área de liberación en masa, pedimos a las personas que se pongan en pies y que confiesen verbalmente cualquier pecado que los envuelve y pidan perdón mientras nosotros ordenamos a los diferentes espíritus que salgan. A la lista de abajo se le pueden añadir más espíritus, ya que no representa la suma total de los espíritus que el leviatán emplea. Los hijos del orgullo son:

Orgullo del cuerpo	Imprecar	Murmurar
Orgullo del intelecto	Criticar	Arrogancia
Orgullo del poder sexual	Engreimiento	Orgullo espiritual
Orgullo de cosas mundanas	Egoísmo	Falsa humildad
Orgullo de poder	Codicia	Jactancia
Orgullo de dinero	Posesiones	Desafiar
Idolatría/Culto a uno mismo	Presumir	Argüir
Dureza de corazón	Mentira	Contender
Mirada arrogante	Exageración	Disputar
Abogacía/Debate	Inactividad	Interrogación
Imaginaciones vanidosas	Pereza	Engaño
Impaciencia	Holgazanería	Rebelión
Desobediencia	Ociosidad	Destrucción
Impertinencia	Impureza	Tretas
De pasos delicados	Bravucón	Ataduras
Que los otros lo hagan	Irrespeto	Enredo
Juzgar	Ilegalidad	Trampas
Fariseísmo	Despecho	Lazos

Quejas
Desprecio
Denigrar
Chismorrear
Reírse de los demás
Desgracia
Príncipe encantado
Cenicienta
Falsa compasión
Imaginación vívida
Altivez
Rechazar a los demás
Acusar a los demás
Irrespeto a la autoridad
Confrontación
Orgullo de la vida
Orgullo del mundo
Lujuria de la carne
Lujuria de los ojos
Delirio de nobleza
Ignorancia
Indocilidad
Timar
Aspecto superior
Auto seducción
Terquedad
Disensión
Vanidad
Corrupción
Opresión
Blasfemia
Calumnia
Burla
Vergüenza
Ira de orgullo
Celos
Falta de perdón
Superioridad
Embriaguez
Condenación
Sospecha
Reproche
Descrédito
Maldad
Glotonería
Embaucar
Confusión
Odio
Intolerancia
Artimañas
Insensatez
Represalia
Perversión
Equivocación
Prosperidad falsa
Hacer trampa
Maldecir
Hacer fraude
Obras muertas
Falsa profecía
Falsas doctrinas
Infructuoso
Lesión profunda
Envidia
Auto-compasión
Violencia
Depresión
Suicidio
Culpa
Perfección
Injusticia
Fantasía
Ira
Control
Tiranía
Frustración
Artificios
Resentimiento

El arrepentimiento es la clave para cada área de liberación. Sin arrepentimiento no hay perdón. Sin perdón, el pecado continúa. Donde exista el pecado, los demonios poseen el derecho para atormentar. Usted debe atar al leviatán en las regiones celestes como al espíritu gobernador que es, y, debe cortar todos los lazos entre el leviatán y cualquier espíritu en la persona siendo liberada.

Siendo que el leviatán vive en el mar, seque sus aguas. Cite Jeremías 50:38 y Jeremías 51:36: *"Sequedad sobre sus aguas, y se secarán"* y *"secaré su mar, y hará que su corriente quede seca"*. Lucas 10:19 también dice: *"He aquí os doy potestad de hollar serpientes y escorpiones, y sobre toda fuerza del enemigo, y nada os dañará"*. "Yo te pongo bajo mis pies y pisotearé tus cabezas". Yo uso generalmente la siguiente secuencia o un patrón similar:

> En el nombre de Jesús y por el poder de Su sangre, yo te pongo un gancho en tu quijada y un lazo alrededor de tu lengua. Yo atravieso tu quijada con una espina, en el nombre de Jesús.

El leviatán a menudo se manifiesta provocando dolor y rigidez el área del cuello y los hombros de la persona que está siendo liberada. El espíritu de rechazo también hace esto, y no es de extrañar puesto que el espíritu de orgullo juega un papel mayor en el rechazo. La persona se agarrará el cuello y arqueará su espalda. Algunas veces, el espíritu de orgullo se manifiesta ondulando la columna dorsal de la persona. En otras ocasiones él se enrolla alrededor del corazón, haciendo que la persona se agarre el pecho por el dolor. Una vez que el espíritu se manifiesta, usted necesita continuar bombardeándolo con las Escrituras. Siempre que usted se encuentre en guerra espiritual, obedezca al Espíritu Santo.

Si dentro de diez o quince minutos el demonio se niega a salir, es probable que tenga algún derecho legal. La persona debe confesar un área de pecado o falta de perdón y luego arrepentirse. La norma permanece inviolable.

Recuerde, el leviatán posee más de una cabeza. Usted necesita ir tras todas las cabezas. Cada una representa un área grande y profunda de orgullo, algunas veces cubierta con nuestra propia habilidad sagaz para ocultar nuestro engreimiento y desviaciones u otras cosas similares. La falsa humildad cubre al orgullo hasta que las circunstancias correctas sacan al descubierto nuestra verdadera condición. Cualquiera puede actuar con humildad cuando es confrontado por otros con mayor autoridad espiritual, pero esa misma persona despreciará a personas que él considera de bajo nivel. Un pordiosero de la calle puede inclinarse ante un hombre de negocios que pasa en su Cadillac, pero dará puntapiés a su compañero pordiosero.

Por fe, habiendo atado en las regiones celestes, al leviatán, y, habiendo cortado todos sus lazos, tome autoridad sobre cada espíritu individual del leviatán (de los enumerados anteriormente). A medida que el Espíritu Santo lo dirija, vaya tras cada espíritu individual que forma parte de los hijos del orgullo.

Sin arrepentimiento no hay perdón. Sin perdón, el pecado continúa. Donde exista el pecado, los demonios poseen el derecho para atormentar.

Recuerde, el orgullo representa el fundamento para todo pecado. Nuestra batalla contra el orgullo es de por vida. Éste evita que los cristianos entren a lo más profundo del reino del Espíritu Santo. El orgullo nos engaña haciéndonos pensar que somos siervos útiles de Dios porque tenemos ahínco, entusiasmo, obras y todas las características de un buen siervo de Dios. Sin embargo, todo el tiempo estamos haciendo cosas para nosotros mismos, para parecer buenos antes los ojos de los demás. Puede tengamos un deseo de reconocimiento o por la simple razón de que tales acciones son parte de nuestra religión y doctrina. Yo, yo y lo mío son la motivación para nuestras acciones. Si lo que usted hace tiene una base que no sea su amor por Dios o por su prójimo, existen las posibilidades de que usted esté empapado en orgullo.

14 El espíritu del Anticristo

El Anticristo es un poder mundial así también como un espíritu gobernador. Se encuentra dentro y fuera de la iglesia. Es el poder que se opone al reino de Dios. El prefijo "anti" implica algo que va en contra de o que se opone a algo [o alguien]. Él ha estado merodeando por largo tiempo, quizás desde el Huerto del Edén. Es el espíritu de una religión que honra la carne, parte del sistema babilónico que cubre la tierra hoy.

Habrá un individuo llamado el Anticristo que personificará todo lo que es contra Cristo. En los tiempos del fin, este malévolo poder alcanzará su máxima actividad y maldad.

El espíritu del mundo

El espíritu del Anticristo es del mundo y habla cosas del mundo. Las personas que ceden a ese espíritu responden al mundo, conocen el mundo, aprueban lo del mundo, profundizan en el mundo, aprecian las cosas del mundo y el mundo les responde a ellos. Ellos aman el mundo y el mundo les ama y los escucha. Así como el mundo ama a los incrédulos también odia, con la misma intensidad, a los seguidores de Jesucristo.

Jesús dijo que *"... y el mundo los aborreció, porque no son del mundo, como tampoco yo soy del mundo"* (Juan 17:14).

La política, el gobierno, los negocios, la banca, los militares, la música, los deportes, la medicina, la ley, el entretenimiento, el cine, la TV, la educación, la religión y muchas actividades son del Anticristo en naturaleza. Todo lo que está en el mundo y se opone a Dios, le pertenece al Anticristo. Todo aquello que se levanta en el mundo que niega al Padre y al Hijo, es del Anticristo. Muchos cristianos realmente nunca dejaron el mundo y salen de la iglesia para regresar a las cosas mundanas. Es así como se sabe que ellos no son verdaderos cristianos. Ellos sirven al espíritu del Anticristo y al *mammón* [palabra griega que significa riquezas, generalmente mal habidas].

Satanás ha moldeado este mundo de manera que su atracción afecte a todos los cristianos.

En cualquier momento que toca el mundo, usted toca el reino de Satanás. El reino de Cristo no es de este mundo. Las iglesias son las playas del reino de Cristo, que habitan en el reino de Satanás, como extranjeros en tierra extraña. Nosotros vivimos en los dominios de Satanás, pero permanecemos separados y distintos. Salimos del mundo y entramos al reino de Dios. Satanás odia a los cristianos porque ellos se levantan como faros en medio de su oscuro dominio. A Satanás le gustaría que nosotros cayéramos en las lujurias de este mundo, el sistema sustituto que se opone a la soberanía de Dios.

Satanás pone muchas trampas para engañarnos con las preocupaciones de este mundo por medio de las espinas y cardos de las deudas, la avaricia, el poder, las posesiones materiales, las lujurias, las relaciones rotas, el dinero, las ambiciones mundanas y la lujuria sexual. Él controla este mundo de manera que afecte a todos los cristianos.

En Colosenses 4:14, Pablo escribe: *"Os saluda Lucas el médico amado y Demas"*. En Filemón 24, una vez más Pablo menciona a Demas como parte de sus *"colaboradores"*. En 2da Timoteo 4:10, Pablo hace este triste reporte: *"Porque Demas me ha desamparado, amando este mundo, y se ha ido a Tesalónica"*. Como usted puede ver, las incitaciones de este mundo engañaron y convencieron a Demas para que saliera del ministerio y quizás de la fe. El espíritu del Anticristo continúa engañando a muchos cristianos para que regresen al mundo, aun algunos que han visto el poder de Dios y trabajaron fielmente por años.

Ciudadanos en tierra extranjera

Vivimos en el mundo y debemos utilizarlo pero no debemos ser engañados por él. Jesús cuando vino al mundo comió y bebió. Él usó las cosas del mundo, pero Él nunca fue engañado por ello. Nosotros vivimos por el Espíritu y podemos tomar o dejar el mundo. Poseemos cosas, pero cuando las cosas comienzan a poseernos, es ahí cuando el espíritu del Anticristo nos controla. Tocamos el mundo, pero nosotros mismos aprendemos a separarnos. Permanecemos como ciudadanos en tierra extranjera. Pablo dijo:

Pero esto digo, hermanos: que el tiempo es corto; resta, pues, que los que tienen esposa sean como si no la tuviesen; y los que lloran, como si no llorasen; y los que se alegran, como si no se alegrasen; y los que compran, como si no poseyesen; y los que disfrutan de este mundo, como si no lo disfrutasen; porque la apariencia de este mundo se pasa. (1ra Corintios 7:29–31)

Lo que dice Pablo es que podemos tener esposas, pero que no debemos favorecer a las esposas por sobre las cosas de Dios; tampoco debemos favorecer las cosas del mundo por sobre las cosas del Espíritu. Obedecemos a Dios antes que a nuestras esposas y hacemos las cosas de Dios, no las cosas del mundo sólo por complacer a nuestras esposas. El amor por nuestras esposas es secundario a nuestro amor por Dios.

Lloramos y sin embargo, lo podemos dejar pasar porque ponemos las cosas de Dios sobre las posesiones y riquezas mundanas. Si perdemos las posesiones y riquezas no lloramos, aunque el resto del mundo lloraría por la pérdida. Nos gozamos con los ingresos, y, sin embargo, no nos gozamos. Sabemos que las cosas del mundo son transitorias y sin valor en el Reino de los cielos. Podemos llorar y gozar como el resto del mundo, pero no nos afecta del todo porque nuestro gozo descansa en el Señor, no en las cosas del mundo. Parecemos ciudadanos del mundo y podemos reír y llorar, pero en realidad, venimos de otro reino. Vivimos en el mundo y sin embargo, vivimos fuera del mundo. (Léase el maravilloso libro de Watchman Nee, intitulado *Love Not the World* (No Améis el Mundo).

Debemos ser conscientes no solamente del mundo físico, sino del poder demoníaco que está detrás de él. Detrás de cada cosa en el mundo que no es de Dios se esconde un poder demoníaco—el espíritu del Anticristo. Cada vez que nosotros tocamos las cosas del mundo, tocamos el poder demoníaco detrás del mundo. Necesitamos ser muy cuidadosos cuando tocamos las cosas del mundo. Ellas pueden ser tretas de Satanás, las trampas del cazador (Salmos 91:3).

Cada vez que usted ve deportes o comerciales promocionando productos de varias ayudas de belleza y esfuerzo personal, usted toca parte del reino demoníaco que controla al mundo. Cada vez que usted ve anuncios de sexo, concursos de belleza o programas de excitación sexual, usted está tocando el poder demoníaco del mundo. Cada vez que usted se involucra en algún asunto de negocios, actividad política o alguna organización fuera de la iglesia, usted está tocando el reino demoníaco—el espíritu del Anticristo.

Detrás de cada cosa en el mundo que no es de Dios se esconde un poder demoníaco.

Las actividades del mundo no honran o promueven el reino de Dios. Casi todo fuera de la iglesia promueve la llegada del Anticristo. Las industrias de entretenimiento, la banca, los militares, la medicina, la ley, el comercio, los deportes, los negocios y aun las religiones (incluidas las iglesias pseudocristianas), promueven y preparan el terreno para la venida del Anticristo. Las actividades del mundo se dirigen inexorablemente al Anticristo y los tiempos finales. Podemos observar palpablemente la oposición a Cristo en cada una de estas áreas y todas las otras áreas de la vida que no son de Dios.

Por ejemplo: la industria del entretenimiento impulsa el sexo, la violencia y la rebelión. Promueve películas y música satánicas. Aun los muñequitos cómicos de los niños impulsan ideas demoníacas. Sutilmente, pero segura, la industria bancaria, contribuye a establecer un sistema en un mundo económico configurado en una sociedad sin efectivo, tarjetas de débito (tarjetas de crédito) y el sello de la bestia. El mismo abastecimiento militar global se dirige a un conflicto y destrucción mundial, lo cual, en los últimos tiempos, jugará un mayor papel suprimiendo y persiguiendo a los cristianos. La medicina promueve el aborto y la idea de que sólo las leyes de la naturaleza y la evolución existen, pero Dios no. La profesión legal con sus mundanalidades, la codicia y el anhelo de poder representan la impiedad. El gobierno inexorablemente crea leyes que aleja de Dios a la nación. Se prohíbe orar en las escuelas, pero se permite la meditación y la visualización bajo el pretexto del auto-mejoramiento. El sistema educacional enseña la brujería y la impiedad. El comercio y los negocios motivan a la codicia, al control mundial y a la ganancia personal. Ellos aceptan cualquier producto mientras sea para ganar dinero, incluyendo la pornografía, el licor y las drogas. El terreno político aprueba la codicia por el poder, el dinero, la fama y un gobierno mundial único. La perversidad satura cada segmento de la sociedad, estableciendo la plataforma para el Anticristo. Ni la humanidad ni el mundo ha cambiado una pizca en los siglos pasados. El hombre solamente ha inventado más métodos ingeniosos de cometer pecado.

Babilonia la Grande

El mundo entero forma parte de la religión babilónica y el sistema creado por Satanás en oposición a Dios. Todo lo que existe en el mundo, que no es de Dios, cae bajo el control e influencia maléfica de Babilonia, el imperio de Satanás. Usted no puede caminar entre los dos. No puede servir a Dios y al *mammón*. *"Salid de ella, pueblo mío, para que no seáis partícipe de sus pecados, ni recibáis parte de sus plagas"* (Apocalipsis 18:4).

Muchos escritores cristianos expresan que la bestia que sale del mar en Apocalipsis 13:1 representa al Anticristo. El versículo 7 dice: *"Y se le permitió hacer guerra contra los santos, y vencerlos. También se le dio autoridad sobre toda tribu, pueblo, lengua y nación"*. Mientras nos ocupamos de buscar a un individuo como Anticristo, los espíritus del Anticristo ya funcionan en nuestras iglesias para vencer a los santos. Muchos continúan fornicando en Babilonia.

Cada pequeña abertura puede dar lugar a que Satanás entre en su vida.

Los cristianos necesitan ser muy cuidadosos cuando transitan por este mundo. Trampas ocultas por todas partes aguardan para engañarnos. He oído a muchos cristianos decir que la razón por la que ellos se involucraron en promociones y transacciones comerciales cuestionables es porque Dios quiere que ellos tengan un ministerio de ofrendar. En el noventa por ciento de los casos, eso es pura tontería. La mayoría de estas transacciones resultan en fracasos de todo tipo y así los cristianos parecen siempre estar con problemas financieros. Si Dios quiere darle a usted un ministerio de ofrendar, Él proveerá el éxito que generen los fondos mientras usted mantiene intacta su integridad.

Muchos cristianos se sumergen en las aguas del mundo por medio del sexo. Ellos se comprometen con el mundo y se gozan con los frutos de Babilonia. Ellos entran a los teatros de pornografía y leen revistas sugestivas a la vez que proclaman su libertad en el Espíritu Santo y su habilidad para controlar sus deseos. Tarde o temprano ellos caen completamente dentro del pecado sexual.

Usted no puede saltar la cerca. Tarde o temprano se inclinará al lado del mundo. Usted debe salir de Babilonia, de sus cosas que le atraen y atrapan. Incluso una pequeña abertura puede dar lugar a que Satanás entre en su vida. Por otro lado, salir de Babilonia no quiere decir que usted debe convertirse en "Amish" o en un recluso. Camine más cerca de Dios y abandone las cosas del mundo que lo atraen.

El Anticristo algo completamente diferente a Jesús, es un poder mundial espiritual y un sistema que atrapa. El espíritu del Anticristo es un Egipto verdadero que lo absorbe para que regrese al pecado. ¿Cuán a menudo los hebreos querían regresar a la cautividad y esclavitud después que Dios los sacó de Egipto? A veces la carne hace que la cautividad sea atractiva.

Los espíritus del Anticristo se manifiestan hoy en las vidas de los cristianos que continúan codiciando las cosas del mundo. Ellos no pueden dejar de fumar o tomar. Ellos todavía quieren sus carros, ropas y comidas caras. El mensaje de la prosperidad es un fruto del espíritu del Anticristo. Él crea la codicia y el orgullo. Un cristiano reincidente puede ser víctima del espíritu del Anticristo. Dios quiere que Su pueblo prospere, pero no a la manera del mundo. David y Salomón prosperaron y luego cayeron en pecado por causa de las cosas mundanas.

Un sistema de mentiras

En la iglesia, el espíritu se manifiesta por medio del constante engaño y distorsión de la doctrina. Los espíritus de seducción atraen a grupos para seguir a líderes que parecen carismáticos y naturales. Este espíritu trabaja para tergiversar el verdadero Evangelio del reino en una religión mundana de prosperidad y buenas obras. Las iglesias bajo la influencia de este espíritu aman las ceremonias, los rituales y las buenas obras. Usted puede encontrar cantidad de buenas obras, pero poco crecimiento espiritual y entendimiento. Ellos no creen en las lenguas, la obra o dones del Espíritu Santo, milagros o cosas sobrenaturales. Ellos basan su religión en la lógica y algunas veces en la ciencia. El espíritu del Anticristo trabaja con las cosas del mundo e intentará flexionar la Palabra de Dios para que se ajuste al mundo y la carne. Por eso es que Pablo, en el capítulo ocho, les habló llanamente a los romanos acerca del caminar en el espíritu. La carne desea las cosas del mundo; el espíritu desea las cosas de Dios. *"Porque todos los que son guiados por el Espíritu de Dios, éstos son hijos de Dios"* (Romanos 8:14).

La Biblia menciona por nombre al espíritu del Anticristo solamente en cuatro versículos:

> *Hijitos, ya es el último tiempo; y según vosotros oísteis que el anticristo viene, así ahora han surgido muchos anticristos; por esto conocemos que es el último tiempo. Salieron de nosotros, pero no eran de nosotros; porque si hubiesen sido de nosotros, habrían permanecido con nosotros; pero salieron para que se manifestase que no todos son de nosotros.*
>
> (1ra Juan 2:18,19)
>
> *¿Quién es el mentiroso, sino el que niega que Jesús es el Cristo? Este es anticristo, el que niega al Padre y al Hijo.* (1ra Juan 2:22)

Y todo espíritu que no confiesa que Jesucristo ha venido en carne, no es de Dios, y este es el espíritu del anticristo, el cual vosotros habéis oído que viene, y que ahora ya está en el mundo. (1ra Juan 4:3)

Porque muchos engañadores han salido por el mundo, que no confiesan que Jesucristo ha venido en carne. Quien esto hace es el engañador y el anticristo.
(2da Juan 7)

Juan hace cantidad de declaraciones interesantes. El versículo dieciocho del capítulo dos indica que a medida que el fin de los tiempos se acerca, el espíritu del Anticristo se hace poderoso y numeroso. Opera desde la iglesia, haciendo que la gente se salga para comenzar su propia secta o denominación, o simplemente para que se alejen. Siendo que en la actualidad existen más de 261 denominaciones protestantes en Estados Unidos, los frutos son obvios. La máxima actividad del Anticristo resultará en la caída mencionada en la Biblia,

Nadie os engañe en ninguna manera; porque no vendrá sin que antes venga la apostasía, y se manifieste el hombre de pecado, el hijo de perdición.
(2da Tesalonicenses. 2:3)

La mayoría de los obreros de liberación se encuentran limitadas veces con este espíritu y conocen muy poco acerca de él. El apóstol Juan menciona este espíritu como la primera bestia en el libro de Apocalipsis capítulo trece. Aparentemente habrá un Anticristo que aparecerá como un hombre o bestia. Pero hay también muchos espíritus del Anticristo ya en función en el mundo para establecer la plataforma para la venida del propio Anticristo. Como un espíritu de los últimos días, el Anticristo aumenta su poder con el tiempo.

Por siglos hemos observado una constante caída de cristianos, aun desde el principio en el tiempo del apóstol Pablo. Sin embargo, en los tiempos finales, tendrá lugar una caída masiva. Muchos cristianos regresarán al mundo o serán atrapados con falsas enseñanzas.

La apertura al espíritu del Anticristo es el ego (el *yo*).

El prefijo "anti" significa "en vez de", y, por consiguiente, podemos ver que el espíritu del Anticristo trae un "cristo" diferente del que encontramos en la Palabra de Dios. Es un engaño que crea a un falso Jesús. No necesitamos mirar tan lejos para encontrar a un Jesús "diferente". Los Testigos de Jehová pretenden que Jesús fue creado por Dios, negándole así Su deidad y Su función en la Deidad (1ra Juan 2:22). Los mormones dicen que Jesús es hermano de Satanás. Otros pretenden que Jesús es un filipino que vivió secretamente en Manila. Algunos pretenden que Él es coreano con el nombre de Luna. La Nueva Era dice que Jesús es un gran maestro, un avatar, como un gurú iluminado y de la antigüedad. Los de la Nueva Era, los hindúes y budistas dicen que todos nosotros somos cristos y que tenemos la luz de Cristo en nosotros.

Los de la Nueva Era también afirman que el fin del mundo lo revelarán siete grandes maestros, incluyendo a Jesús, pero que Jesús es solamente uno de los siete. Ellos dicen que Kathumi, la reencarnación de San Francisco de Asís, es el más alto de los maestros. Los otros incluyen a un maestro tibetano, un budista, un gurú hindú, un exorcista nativo (indio) y a un chamán. ¿Cuál es el Jesús que se sienta en el trono de su corazón?

La puerta para el Anticristo

La apertura al espíritu del Anticristo es el *ego* (el *yo*). Rees Howells dijo una vez: "El problema no es el pecado, es el *yo*" (Grubb 40). El *yo* en las iglesias representa la rebelión contra la autoridad, representa el orgullo, la terquedad y la falta de sujeción. El deseo del *yo* sobre el trono lo llevará de regreso al mundo.

Liberación del Anticristo

El arrepentimiento y un genuino deseo de servir a Dios establecen las condiciones necesarias para recibir la liberación del espíritu del Anticristo. Este espíritu trabaja en conjunto con otros espíritus gobernadores tales como Jezabel, el orgullo y el control mental. Usted necesita atar a estos hombres fuertes y cortar las cuerdas entre los espíritus gobernadores, las regiones celestes y las personad.

El Anticristo sale del mar y seca sus aguas. Proceda a echarlo fuera usando las mismas técnicas utilizadas con los otros espíritus. Permita que el Espíritu Santo le guíe. El Anticristo trabaja con los siguientes espíritus:

Avaricia
Codicia
Juegos
Deseo por riqueza, poder, reconocimiento sexual y fama
Inmoderación en el entretenimiento, el alcohol, las drogas, el sexo y el alimento
Apetitos carnales
Idolatría
Orgullo
Gloria propia
Desorden
Falta de respeto
Mundanalidad
Brujería
Falsas doctrinas
Religiones extrañas
Blasfemia
Desobediencia
Rebelión
Incredulidad
Duda
Vanidad
Razonamiento
Lógica
Ciencia
Desconfianza

15 El espíritu del control mental

Satanás quiere controlar las mentes de todos los habitantes del mundo para forzarlos a que le adoren. Dios, por otro lado, nos da libertad para amar y servirle a Él.

Como lo señala Ezequiel 13:18–21, la brujería roba las almas de los hombres y mujeres. El alma contiene el intelecto, las emociones y la voluntad. Recuerdo una historia donde policías invadieron el hogar de una bruja. Ellos encontraron cientos de jarras vacías, cada una conteniendo una etiqueta con el nombre de alguien. Un oficial con conocimiento reconoció que aquellas jarras contenían las almas de muchos individuos que habían sido "hechizados" por el concilio de las brujas.

Una persona que está bajo el poder del espíritu de brujería del control mental se encuentra sujeta a impulsos y pensamientos irrefrenables. Inesperadamente surgen ciertas emociones y sentimientos. El desánimo y el cambio de humor marcan su personalidad. Los recuerdos del pasado lo rondan y ciertas adicciones aumentan, incluyendo drogas, alcohol y masturbación. Ésta persona se siente compelida a hacer ciertas cosas o a actuar de cierta manera. A menudo, la ira y la amargura emergen inesperadamente y se desvanecen tan rápido como surgen.

Engaño

El arma más poderosa de Satanás es el engaño. Segunda de Tesalonicenses 2:3, dice: *"Nadie os engañe en ninguna manera; porque no vendrá sin que antes venga la apostasía, y se manifieste el hombre de pecado, el hijo de perdición"*. En los tiempos finales muchos santos se apartarán de la fe a cause del engaño. El mismo Jesús advierte del engaño (Mateo 24:12, 24). Apocalipsis 13:14 dice que la bestia de Satanás engañará al mundo entero (excepto los maduros en Dios) para que los adoren.

El arma más ponderosa de Satanás es el engaño.

Las personas engañadas no se dan cuenta que son engañadas. Ellas aceptan la mentira como verdad. Ellos creen absolutamente en las mentiras con que el enemigo las ha alimentado. Sus mentes están dispuestas y controladas por Satanás, el padre de la mentira (Juan 8:44).

Sembrando mentiras

Una vez que usted cree en la mentira, usted queda atrapado. Hay muchas maneras para introducir la mentira en su mente, la mayoría de ellas son tan astutas e insidiosas que usted nunca es consciente de ellas. No se engañe: ellas asedian su mente.

Satanás no necesita poner a todo el mundo en éxtasis antes de que él pueda poner sugestiones en la mente. Todo lo que él necesita es una oportunidad y justamente en eso todos nosotros somos susceptibles. La oportunidad llega generalmente cuando un accidente traumático tiene lugar, tales como accidentes físicos, pérdidas personales y a veces de extrema vergüenza, temor, tensión o rechazo. Puede suceder cuando una simple sugerencia o mentira se acepta en ese momento.

Veamos tres ejemplos de experiencias de la vida real:

Caso uno:

Bertha terminó con su novio. La semana anterior, su novio le informó que él estaba enamorado de ella. De repente, Bertha no podía soportar la presencia del joven. Ella le dijo a él que lo odiaba y no quería verlo más. El novio quedó totalmente perplejo. Bertha era infeliz. A mis persistentes preguntas, Bertha recordó que a la edad de diez años, ella estaba sentada en su dormitorio con su hermana de nueve años. Bertha desconocía que su hermana padecía de leucemia, y que por consiguiente, sólo le quedaban unos pocos meses de vida. Sus padres no se lo habían dicho porque creyeron que era muy joven. Los padres naturalmente consentían mucho a la hermana de Bertha. En el dormitorio, Bertha le dijo a su hermana que la odiaba y que deseaba que se muriera. Dos meses más tarde, la hermana murió.

Bertha había tomado la decisión de que nunca permitiría que alguien se le acercara para que no se enteraran del terrible secreto de que ella era una asesina. Ella creyó que no merecía ser feliz y temía que alguien que estuviera cerca de ella muriera. Satanás había venido a su vida con una mentira y Bertha estuvo de acuerdo con esa mentira y la aceptó como verdad.

Tiempo después ella se enteró de la verdad acerca de la leucemia, pero fue demasiado tarde. Ella ya estaba de acuerdo con la cruel mentira de Satanás. Inconscientemente, Bertha vivió su vida de acuerdo con dicha mentira. En pocos años ella había roto relaciones con siete diferentes novios. Bertha era una hermosa pelirroja de ojos verdes a quien los hombres encontraban muy atractiva; sin embargo, ella tenía una fobia.

Nosotros renunciamos a la mentira y le pedimos a Jesús que sanara sus recuerdos. La vida de Bertha cambió.

Caso dos:

Dan era sordo como la piedra. Él había usado un aparato para oír desde la edad de quince años. La sordera le comenzó alrededor de los doce años. Durante una acalorada discusión por su problema, él de repente recordó un incidente cuando sus padres se gritaban mutuamente. Él claramente recordó que el padre le gritaba a la madre: "Tú eres una prostituta, tú eres una prostituta". Dan se cubrió los oídos y se dijo para sí: "No quiero oír eso, no quiero oír eso". Poco tiempo después de eso, Dan comenzó a experimentar sordera. Él nunca relacionó la sordera al incidente y lo olvidó, hasta que tenía cincuenta y cinco años de edad. Dan renunció a la sugestión.

Exactamente una semana más tarde, Dan regresó. Él ahora no usaba el aparato para oír, ya puede oír perfectamente.

Caso tres:

Janice casi había concluido el proceso de un mal divorcio. Ella odiaba a su esposo, quien se había fugado con una mujer que se encontró en su equipo de boliche. Janice negaba cualquier responsabilidad en esto. Sin embargo, durante una discusión sobre el caso, recordó algo cuando estaba en cuarto grado. Ella hizo toda la tarea en la escuela, y, al llegar a casa su vecina y mejor amiga, lo copió. Al final del año escolar, la mejor amiga ganó el premio por tener la tarea más nítida. En la escuela superior, otra mejor amiga le robó a su novio.

Le pregunté a Janice qué conclusión sacaba de todo eso. Janice replicó: "Nada, todo lo que sé es que no se puede confiar en nadie que se acerque a uno". Janice se quebrantó y lloró en voz alta.

Janice recordaba que cuando se casaron su esposo era siempre amable, pero él quería estar cerca de ella mucho tiempo, lo que a ella no le gustaba. Él se quejaba de que siempre que él trataba de acercársele, ella se volvía fría. Un día, Janice estaba cansada de que su esposo estuviera tan cerca (a él le gustaba estar en casa arreglando cosas y viendo televisión) así que ella le sugirió que se anotara en algo, como en un equipo de boliche. Su esposo encontró una amante en el equipo de boliche. Por supuesto, que la amiga no podía imaginarse por qué Janice botó a tan dulce hombre.

Muchos cristianos no pueden lograr su liberación porque ellos están de acuerdo con las mentiras de Satanás.

Las decisiones negativas y falsas pueden lograr que las personas no reciban salvación, crecimiento en el Señor o muchas cosas que Dios ha puesto ante ellos. Muchos cristianos quieren liberación o sanidad y no pueden lograrlo porque subconscientemente ellos están de acuerdo con alguna de las mentiras de

Satanás. Los demonios no saldrán si usted quiere que ellos se queden. Si usted cree que es bueno enojarse para que los demás no lo manejen a usted a su antojo, el demonio de ira no saldrá.

Curando los recuerdos

La sanidad interior y la sanidad de los recuerdos incluyen desenmascarar las mentiras y romper los acuerdos con dichas mentiras. No obstante, la mayoría de los consejeros fallan en reconocer las mentiras del enemigo y se concentran más en los efectos de la mentira. Sin embargo, fallar en extirpar la mentira, mantiene la puerta abierta para un futuro control mental. Si solamente corta las hojas y las ramas, dejando las raíces intactas, el árbol crecerá de nuevo.

Usted necesita hacer que la persona reconozca y admita la mentira en que ella convino cuando ocurrió el accidente traumático. Una vez que ella comprenda lo que es la mentira, ella necesitará emplear la Palabra de Verdad para borrar completamente dicha mentira. Las mentiras son bien poderosas, pero la verdad lo dejará libre (Juan 8:32). Raras veces nosotros nos damos cuenta cuánto de nuestras mentes Satanás ha puesto en esclavitud con sus horribles mentiras. Santiago 1:21 dice: "*...recibid con mansedumbre la palabra implantada, la cual puede salvar vuestras almas*".

Recomiendo la siguiente secuencia o algo similar a ello:

Obrero: Bertha, ¿reconoces que el diablo te dijo una mentira y que tú no eres una asesina?

Bertha, Sí.

Obrero: Permíteme dirigirte en una oración.

Bertha: Renuncio a la mentira de Satanás. No soy una asesina, soy amada por Dios. La Biblia dice que nada me puede separar del amor de Dios. Jesús me conoció por nombre desde antes de la fundación del mundo.

Jesús dijo que Él nunca me dejaría ni me desampararía. Él me ama, y, soy digna de ser amada y amar recíprocamente. Jesús dijo que Él estaría siempre conmigo. Yo le amo y me perdono a mí misma por haber creído a mentira del diablo.

Hipnotismo

Otra área del control mental involucra el hipnotismo. El hipnotismo abre la mente al control demoníaco. Hay muchos métodos que se emplean para establecer el control hipnótico. Algunos emplean dispositivos, algunos emplean el canto y otro usan las drogas, pero el resultado es el mismo—abrir la puerta para la invasión demoníaca por medio de la sugestión. Naciones enteras han sido hipnotizadas en masa. La Alemania nazi es un buen ejemplo. En los tiempos finales Satanás hipnotizará en masa a naciones y poblaciones enteras y los convencerá para que maten a todos los cristianos. No hay duda, el control mental es un poder mundial.

Un calamar gigante

El espíritu del control mental a menudo se ve como un calamar gigante, con diez tentáculos que se mete en los cerebros o cubre las cabezas (Worley 20–22). Algunas veces se le ve como un cilindro marrón o bandas marrón oscuro que cubren su cuerpo o cabeza.

Una noche, después de orar sobre el espíritu del control mental, Dios me dio la siguiente revelación:

Yo me encontraba flotando a pocos cientos de pies por encima del claro de un parque. Vi un área gramosa rodeada por árboles. En el centro del claro, alguien sostenía un manojo de balones de varios colores. En la segunda escena, yo veía a un hombre con una banda ancha marrón oscuro alrededor de su cabeza y de su cuerpo. Las bandas parecían casi de color negro y tenían apariencia de bandas de metal que juntas sostenían barriles de madera. De repente, alguien cortó o rompió las bandas y éstas cayeron. El hombre sonrió. Inmediatamente yo me encontré por encima del parque de nuevo. Luego veía los balones flotando libremente más allá de donde yo estaba. Parecía como si la persona que sostenía los balones los había dejado ir. Ellos flotaban en el cielo.

Justamente al siguiente día, me senté en la iglesia discutiendo el espíritu del control mental. El asistente del pastor compartía que él había recibido una visión la noche anterior en la que él se encontrada atado con bandas marrón oscuro alrededor de su cabeza y cuerpo. Esa noche fuimos tras al espíritu de control mental y una cantidad de personas recibieron liberación de ese espíritu.

El temor puede abrir la puerta al control mental. Éste colorea la manera en que usted piensa.

En Job 38:31 Dios dice: *"¿Podrás tú atar los lazos de las Pléyades, o desatarás las ligaduras de Orión?"* El espíritu de Orión está en la familia de los espíritus del orgullo. En la astronomía, siete estrellas constituyen la constelación de Orión. La leyenda griega le llama a Orión "el poderoso cazador". Él se levanta con un tronco en una mano y una piel de león en su cintura. Él se enfrenta a Tauro, el toro del espacio. De acuerdo con la leyenda griega, Diana, su amante, lo mató accidentalmente cuando el hermano de Diana, quien odiaba a Orión, retaba a Diana a que lanzara una flecha y le diera a un objeto que flotaba en el lago. El objeto flotante resultó ser la cabeza de Orión, la cual Diana no reconoció. Su flecha lo alcanzó y lo mató. Arrepentida Diana, colocó a Orión en los cielos donde él adquirió inmortalidad.

Abridores de puertas

Hay diferentes cosas que pueden abrir la puerta del espíritu del control mental. El temor es una de ellos. El temor colorea la manera en que usted piensa. Todo en la mente está inclinado a alcanzar un resultado pre-arreglado por el temor. Un buen ejemplo de esto es la nación hebrea cuando salió de Egipto. No importa cuantos milagros vio el pueblo que Dios hizo, ellos no se podían desprender el espíritu de temor. El temor les hizo olvidar lo que Dios les había mostrado y desobedecieron. Cuando los doce espías fueron enviados por Josué a espiar la tierra de Canaán, ellos vieron cosas maravillosas, pero también vieron gigantes. Todos ellos se enfocaron en lo que eran los gigantes, por lo que olvidaron lo de la leche y la miel. Esa noche ellos gritaron y lloraron. El espíritu de temor había venido sobre sus mentes.

Solamente dos hombres no se asustaron—Caleb y Josué (Números 14:6). En el versículo veinticuatro, Dios dijo: "*Pero mi siervo Caleb, por cuanto hubo en él otro espíritu, y decidió ir en pos de mí, yo le meteré en la tierra donde entró, y su descendencia la tendrá en posesión*". El espíritu de temor no estaba en Caleb, por lo que Caleb era de una mente diferente.

Satanás algunas veces usa el deseo e incluso las buenas intenciones. En Génesis 3:5, la serpiente le mintió a Eva y le pintó un maravilloso cuadro de cómo ella podía ser como un dios, conociendo el bien y el mal. Esto sonaba tan bueno que cambió la visión de ella. El versículo seis dice:

> *Y vio la mujer que el árbol era bueno para comer, y que era agradable a los ojos, y árbol codiciable para alcanzar la sabiduría; y tomó de su fruto, y comió; y dio también a su marido, el cual comió así como ella.*

La mentira también cambió la visión de Eva. De repente ella ya tenía una mente diferente. La humanidad, después de casi seis mil años, aun busca la divinidad. El hinduismo, el budismo, el sintoísmo, el taoísmo, la Nueva Era y muchas otras religiones mundiales claman que el hombre es o puede llegar a ser Dios.

Otras cosas pueden cambiar y controlar su mente, éstas incluyen el odio, la amargura y la falta de perdón. Su mejor amigo se convierte en un enemigo una vez que él lo lastima. Su completa actitud mental puede cambiar de la noche a la mañana.

La adicción a las drogas es una forma de controlar la mente. También lo es la gula. El temor, el orgullo o una mentira pueden, de alguna manera, llegar a controlar su mente. Satanás ha capturado las mentes de muchos. La esquizofrenia y otras enfermedades están en aumento. Estas víctimas ya no tienen el control sobre su propio proceso de pensamiento. Ellos han creído las sugerencias del enemigo y ya no pueden resistirse a sus ardides malignas.

Meditación

La meditación representa una de las más insidiosas técnicas planeadas por Satanás. Millones de personas alrededor del mundo ponen en blanco sus mentes y llevan sus cuerpos a la pasividad por medio de la meditación. Los hinduistas, budistas, taoístas, sintoístas, la Nueva Era y muchas otras sectas promueven la meditación. Satanás aún engaña a nuestras escuelas convenciéndolas de quitar la oración y favorecer la meditación y el canto ritual, todo bajo la apariencia de técnicas de relajación, conocimiento mental y otras mentiras. La meditación trascendental, técnicas del nivel Beta y otras disciplinas salen del propio pozo del infierno.

Ellas infiltran en nuestras iglesias bajo la apariencia de sanidad interior, cantos de Jesús, reuniones de "espera", etc. Dios algunas veces desea que nosotros estemos prestos a oír Su voz. Sin embargo, estas reuniones de "espera" conllevan más que eso. Muchos se concentran en ver a Jesús y en buscar en Sus ojos o enfocarse en Él, todo mientras repiten: "Jesús, Jesús".

Un libro muy interesante es la publicación de Jessie Penn-Lewis, *War on the Saints* (Guerra contra los Santos). En su libro la señora Penn-Lewis revela los ataques de Satanás sobre las mentes y cuerpos de hombres y mujeres convenciéndolos que "esperen" en Dios por medio de crear en ellos mente y cuerpo pasivos. Notamos la "zonificación" de muchos pacientes esquizofrénicos aun cuando ellos no están con medicinas. Estas víctimas necesitan retomar sus mentes forzándose a sí mismos a concentrarse en cualquier cosa que ellos estén haciendo. Una vez que ellos adoptan el hábito de mantenerse pasivos, son fácilmente inclinados a oír voces e ideas que les mete Satanás. "Las voces me dijeron que hiciera esto", dicen ellos. Estas víctimas comienzan a vestirse de manera rara y asumen actitudes de conducta peculiares que *denigran sus* testimonios de Dios. Algunas veces cuando están en grupo visten uniformes, usan extrañas jergas y asumen actitudes militaristas. Ellos se convierten en parias del cuerpo y son neutralizados por los poderes demoníacos. Muchas sectas caen en esta categoría.

La meditación es una de las más insidiosas técnicas planeadas por Satanás.

Asimismo, Satanás intenta controlar las mentes de los hombres por medio de artefactos modernos. Él altera los patrones del cerebro por medio de ocultar grabación en los cuales se escucha un mensaje satánico. Aunque la mente consciente no puede comprender el mensaje oculto, la mente subconsciente sí puede. Los psicólogos también encontraron que si usted coloca un mensaje entre cada veinte escenas de una película, la mente consciente no puede captarlo. Pero el subconsciente sí puede. En un experimento reportado por Vance Packard en su libro *Hidden Persuaders* (Persuasiones Ocultas), un simple mensaje mostrando unas palomitas de maíz fue colocado cada vigésima escena. Las ventas de palomitas de maíz aumentaron tremendamente.

Aunque el gobierno federal prohibió tales persuasiones ocultas, hay evidencia que tales técnicas persisten. Pinturas de alguna escena sórdida o mensaje satánico pueden ser colocadas astutamente en anuncios comerciales. La mente consciente no puede captarlo, pero la mente subconsciente sí puede. La televisión, la radio, el cine y las revistas presentan mensajes demoníacos cada día. La violencia, el asesinato, la perversión y la rebelión son los procedimientos normales. Un escritor de Hollywood reclamaba que tres ingredientes deben estar presente en cualquier película de éxito: la violencia, la rebelión y el sexo. Los muñequitos de los niños constantemente representan la violencia y hacen aparecer a los demonios como amigos o cosas simpáticas no dañinas. Las películas como La Guerra de las Galaxias y E. T. siguen siendo los más populares, y, sus ideas se derivan del budismo y del reino demoníaco.

Evidencias del control mental

El espíritu de control mental trae dolores de cabeza con frecuencia. También trae indocilidad, dureza de mente, obstinación, depresión, incredulidad y falta de voluntad. Algunas personas pasan años siendo enseñados pero nunca aprenden nada. Ellos todavía se apegan a las ideas y creencias antiguas sin importarles nada. Ellos tienen lavado el cerebro y no pueden cambiar sus modos de pensar, aun cuando la equivocación se ha comprobado por medio de la Palabra de Dios. Una clase de estupor existe cuando la víctima no puede ver la realidad o la verdad. Ellos ven las cosas sólo a través de vidrios ahumados, por así decirlo. Esto lleva a una visión estrecha y la persona parece no entender las cosas de Dios.

Liberación del control mental

Siendo que el espíritu del control mental está relacionado con el leviatán (orgullo) y aparece en la figura de un calamar gigante, usted necesita atar al leviatán y cortarle los lazos. También ate al Orión en las regiones celestes. Seque las aguas del enemigo. Una sesión de liberación contra el control mental generalmente toma tiempo. Cada tentáculo debe ser retirado de la mente de la persona. He encontrado que el carbón encendido en el altar de Dios a menudo funciona. En otros casos, el Espíritu Santo me muestra las bandas alrededor de la cabeza y el cuerpo de la persona. Entonces, le pido a Dios que envía ángeles para cortarlas las bandas o disolverlas.

La brujería le roba fragmentos del alma a las personas (Ezequiel 13:18–22). El versículo 22 dice: *"Por cuanto entristecisteis con mentiras el corazón del justo, al cual yo no entristecí..."*. Pídale a Dios que envíe cuantos ángeles sean necesarios para recuperar los fragmentos del alma de esa persona, los cuales le fueron robados; que se los regresen y restauren al orden apropiado para así vivificar a la persona. Pídale a Dios que sane la mente y los recuerdos.

El control mental oculto se relaciona a la brujería y al espíritu gobernante de la brujería que es Babilonia o Jezabel. Usted necesita atar la brujería y a Jezabel en las regiones celestes. Seguidamente menciono una lista de espíritus utilizados por el espíritu gobernador del control mental:

Bandas sobre la cabeza	Dolores de cabeza	Enfermedad mental
Incredulidad	Duda	Infidelidad
Calamar gigante	Tentáculos	Canto
Meditación	Religiones extrañas	Mantras
Desesperación	Cansancio	Opresión
Agotamiento	Inconciencia	Lagunas mentales

Además de los hombres fuertes mencionados arriba usted necesita comprender que el control mental abre las puertas a otros grupos de espíritus. Por ejemplo, si una persona cree que ella fue la causante de la muerte de su hermana, los espíritus tales como el temor a ser descubierto, la auto-acusación, la condenación, el auto-odio, el suicidio y la vergüenza, también llegan. Usted necesita expulsarlos junto con estos otros espíritus:

Estupidez	Error	Hipnosis
Sectas	Ceguera	Tenebrosidad
Compulsión	Hábitos raros	Vestir raro
Falso Espíritu Santo	Voces extrañas	Mal entendido
Confusión	Depresión	Pasividad de mente
Espíritu engañador	Desacuerdo	Pasividad de cuerpo
Desorden	Distracción	Desconcierto
Desaseo	Aturdimiento	

La Palabra de Dios

La Palabra de Dios es verdad y ella trae la fe (Romanos 10:17). Necesitamos tener constantemente limpias nuestras mentes con el agua limpiadora de la Palabra. Es la Palabra la que quita el engaño y la mentira. Nos afirmamos de la Palabra por que es la verdad.

Sería extremamente difícil para Satanás engañarlo a usted si tiene la Palabra de Dios grabada en su corazón. Es por eso que nosotros medimos cada cosa con la Palabra de Dios. Si la idea o pensamiento es contraria a la Palabra de Dios, eso no es de Dios; es una mentira.

Paso a paso necesitamos ser limpiados de toda injusticia, mentira y todas las cosas que no son de Dios. La Palabra grabada en nosotros tiene capacidad para salvar nuestras almas.

16 El espíritu del asesinato y la violencia

El espíritu del asesinato y la violencia llegarán a ser muy poderosos en los postreros tiempos. No habrá un sólo día sin que haya asesinatos y guerras en alguna parte del mundo. Este espíritu insta a la matanza y destrucción entre los hombres, tribus y naciones. Las guerras y los conflictos continúan perturbando la paz sobre el planeta tierra y serán más intensos a medida que pase el tiempo. Los informes indican que como cincuenta o sesenta guerras tienen lugar cada año en diferentes partes del mundo. Cuando el número de guerras baja a la mitad de las veinte, esto representa una relativa paz.

Cada año miles personas son mutiladas de por vida o asesinadas. Unos pueblos masacran a otros pueblos sin razón aparente. Casi no hay día que pase sin un informe de algún asesinato espantoso. Algunas muertes son tan horribles que se sabe que solamente Satanás podría instigar tal crueldad.

El relato primitivo de asesinato y violencia tuvo lugar cuando Caían mató a Abel. Génesis 4:8, dice: *"Y aconteció que estando ellos en el campo, Caín se levantó contra su hermano Abel, y lo mató".* Desde Caín, el asesinato y la violencia han aumentado continuamente entre los hombres y sus hermanos. Lo que en la humanidad se hacen los unos a los otros en el área del asesinato, no puede venir de ninguna otra parte sino del propio pozo del infierno.

En los tiempos finales, los hombres seguirán el camino de Caín, matándose los otros a los otros. En Judas 11 se lee: *"¡Ay de ellos! Porque han seguido el camino de Caín".*

Un aumento en las guerras, la violencia y los asesinatos es un signo de los tiempos finales. Los cristianos serán martirizados por millones (Apocalipsis 6:9; 13:7). No es difícil visualizar un mundo donde los cristianos son perseguidos y asesinados sistemáticamente. En Mateo 24:9, Jesús dice: *"Entonces os entregarán a tribulación, y os matarán, y seréis aborrecidos de todas las gentes por causa de mi nombre".* Las condiciones necesarias para el asesinato en masa ya están en su lugar. Es cuestión de tiempo.

El espíritu de Babilonia o Jezabel controla el asesinato y la violencia. En Apocalipsis 18:24, la Palabra dice: *"Y en ella se halló la sangre de los profetas y de los santos, y de todos los que han sido muertos en la tierra".* El espíritu usa la falta de perdón, los celos, la ira, el orgullo, la amargura, el odio, la hostilidad, la codicia, el control mental y otros espíritus menores para establecer el momento para el asesinato y la violencia. El sistema babilónico es un sistema mundial basado en el deseo de poder y riqueza (Nahum 3:9). Éste encuentra su base o fortaleza en el orgullo. El orgullo de Egipto durante el tiempo del profeta Nahum y las riquezas de Etiopía eran fuerzas dominantes. Estos permanecen todavía. El orgullo nacional y los deseos de riquezas mundiales conducen a la guerra y a la conquista. La palabra "guerra" actualmente describe un esfuerzo de un grupo que emplea la violencia y/o el asesinato sobre otro grupo, en contraste a un individuo que asesina a otros.

En los tiempos finales, el asesinato y la violencia serán poderosos. Se levantará nación contra nación y reino contra reino (Mateo 24:7). Aun ahora, la gente parece estar en un furor de asesinatos. Las atrocidades en África continúan; grupos organizados masacran tribus enteras de africanos. A menudo estas víctimas pertenecen a la misma nación de los que cometen los crímenes. En algún momento parecerá que una solución para las guerras y la violencia se ha descubierto—llegará un gobernante mundial. Es un remedio peor que la enfermedad que intenta sanar. Esa es solamente una vana esperanza.

Satanás se deleita dondequiera que un grupo de seres humanos asesina a otro.

El espíritu de muerte, por supuesto, es primo del que está en el país vecino. La muerte no necesariamente viene por medio de la violencia o la ayuda de otra persona. La muerte también funciona por medio de enfermedades o accidentes. Sin embargo, el asesinato funcione por medio de otro humano.

Hablando de Satanás, en Juan 8:44, Jesús dijo: *"El ha sido homicida desde el principio, y no ha permanecido en la verdad"*. El principal carácter de Satanás huele a asesinato. Desde el principio ha estado asesinando a los humanos.

Satanás se deleita dondequiera que haya un humano o grupo de seres humanos que asesina a otro. Los relatos de asesinatos y guerras abundan en la Biblia y en la leyenda e historia de cada país sobre la faz de la tierra. Durante los tiempos finales, Satanás será echado a la tierra y eso le enfurecerá (Apocalipsis 12: 8, 9, 13). Debido a esto, Satanás irá a hacer guerra contra la Iglesia.

> *Entonces el dragón se llenó de ira contra la mujer; y se fue a hacer guerra contra el resto de la descendencia de ella, los que guardan los mandamientos de Dios y tienen el testimonio de Jesucristo.*

En Apocalipsis 13:7 la bestia hará guerra contra los santos. *"Y se le permitió hacer guerra contra los santos, y vencerlos. También se le dio autoridad sobre toda tribu, pueblo, lengua y nación"*. La guerra representa la violencia organizada y el asesinato permitido por los gobiernos o líderes.

Intentando matar a Jesús

Cuando Jesús anduvo sobre la tierra, Satanás agitaba a las personas constantemente incitándolos a que asesinaran a Jesús.

> *Herodes entonces, cuando se vio burlado por los magos, se enojó mucho, y mandó matar a todos los niños menores de dos años que había en Belén y en todos sus alrededores, conforme al tiempo que había inquirido de los magos.* (Mateo 2:16)

En otro incidente, Satanás puso la idea de asesinar a Jesús en las mentes de los fariseos, pero no era Su tiempo, por lo que Jesús se escapó en medio de la multitud (Juan

7:30). En numerosas ocasiones los fariseos buscaron la manera de matar a Jesús porque Él enseñaba cosas que no iban de acuerdo con sus doctrinas.

> *Y por esta causa los judíos perseguían a Jesús, y procuraban matarle, porque hacía estas cosas en el día de reposo. Y Jesús les respondió: Mi padre hasta ahora trabaja, y yo trabajo. Por esto los judíos aun más procuraban matarle.* (Juan 5:16–18)

En Juan 7:1, la Biblia informa: "*Después de estas cosas, andaba Jesús en Galilea; pues no quería andar en Judea, porque los judíos procuraban matarle*". Al final, cuando el tiempo llegó Jesús mismo permitió Su muerte en la cruz. El espíritu del asesinato y la violencia lucharon constantemente por matar a Jesús. Satanás continúa utilizando ese espíritu y planea matar a todos los cristianos al final de los tiempos. Él planea incitar a los gobiernos, naciones y pueblos. En su frenesí, ellos cometerán asesinatos, igual como él incitó a los fariseos cuando Jesús anduvo sobre la tierra

Matando a los profetas

El poder del asesinato puede también observarse en el hecho de que Satanás proveyó para el asesinato de cada profeta enviado por Dios a los judíos. Isaías, Jeremías, Ezequiel, Juan el Bautista y muchos otros profetas murieron a manos de enemigos o por su propio pueblo. Jesús lamentaba el hecho de que Jerusalén había matado a los profetas enviados por Dios.

Al final

Durante los tiempos finales, el espíritu del asesinato y la violencia correrán más desenfrenados. Mateo 24:6–7, dice:

"Mirad que no os turbéis, porque es necesario que todo esto acontezca; pero aún no es el fin. Porque se levantará nación contra nación, y reino contra reino". Veremos asesinatos y violencia como nunca se han visto en la historia del mundo.

Mateo 24:9, dice: *"Entonces os entregarán a tribulación, y os matarán, y seréis aborrecidos de todas las gentes por causa de mi nombre".* Los cristianos como un grupo serán el blanco de Satanás para una masacre al por mayor.

Apocalipsis 6:9–11 habla acerca de las almas de aquellos que fueron muertos por la Palabra de Dios y por el testimonio que ellos guardaron. Multitudes de cristianos serán decapitados durante las tribulaciones.

Al ministrar liberación, el hecho de que nosotros no hayamos matado a nadie, no necesariamente indica la ausencia del espíritu del asesinato y la violencia. El espíritu podría estar trabajando sutilmente en una persona por medio de la falta de perdón y la amargura. Una persona puede no haber cometido físicamente el asesinato, pero el espíritu se oculta en su corazón. Por eso es que Jesús dijo que si un hombre odia a su hermano, ya lo asesinó en su corazón. El odio y la falta de perdón son los porteros que invitan al asesinato a entrar en la vida de una persona.

Aborto

En la mayoría de los casos de aborto donde me ha tocado ministrar, el espíritu del asesinato y la violencia se han manifestado. El aborto involucra los espíritus de asesinato así como también al de la muerte. Las más de veinticuatro millones de abortos por año alrededor del mundo confirman el éxito de este espíritu. Eso es veinticuatro millones de asesinatos al año que tienen lugar en el área de los niños solamente. ¿Quién sabe cuántos más mueren como resultado de asesinatos aislados y guerras? En el párrafo anterior mencioné que Jezabel controla al espíritu del asesinato. Este despreciable espíritu controla a todos los siete espíritus gobernadores, incluyendo el asesinato, siendo Satanás el actual comandante en jefe. Apocalipsis 18:24 hablan de esta época y día presentes.

Suicidio

El suicidio es un auto-asesinato y generalmente el mismo se presenta como una serpiente. En un caso particular, yo hablaba con una joven que se sentía angustiada porque su esposo la estaba dejando. Mientras hablábamos, de repente el Espíritu Santo me dijo: "suicidio". Miré a la mujer y le pregunté: "¿Trataste de suicidarte?" Ella inmediatamente comenzó a sollozar. Luego, ella admitió que la noche anterior estuvo a punto de tomarse un puñado de píldoras para dormir, pero que en el último momento las tiró al sanitario. Yo dije: "¡Suicidio, sal en el nombre de Jesús!" La damita inmediatamente comenzó a toser y a sofocarse. Ella cayó al piso, comenzó a moverse como serpiente y su lengua empezó a moverse de lado a lado. El demonio habló con voz silbante: "No voy a salir". Mientras miraba hacia la mujer, yo veía los músculos a lo largo de su espina dorsal ondularse como si la serpiente misma estuviera herida alrededor de su espina dorsal. Él pronto salió.

En cada caso de falta de perdón y odio, existe un potencial para que el espíritu de asesinato y también para que el espíritu de violencia estén presentes. El suicidio trabajo en conjunto con la falta de auto-perdón y el auto-odio.

Sobre todas las naciones

El asesinato y la violencia pueden esclavizar a naciones y pueblos enteros. Yo creo que la Alemania nazi estuvo bajo el control de este espíritu horrible. Aun hoy, ciertas áreas del mundo están atadas por el asesinato y la violencia. Ciertos pueblos a causa de su historia cultural son más propensos a manifestar este espíritu en particular. En algunas islas del Pacífico Sur muchos espíritus violentos se manifiestan en una lucha particular casi cada vez que ministro liberación—individual o colectiva. Todo el tiempo las personas de diferentes trasfondos étnicos que están en la misma audiencia, permanecen calmas y sosegadas.

Atando el asesinato y la violencia

El asesinato, siendo un espíritu gobernador debe atarse primero en las regiones celestes y sus lazos deben ser cortados y destruidos. Eche fuera al asesinato y la violencia de la misma manera que lo hace con otros espíritus. Usted necesita limpiar el lecho completo de los espíritus de amargura, ira, hostilidad, odio, falta de perdón y espíritus que se relacionen. En algunos casos, usted necesita ser específico: Odio por el padre, la madre, los hombres, las mujeres, etc.

Detrás del asesinato está el espíritu de orgullo.

Detrás del asesinato está el espíritu de orgullo. Usted debe sacar primero al orgullo. Muchos asesinatos se han cometido por orgullo.

En cada caso de desánimo, considere al suicidio como un posible espíritu. En casos de ira, especialmente con personas que son abusadores de niños, golpeadores de esposas y estrelladores contra la pared, usted necesita atar al asesinato y a la violencia.

Las jurisdicciones de los siete espíritus gobernadores coinciden. Si usted coloca las siete simas de siete pirámides lado a lado, observará que sus bases se entrelazan. Los espíritus gobernantes han reunido el esfuerzo de muchos espíritus. La lista de abajo son algunos de los espíritus usados por al asesinato y la violencia:

Suicidio	Ira	Hostilidad
Falta de perdón	Amargura	Malos recuerdos
Venganza	Artes marciales	Ki o Chi
Crueldad	Tortura	Golpeador
Odio	Alejamiento	Soledad
Animosidad	Resentimiento	Falta de amor
Repugnancia	Brutalidad	Falta de misericordia
Celos	Envidia	Rencoroso
Egocentrismo	Traición	Deslealtad
Avaricia	Codicia	Orgullo
Perjuicio	Aborto provocado	Nacido muerto
Aborto natural	Rebelión	Temor

17 Los espíritus de la muerte y el Hades

La muerte es un espíritu como también lo es el Hades. Algunos escritores de liberación agrupan a los dos como un sólo espíritu. La muerte y el Hades trabajan estrechamente por eso algunos lo ven como uno solo. Mi experiencia indica que la muerte y el Hades son dos espíritus distintos y separados. La Biblia a menudo habla de la muerte en sí y a veces se refiere al Hades como tal.

La muerte es un enemigo

Dios considera al espíritu de la muerte un enemigo. Primera de Corintios 15:25, 26 dice: *"Porque preciso es que él reine hasta que haya puesto a todos sus enemigos debajo de sus pies. Y el postrer enemigo que será destruido es la muerte"*. A la muerte no debe considerársele una amiga. Con frecuencia los cristianos hablan de la muerte como una amiga que es bienvenida porque les hace posible estar con Cristo. Jesús vino para que nosotros no necesitáramos morir.

La Biblia también llama a la muerte el derrochador (Isaías 54:16) y destructor (Éxodo 12:23). Apocalipsis 6:8, dice: *"Miré, y he aquí un caballo amarillo, y el que lo montaba tenía por nombre Muerte, y el Hades le seguía"*. De nuevo Apocalipsis 20:14, dice: *"Y la muerte y el Hades fueron lanzados al lago de fuego"*. Yo creo que la muerte actúa como un ejecutor que causa el fallecimiento de un individuo y luego el Hades o Infierno se hacen cargo del incrédulo. Los creyentes van al cielo escoltados por ángeles. Aquellos cuyo destino es el infierno se encuentran a sí mismos en las manos del espíritu del Hades quien controla a todas las almas desafortunadas que nunca irán al cielo.

La muerte, siendo un enemigo y un espíritu maligno, cae bajo el control del creyente. Lucas 10:19, dice: *"He aquí os doy potestad de hollar serpientes y escorpiones, y sobre toda fuerza del enemigo, y nada os dañará"*.

La muerte, siendo un enemigo y un espíritu maligno, cae bajo el control del creyente.

Hace unos años, por varias semanas hablé a un grupo de mujeres acerca de la guerra espiritual y el espíritu de la muerte. Las mujeres, todas cristianas nacidas de nuevo, escucharon con profundo interés. Les enseñé cómo atar al espíritu gobernador en las regiones celestes y cómo reprender y echar fuera al espíritu de la muerte.

Pasaron varios meses, hasta que un día recibí una llamada telefónica de una de las mujeres. Parece que el esposo de otra mujer en mi clase murió mientras limpiaba la hierba del patio trasero. A la esposa no se le podía encontrar puesto que salió de compras por la mañana. Los vecinos llamaron la ambulancia y un camión de bomberos. Los vecinos también llamaron a un médico quien declaró muerto al hombre.

Veinte minutos más tarde la esposa regresó. Cuando el doctor le dijo a ella lo de la muerte de su esposo, ella rehusó aceptarlo. Ella comenzó a caminar alrededor de la casa atando al espíritu de la muerte en los cielos y a cada espíritu gobernador en los que ella podía pensar. Luego ella agarró el cuerpo frío de su esposo, reprendió a la muerte y le ordenó salir. El cuerpo del esposo comenzó a calentarse de nuevo; él abrió los ojos y regresó a la vida. Él aún vive y está bien. El personal de la ambulancia, del camión de bomberos y el médico aceptaron a Cristo como su Salvador personal ese día.

Hace un año más o menos, una de las mujeres de nuestra iglesia oró por una mujer que había caído muerta en el parqueo de su tienda. Ella se sintió decepcionada al ver que la mujer no respondía. Vino la ambulancia, el asistente la declaró muerta y procedió a hacer preguntas a los espectadores. Después de veinte minutos, ellos se retiraron. Dos meses más tarde, la mujer se apareció en su tienda para agradecerle a ella. Los trabajadores de la ambulancia la depositaron en la morgue del hospital y el doctor residente la examinó y firmó el certificado de defunción. Cuando él se encaminaba a salir de la sala, ella regresó a la vida. Ella tuvo una ligera pérdida de memoria y parálisis del brazo derecho, pero después de dos meses de rehabilitación, ella regresó a la normalidad.

Nosotros tenemos las llaves del infierno y de la muerte.

Abortos

En casos de aborto el espíritu de la muerte y el asesinato a menudo persisten en atormentar a la mujer. En un encuentro, mientras yo oraba por una mujer que se había practicado un aborto, la mujer se puso fría. Ella comenzó a temblar. Yo reprendí a la muerte y le ordené que saliera de la mujer. La mujer tosió, vomitó y de repente recobró su calidez. El espíritu de muerte salió. Desde entonces he estado involucrado en una cantidad de casos similares donde la muerte sale a la superficie durante la liberación. La muerte también puede atormentar a los hombres u otras personas que de alguna manera permitieron un aborto. Puede ser que alguien hizo los arreglos para el aborto, pagó por ello, lo recomendó o estuvo de acuerdo con ello. Esas personas con frecuencia sienten una nube oscura o un presentimiento de que algo presente está en ellos

En muchos casos el espíritu de la muerte se manifiesta durante las sesiones de sanidad. El espíritu de enfermedad y el espíritu de la muerte trabajan juntos. La muerte algunas veces trabaja en un largo período de tiempo, como en una enfermedad prolongada o de momento, como en un accidente. Antes de que tenga lugar la sanidad, con frecuencia se necesita atar y echar fuera al espíritu de la muerte. Desde luego que el Espíritu Santo es el libertador y en muchos de los casos de sanidades Él se mueve soberanamente en el área de los milagros. Una persona con los dones de sanidad puede sanar sin siquiera mencionar al espíritu de la muerte.

Aguas de muerte

El río Jordán representa un tipo y sombra de muerte. La nación hebrea tuvo que cruzar el Jordán para llegar a la Tierra Prometida. Las leyendas griegas le llaman el río *Styx*. La mitología reclama que el botero Caronte trasladaba a aquellos que morían más allá del río, al paraíso o a cualquiera que fuera su destino. Los que no podían pagar el viaje en bote debían vagar sin rumbo sobre la faz de la tierra—un cruel destino. Por otro lado, si alguien vivió una vida meritoria, éste se iba al paraíso, si no, se iba al Tártaro. La Biblia le llama al Tártaro lo más profundo del pozo del infierno. Los orientales queman papel moneda, ropas y aun carros en la creencia de que estos puedan ser adquiridos por el difunto en la próxima vida. Ellos colocan monedas en las bocas de los muertos en la creencia de que ellos tienen que pagarle al botero para que los cruce al otro lado del río de la muerte.

La Palabra de Dios indica que cuando el arca del pacto iba adelante y el pueblo mantenía fijos los ojos en ella, el río Jordán retrocedió sus aguas y el pueblo pasó en tierra seca (Josué 3: 16; 5:1). Era un tipo y sombra de las cosas celestiales por venir. Un día, los elegidos de Dios caminarán hacia la Tierra Prometida sin probar muerte. Ellos mantendrán sus ojos fijos en Jesucristo, el Arca del Pacto. Dios, por supuesto, tiene poder total sobre las aguas (Job 26:5–10).

La Biblia con frecuencia asemeja la muerte con las aguas o las sombras. La "sombra de muerte" es una expresión que a menudo se encuentra en las Escrituras. Una sombra, por supuesto, trae oscuridad a la mente. A menudo, personas que dicen haber muerto y regresado a la vida informan haber viajado a través de la oscuridad o de un túnel. Por otro lado, Dios y la vida son asociados con la luz (Job 12:22; 18:5; 30:28; Salmos 27:1; 36:9; 43:3; 56:13; Proverbios 4:18; Isaías 9:2). Jesús es la luz del mundo (Mateo 4:16; Lucas 1:78,79; Juan 1: 4, 5, 7–9; 3:19; 8:12; 9:5; Efesios 5:14). La Biblia menciona también las puertas de la muerte. Por consiguiente, cuando estoy ministrando liberación, con frecuencia le pido a Dios que seque las aguas de la muerte, que traiga Su luz para que brille sobre la muerte y para que derribe las puertas de la muerte.

La Sangre derrota a la muerte

Cuando Moisés dirigió a la nación hebrea al salir de Egipto, Dios instruyó a Moisés que el pueblo tenía que matar un cordero perfecto y salpicar la sangre en los postes y el dintel de la puerta. A la medianoche, el destructor pasaría y mataría a los primogénitos de cada familia. Cuando el destructor veía la sangre en el portal, no se detenía. Dios no le permitía entrar en esa casa. Y así, el espíritu de la muerte debe pasar de lejos cuando ve la sangre de Jesús en nuestra puerta.

Cuando ministro liberación, yo clamo la sangre del Cordero de Dios en la puerta de la persona que está siendo liberada. "Yo esparzo la sangre de Jesús en todas las puertas de su cuerpo y alma". La muerte debe pasar de lejos.

Los gusanos

Algunas veces las personas en el espíritu ven gusanos.

> *Y un día señalado, Herodes, vestido de ropas reales, se sentó en el tribunal y les arengó. Y el pueblo aclamaba gritando: ¡Voz de Dios, y no de hombre! Al momento un ángel del Señor le hirió, por cuanto no dio la gloria a Dios; y expiró comido de gusanos.*
>
> (Hechos 12:21–23)

Lo extraño de este pasaje es que Herodes aún estaba vivo cuando los gusanos empezaron a comérselo y luego entregó su espíritu y murió. Sin embargo, en lo espiritual no es extraño porque los gusanos de la muerte comienzan a comerse la carne y el alma de la persona, antes que la muerte física nos llegue. Tal es el caso de alguien destinado al infierno.

Una tarde, un pastor visitó mi oficina. Él acababa de regresar de visitar a una persona enferma en el hospital de la comunidad. La persona enferma era un músico bien conocido que había sufrido un derrame cerebral. El pastor quedó perplejo por algo que sucedió en el hospital. Debido a que el músico era muy popular, el pastor no pudo entrar la habitación para verlo. Él se sentó en el vestíbulo orando, de repente miró y tuvo una visión de una fila de gusanos moviéndose través de las paredes y hacia la habitación del músico. Cuando él me habló de su experiencia, el Espíritu Santo trajo la historia de Herodes a mi mente. Abrí mi Biblia y me quedé sorprendido al encontrar que las Escrituras dicen que los gusanos se lo comieron y que luego él entregó el espíritu.

De manera natural, una persona muere primero y luego los gusanos consumen su carne. Yo le dije al pastor que el joven músico moriría porque él no le dio la gloria a Dios. Mi amigo el pastor replicó: "Eso es verdad, él siempre le daba el crédito a sus dioses hawaianos". El joven músico murió a las 5 PM de esa tarde.

Cuando ministre liberación pida a Dios que regrese los gusanos. Séquelos y devuelva los gusanos de la muerte con fuego del cielo.

El espíritu del Hades

El espíritu del Hades o Infierno, se hace cargo de las almas de aquellos que mueren y no van al cielo.

En *Visions Beyond the Veil* (*Visiones más Allá del Velo*), los autores sirvieron como misioneros en China a principios de los 1900s. Ellos levantaron un orfanato para los niños de la calle. Un día, durante la oración matutina, el Espíritu de Dios cayó sobre el orfanato y muchos de los niños hablaron en lenguas y vieron el cielo en visiones. Grupos de niños entraban por las puertas del cielo y vieron a amigos cristianos y familias que habían muerto anteriormente. Aun vieron personas en el cielo que habían muerto sin saberlo ellos y cuyas muertes fueron confirmadas más tarde cuando salieron de las visiones. Cuando regresaron de sus visiones celestiales, sus informes eran parecidos en detalles.

Dios también les permitió ver muchas cosas en la tierra y cosas que vendrían en los tiempos finales. Los niños vieron demonios vagando por la tierra, y aun vieron demonios rodeando a los incrédulos en sus lechos de muerte. Cuando los incrédulos morían, los demonios les ponían cadenas alrededor de sus cuellos y arrastraban sus espíritus al infierno.

El espíritu del Hades se hace cargo de las almas que mueren y no van al cielo.

En el libro *Return from Tomorrow* (*Regreso del Mañana*) del Dr. Richie, un cristiano relata como él murió de influenza a la edad de diecinueve años mientras se encontraba en un campo de entrenamiento durante la Segunda Guerra Mundial. Su espíritu salió de su cuerpo y se encontró solo, siendo escoltado por alguien de quien más tarde supo era Cristo. Él testifica que durante ese tiempo él vio muchos espíritus sin cuerpo vagando por la tierra. Durante ese tiempo en que deambulaban eran atormentados por la muerte, porque la lujuria que no pudieron controlar durante su vida aumentó diez veces. Si a ellos les gustaba el alcohol, su necesidad por alcohol aumentó diez veces. Si a ellos les gustaba el sexo, su lujuria sexual aumentó diez veces. Ellos no podían satisfacer sus lujurias en el reino espiritual y la lujuria se convertía en un tormento. El espíritu con una lujuria por el alcohol deambula por las barras tratando de sorber tragos pero sin poder saciarse. Aquellos con lujuria sexual tratan de satisfacer sus lujurias pero no lo logran. Al final de su experiencia en el espíritu, el Dr. Richie regresó al hospital del campo de entrenamiento, re-entró en su cuerpo y regresó a la vida, para total sorpresa de los doctores que lo atendían.

SET

Yo ministré a una joven que experimentaba muchas cosas espantosa s—manos que la agarraban por las noches, sombras moviéndose dentro de su habitación y voces hablando o riéndose de ella. Nosotros oramos para que nos fuera revelado su problema, pues los espectros nocturnos que la visitaban nos tenían perplejos. Más tarde, una noche, un miembro de la iglesia soñó con Alicia. En el sueño él veía a Alicia de pie en una larga fila junto a muchas otras personas con un semblante de tristeza. Ellos parecían estar moviéndose en una línea que entraba en una cueva de la tierra. A medida que el soñador entraba a la cueva, él miraba la figura de un hombre grande con la cabeza de un animal—un lobo o un chacal. Cadenas alrededor de sus cuellos unían a las personas en la línea. Cuando las personas se aproximaban al hombre, debían detenerse y el hombre les colocaba máscaras sobre sus cabezas. Cuando Alicia se detuvo frente a él, el hombre le colocó también un ladrillo luminoso sobre su hombro. En este punto terminó el sueño.

El miembro de la iglesia pensó que el sueño le estaba recordando alguna operación de minería. Mientras el miembro de la iglesia me relataba el sueño, yo reconocí la escena de los antiguos jeroglíficos egipcios que describen a los muertos y al bajo mundo. El hombre con la cabeza de chacal realmente representaba al dios de los muertos o del bajo mundo. Los egipcios llamaban a este "dios" *Set*. El ladrillo luminoso me recuerda la puerta al mundo de los muertos errantes. En la mitología, los espíritus sin cuerpo viven en un mundo de semioscuridad, donde es frío, húmedo y pantanoso, donde ellos deambulan sin rumbo, atormentados por el frío y la soledad de la dimensión del espíritu al cual ellos fueron confinados.

El encontrar ancestros que practicaron religiones extrañas nos ayuda a encontrar las puertas abiertas por donde el enemigo puede entrar.

Al siguiente domingo, yo le relaté el sueño a Alicia y le di mi interpretación que el espíritu de Set la estaba atormentando. Aun mientras hablábamos alguna cosa dentro de ella vibró con temor. Esa tarde, Set salió.

El territorio del infierno

El Infierno o Hades representan también un territorio o reino. Las palabras "Seol" y "Hades" se encuentran en la Versión Reina Valera. También se usa la palabra "Infierno". Sin embargo, otras traducciones prefieren usar las palabras "Seol" y "Hades".

El Hades tiene diferentes niveles. Deuteronomio 32:22 habla de las "*profundidades del infierno*". Por consiguiente, debe haber niveles superiores del infierno. Esto también se menciona en Salmos 86:13. La Biblia generalmente se refiere al infierno como estando "abajo" o "debajo" de la tierra (Ezequiel 32:27; Mateo 11:23; Lucas 10:15; Job 11:8; Proverbios 9:18). Hades significa "lo no visto", "lugar a donde parten las almas", "sepulcro" e "infierno". La muerte está asociada también con las profundidades y nivel más abajo (Proverbios 5:5). La parte más profunda del Hades se llama Tártaro.

Sabemos también que hay fuego en el Infierno (Mateo 5:22) y que el Infierno tiene puertas (Mateo 16:18). Otras palabras asociadas con infierno incluyen "penas del infierno", "dolores del infierno" "destrucción" y "el pozo".

Liberación del Hades

No es la liberación del propio Hades lo que nos ocupa, sino más bien, los espíritus que envía para atormentar. Con frecuencia, el trazar el árbol genealógico para descubrir si hubieron asesinatos, abortos provocados, abortos naturales, niños que nacieron muertos, patrones de conducta anormal, ancestros que se alejaron o ancestros que practicaron religiones extrañas nos ayuda a encontrar las puertas abiertas por donde el enemigo puede entrar.

18 La religión hawaiana

Espero que este capítulo pueda ayudar a los cristianos a entender y contraatacar los recientes intentos de los pueblos nativos de regresar a sus antiguas religiones demoníacas. Lo que aplicamos al pueblo hawaiano bien puede aplicarse a los nativos norteamericanos u otros grupos indígenas alrededor del mundo.

Un problema para los cristianos

En un intento por redescubrir sus raíces, los nativos norteamericanos, hawaianos, maoríes, tahitianos y otros grupos indígenas están regresando a sus antiguas religiones animistas. Este es un ataque satánico directo al cristianismo. Si los cristianos permanecen pasivos y fallan en defender el reino de Dios, entonces Satanás se saldrá con la suya.

Demonios hawaianos—dioses de hoy

El movimiento actual de restauración hawaiana no hace mucho persuadió al comité local de educación a exigir estudios hawaianos al nivel de escuela elemental. Estos estudios describen a los antiguos hawaianos como una raza noble con dioses buenos y protectores. Desafortunadamente, el resurgimiento también resultó en la restauración de la adoración de los dioses-demonios hawaianos. Definitivamente hay un romanticismo para con la religión y cultura hawaiana y un rechazo al cristianismo. Muchos programas de televisión presentan un bonito cuadro de la antigua cultura y religión hawaiana por medio de glorificar a Pele, Kihawahine y otros dioses-demonios. Los festivales y concursos de hula crean un sentido de orgullo en la cultura y los hula "halaus" (compañía de teatro) se vuelven populares. Estos *hulas* tienen su origen en las danzas a deidades demoníacas y constituyen una parte integral de los ritos religiosos hawaianos.

Disfrazadas como educación cultural, las religiones nativas son un ataque satánico directo.

Hoy en día, hay organizaciones que se dedican a la restauración de los *heiaus* (templos) hawaianos en cada isla y aun las iglesias cristianas se prestan como voluntarias para restaurar y cuidar de los *heiaus* en la creencia equivocada que esto es demostración de amor. Ellos también se unen para pedir perdón por no respetar los dioses y cultura hawaianos. ¿Se puede usted imaginar a las iglesias disculpándose ante los demonios y reconociéndoles sus derechos a gobernar a los hawaianos?

En un sentido, la cultura hawaiana nunca pereció completamente. Los modernos *kahunas* (sacerdotes) tradicionalmente bendicen los edificios y las sesiones legislativas; y las competencias de navegación de tablas sobre las olas [conocidas como "surfing"] tradicionalmente son iniciadas por un kahuna soplando una concha de caracol y cantando. El deseo general por la ceremonia y pompa es satisfecho por medio del colorido ritual antiguo hawaiano a los demonios-dioses. Los residentes siempre han gustado de la comida hawaiana, la danza del hula, la música y las leyendas. Los músicos y artistas hawaianos constantemente promueven las ideas de que sus dioses hawaianos les traen éxitos y que hay un poder o "manna" que cada persona de origen hawaiano puede alcanzar.

Kahuna—Pastores

Los líderes cristianos hawaianos también caen en la trampa de adoptar las costumbres hawaianas para atraer gente a la iglesia. Ellos usan los cantos hawaianos y proclaman que los dioses hawaianos Lono, Kane o Kanaloa representan a Jesús o a Jehová y que al inclinarse ante ellos es como inclinarse ante Jesús. Ellos usan los atavíos de kahuna: melones, calabazas, hojas de *ti*, sal, *malos* (lienzos), *kahilis* (plumas), *leis* y *hulas*. Ellos recitan cantos hawaianos y sustituyen a Kane por Jesús. Ellos bailan el hula en la iglesia y esparcen agua y sal mientras caminan por el pasillo. Los kahunas reclaman ser ministros cristianos que han existido desde el principio. Ellos llevan la Biblia y la citan pero adoran a las deidades hawaianas.

Una maldición sobre la raza hawaiana

Los hawaianos pueden sentirse orgullosos de su cultura y conocimiento de la naturaleza. Los marineros hawaianos poseen un misterioso conocimiento de las estrellas, las mareas y el océano. Su conocimiento de la navegación asombra a los marineros modernos, y, su amistad natural y el cuidado por los otros deberían ser copiados por cada uno. Los hawaianos son un bonito pueblo—tanto físico como cultural. Su inteligencia es incuestionable. Usted encuentra hawaianos en la medicina, la educación, las leyes, la ingeniería y los negocios.

Aun con todo, los hawaianos no han sido bendecidos como una raza. Menos de 3,000 hawaianos de pura sangre sobreviven en la actualidad. Hace algún tiempo más de 400,000 vivían en las islas. A mediados de 1800 emergió una nueva raza mitad hawaiana. Hoy en día hay más de 200,000 mitad hawaianos, la vasta mayoría de ellos tiene menos de la mitad de sangre hawaiana. De hecho, las afamadas escuelas Kamehameha reajustaron recientemente los requisitos de admisión para aceptar estudiantes con un octavo de sangre hawaiana. La raza hawaiana está a punto de la extinción.

Los líderes han reescrito la historia para culpar al cristianismo de todos los males del pueblo hawaiano.

Aquellos que son parte hawaianos (nosotros les continuaremos llamando hawaianos) les va muy mal como grupo. Ellos constituyen el 80%-85% de la población de la Institución Correccional de Oahu (una prisión del estado) y permanecen sin vasta representación en las profesiones. La mayoría de los hawaianos son obreros de clase media. Peor aún, una superabundancia de hawaianos vive de la asistencia pública. Ellos constituyen uno de los grupos étnicos más bajos en educación e ingreso anual per cápita.

Los misioneros—Un punto de vista hawaiano

El grito de combate del movimiento de la soberanía hawaiana es un ataque directo al cristianismo. Un gran número de líderes locales del movimiento de soberanía han reescrito la historia hawaiana para culpar de todos los males del pueblo hawaiano a la introducción del cristianismo en las islas. Los misioneros que vinieron al Hawai ahora son acusados de ser los únicos causantes de la caída y destrucción de la religión, cultura y pueblo hawaiano.

La verdad

La buena vida que vivieron los hawaianos es ficticia. Los *alii* (jefes) poseían toda la tierra y sacaban a los plebeyos según dispusieran. La gente común fue totalmente oprimida. Si un plebeyo permanecía de pie al ser mencionado el nombre del rey, le llegaba la muerte segura, aun cuando su nombre era mencionado en un canto o cuando la comida del rey, el agua o las vestimentas pasaban por su lado. Ellos no podían ni siquiera tocar la sombra de un *alii* o la de su casa. Tenían que arrastrarse en la presencia de un *alii*. Los *alii* no trabajaban. Ellos tomaban las dos terceras partes del alimento producido por los comunes. Los plebeyos vivían bajo temor de los *kahunas* (sacerdotes) quienes debían escoger a alguien para sacrificio humano. Se requerían sacrificios humanos para todo, desde la fabricación de una canoa hasta la construcción de una casa para un *alii*. Los *alii* y *kahunas* controlaban todo por medio de colocar tabúes o *capuz* en todos los alimentos principales y actividades como la navegación de tablas sobre las olas ["surfing"]. Las mujeres especialmente eran oprimidas poniéndoles muchos tabúes diferentes. Eran súbditos de segunda clase.

En 1779, el Capitán Cook estimó que había 400,000 hawaianos puros. Cuando el Capitán Vancouver visitó las islas en 1792 notó una marcada disminución en la población, lo que atribuyó a devastadoras guerras entre los pueblos. En 1823 había solamente 142,000 y el censo de 1830 indicaba 130,313. En el año 1853 se contaron 70,036; el de 1884 mostró 40,014; y el de 1896 indicó 30,019 hawaianos puros. O sea que la población que estaba ya iba declinando a medida que los hawaianos se exponían a la civilización.

Los antropólogos dedujeron que ya existían dos factores contribuyentes para cuando llegó la exploración del Capitán Cook. Primero, la muy baja tasa de nacimientos. Los adultos no se preocupan mucho por tener hijos porque estaban demasiado ocupados con sus constantes búsquedas sexuales, las cuales comenzaban desde una edad temprana. Ellos evitaban embarazar a las mujeres y practicaban ampliamente el infanticidio. Cerca de dos tercios de todos los bebés que nacían eran eliminados, especialmente si eran niñas. El segundo factor fueron las constantes guerras. El promedio de muertes excedía al promedio de nacimientos.

Aunque muchos hawaianos morían a causa de la pobre inmunidad contra varias enfermedades, otras razas como los tonganos, samoanos, tahitianos y marquesanos se recuperaron después de dos generaciones. No se le puede culpar sólo a las enfermedades.

Ellos destruyeron su propia religión

En 1819 los gobernantes hawaianos anunciaron el repudio a la religión hawaiana de kapuz y a los dioses animistas. En 1820, cuando llegaron los misioneros, había una religión vacía. Después que éstos llegaron, enfrentaron gran oposición de los mercaderes blancos quienes particularmente eran crueles con los nativos. Los mercaderes blancos molestaban a los misioneros por su oposición al consumo del alcohol, la prostitución y la promiscuidad sexual. Los mercaderes blancos y los aventureros controlaban al rey y aun empleaban las armas contra los misioneros. En 1825, cinco años después de su llegada, solamente diez hawaianos habían sido bautizados. En 1832, de todos los hawaianos de las islas, solamente 577 proclamaban ser cristianos. El reclamo de que los cristianos les robaron la religión y cultura hawaiana, históricamente es falso; sin embargo, a menudo hablan de eso. ¿Cómo podrían 577 cristianos quitar la religión hawaiana y robarles su cultura en un período de doce años?

La liberación de los plebeyos

Los misioneros vieron la cruel opresión que sufría la gente común e hicieron campaña para guiarles durante un tiempo de turbulencia cuando los *alii* trataban desesperadamente de ajustarse al sistema occidental y evitaban que la gente común tuvieran derechos. Los misioneros fueron capaces de romper los tabúes que mantenían esclavizados a los plebeyos y liberaron a las mujeres de su esclavitud. La reina Kaahumanu, una de las esposas del rey Kamehameha se entregó al cristianismo y más tarde la reina Kapiolani y otras realezas llegaron a ser cristianos firmes.

En 1849, el Gran Mahele que hizo que las tierras fueran accesibles a los comunes, fue visto como absolutamente necesario para liberar a la gente común del poder de los *alii*. Los misioneros estuvieron especialmente activos para ver que los nativos no fueron importunados por los blancos inescrupulosos. Como resultado, más del 50% de los plebeyos obtuvieron títulos legales sobre sus propias casas. Más de 780,000 acres pasaron a ser propiedad de los nativos y 1,000,000 para los blancos. Más tarde, los nativos empezaron a vender sus tierras por una bagatela a los comerciantes yanquis de tal manera que en un espacio de treinta años las pertenencias de los nativos habían disminuido de 46% a solamente un 6%. Hoy en día, los hawaianos reclaman que los misioneros les robaron sus tierras.

Los misioneros organizaron muchas escuelas, hospitales e iglesias.

Los misioneros, en un intento por ayudar a los nativos a sobrevivir de la arremetida de la avaricia occidental, organizaron más de cien escuelas, muchos hospitales e iglesias. Desafortunadamente sus esfuerzos son vistos ahora como crueles y opresivos. De esta manera al cristianismo se le acusa por la devastación de los hawaianos. Nada puede estar más lejos de la verdad. Se da por descontado que muchos descendientes de misioneros se unieron a los mercaderes yanquis comprando grandes cantidades de acres, controlando así la economía. Sin embargo, es obvio que aun sin los descendientes de misioneros, era inevitable que los mercaderes yanquis, en compañía del gran influjo de otras razas dentro de las islas, terminaran con el mismo efecto total. Los hawaianos sencillamente no estaban listos, ni podían combatir los tremendos cambios sociales, religiosos y culturales que trajeron consigo la súbita exposición a la civilización. Fue una marejada que no podía ser detenida.

De los hechos narrados anteriormente, muchos fueron documentados por publicaciones, antropólogos y escritores antes de 1910. Véase especialmente *El Cristo Redentor, Un Estudio del Perfil de la Isla Mundial del Pacífico,* 1906, por

Helen Barrett Montgomery, de la Compañía MacMillan. Las narraciones primitivas de la historia hawaiana difieren muy marcadamente de las versiones modernas.

Los cristianos no son culpables

Los misioneros cristianos vinieron al Hawai en 1820 y se quedaron por treinta años. Muchos regresaron a Nueva Inglaterra para jubilarse y vivir allá el resto de sus vidas. La conversión hawaiana al cristianismo en realidad fue mayormente el resultado del avivamiento de Charles Finney que tuvo lugar a mediados de 1800. Para 1890 casi el 95% de la raza hawaiana era salva. Mientras tanto, los descendientes de misioneros no eran tan celosos ni cristianos como sus ancestros. Estaban más interesados en los resultados materiales que en los espirituales.

Un ministerio cristiano derribó la monarquía en 1893. La gobernante, reina Lilioukalani, servía en el mismo comité de la iglesia con algunos de los que la habían arrestado. Un grupo de cristianos abiertamente lucharon con otro grupo de cristianos por el control de las Islas Sándwich.

Para 1950, los cristianos *haoles* (hombres blancos) poseían el 90% de los negocios principales de Hawai. Todas las compañías de teléfono, electricidad, gas, agua, buses, crédito, embarque, bancos y cada negocio principal pertenecían a los descendientes de misioneros y sus socios. Estos descendientes eran soberbios y arrogantes. Trataban como esclavos a los hawaianos y a otras minorías. Mientras tanto, los hawaianos empezaron a entender los tremendos males ocasionados a su raza. Fueron despojados de sus tierras—las cercas ahora van desde la montaña hasta el océano, por lo que no pueden pescar, cazar o cosechar en la tierra a la que anteriormente tenían acceso. Ellos no podían entender el trato áspero del que estaban siendo objetos. Ellos eran una raza amistosa y cariñosa, pero ahora no tenían dinero en un mundo donde el dinero es el rey. Además, las enfermedades hicieron estragos en los hawaianos debido a que no existía un sistema inmunológico, ya que por siglos no hubo enfermedades. Aun el resfrío común diezmó aldeas enteras, y hasta 1960, la tuberculosis, lepra y viruelas plagaban a miles de hawaianos. Los comerciantes y los marineros extranjeros introdujeron enfermedades venéreas y muchas otras pestilencias. En algunas ocasiones las epidemias ocasionaron las muertes a miles de hawaianos en una semana. Se informó que en la desesperación muchos hawaianos simplemente se tendían en el suelo para morir.

Durante este período la comunidad cristiana blanca básicamente no hizo nada por ayudar a los desafortunados hawaianos. Muchos descendientes de misioneros vivían lujosamente en casas elegantes de las plantaciones del sur, con casas de baños romanos completas, empleados, dálmatas, céspedes de tres a cinco acres, caballos y todo adorno de excesiva riqueza. Disfrutaban de la mano de obra barata de muchas minorías y gobernaban con mano de hierro. La discriminación racial continuó hasta bien entrado el año 1960.

Cuando en 1920 el congreso de los Estados Unidos aceptó completamente a Hawai como territorio, se elaboró un acuerdo intentando aliviar la situación de los nativos hawaianos. El Congreso legisló para que más de 140,000 acres de terreno fueran regresadas a los hawaianos como heredad para ser usada como centros rehabilitación y granjas. Sin embargo, una vez más, los cristianos blancos controlaron la Comisión de Terreno.

Ellos procedieron a darles las tierras arables a los blancos y les dejaron a los hawaianos las tierras rocosas, infestadas de sal o tierras inaccesibles. Por ejemplo, 45,000 acres en la cima del remoto volcán de Mauna Loa fueron cedidas a la Comisión del Hogar Hawaiano. Miles de acres fueron distribuidos en el remoto Molokai, famoso por la falta de agua. Miles de acres de tierra en Waianae y Waimanalo se las regresaron a los hawaianos porque era suelo salitroso y venenoso. Papakolea, junto al cráter Punchbowl, la mayor parte eran riscos y roca azul. En muchos casos, simplemente no había agua disponible. Irónicamente, las plantaciones, siempre listas para hacer trato, alquilaron muchas de aquellas tierras a un dólar por acre al año y más tarde procedieron a construir sistemas de irrigación que ahora proveen gran retribución. Los haoles más también compraron a los hawaianos la mayoría de las propiedades frente a la playa a precios muy baratos—un barrilito de whiskey, una caja de cerveza. Para los hambrientos hawaianos las propiedades frente a la playa no tenían valor.

Los descendientes de los misioneros disfrutaban de la mano de obra barata y gobernaban con mano de hierro.

Aun el Obispo del Estado, el famoso cargo creado por Bernice Pauahi Bishop para cuidar a los niños del Hawai (interpretado como aquellos de ancestro hawaiano) eran administrados solamente por los haoles. Hubo muchos abusos. No fue sino hasta 1970 que una persona mitad hawaiano finalmente fue nombrada para servir como administrador.

El mismo gobierno del estado ha mostrado poco interés en las dificultades hawaianas y su desempeño es lamentable—siempre demasiado tarde y con tan poco tiempo. La Comisión del Hogar Hawaiano se ha visto frustrada casi cada año por la falta de fondos e interés de los legisladores, administradores y el público en general. A un hawaiano le cuesta toda la vida conseguir una casa. Algunos han esperado hasta por cuarenta años sin resultados positivos.

La comunidad no hawaiana es de lo más tibia y da sólo palabras como respuestas a los problemas hawaianos. No importa lo que hagan los mitad hawaianos, si despertar la cultura hawaiana es solamente cosa de cómo salga el renovado énfasis hacia los hawaianos, aun los mitad hawaianos están condenados como raza. La soberanía no resolverá este problema.

Rompiendo las maldiciones

Los líderes cristianos deberían unirse para pedir perdón al pueblo hawaiano por los pecados de nuestros ancestros para que el pueblo hawaiano pueda ser liberado de las maldiciones de la falta de perdón (Mateo 18:35).

No podemos sentarnos ociosamente mientras el pueblo hawaiano se hunde en el infierno. Ayudar al pueblo hawaiano a que tengan una mejor vida o se conviertan en nación independiente es secundario a guiarlos a Jesucristo. ¿No podríamos decir como dijo Pedro en Hechos 3:6: *"No tengo plata ni oro, pero lo que tengo te doy"*? Ayudar a los hawaianos en el área del bienestar financiero es bueno, pero dejarlos libres de maldiciones es aún mejor. Una vez más, hay un vacío espiritual que el pueblo hawaiano llena con la adoración a los demonios. Vergüenza debe darnos.

Para poder liberar a los hawaianos de sus dioses-demonios, usted necesita tener un conocimiento de la religión hawaiana. Para ayudar al pueblo en su área, usted necesita conocer de su religión nativa. La similaridad a otras religiones nativas animistas que se encuentra en Polinesia, Pacífico Sur, África y otras áreas es tan impresionante que un estudio de la religión hawaiana, sin lugar a dudas, ayudará para tratar con esas religiones.

La religión hawaiana

A través de similaridades fonéticas en el idioma nativo, los antropólogos rastrean la cultura hawaiana hasta Egipto y las naciones semíticas del Medio Oriente. Resulta interesante saber que Egipto y Hawai tuvieron ambos una sociedad matriarcal. Las mujeres heredaban las riquezas de la familia y los hombres se casaban con sus hermanas para mantener la riqueza. El incesto estaba esparcido ampliamente entre las familias gobernantes de Egipto y Hawai. Debido a la creencia de que el "manna" o poder sobrenatural era traspasado en la línea familiar, los alii (jefes) se casaban con sus propias hijas u otro pariente cercano.

Tres clases de hawaianos

Había tres clases principales en la sociedad hawaiana: (1) Los "alii" o la clase gobernante formada por guerreros y reyes; (2) los "kahuna" o clase sacerdotal, y (3) los plebeyos o gente común. Había otras clases menores como los esclavos, los intocables y los legendarios *menehunes* (gente pequeña). Las clases sociales estaban claramente definidas. Los *aliis* eran más altos de estatura y gobernaban con puño de hierro. De hecho, antropólogos de Yale al inicio pensaron que los *alii* y los *kahuna* eran una raza separada de los plebeyos. Cuando los *aliis* estaban entre la gente común a éstos últimos se les requería que se postraran para que los *aliis* pudieran caminar sobre sus cuerpos. Los *aliis* pasaban la mayor parte del tiempo practicando artes marciales y planeando estrategias de guerra. Se les requería a los plebeyos que proveyeran a los *aliis* con alimento y servirles desde la cabeza hasta los pies.

Casi ningún descendiente de los *aliis* queda hoy en Hawai; sin embargo, la mayoría de los hawaianos se ven ellos mismos en el papel de *aliis* y no como plebeyos. Ellos se creen superiores a los otros.

No podemos sentarnos ociosamente mientras el pueblo hawaiano se hunde en el infierno.

Los kahunas

Los *kahunas* o sacerdotes, proveían guía espiritual. Sin embargo, la palabra "kahuna" también se aplicaba a alguien entrenado en una habilidad especial. Habían expertos *kahunas* para la fabricación de canoas, sanadores, fabricantes de casas y para muchas otras clases de habilidades. No obstante, los *kahunas* más temidos eran los que trataban con la hechicería. Los *kahunas* hechiceros eran los únicos *kahunas* que podían ser mujeres. Los hawaianos le tenían miedo a los *kahunas* hechiceros por su habilidad de provocar la muerte a las personas sin tocarlos.

Los *kahunas* servían como consejeros de los *alii* quienes los consultaban en cada ocasión muy importante. En tiempos de guerra, los *kahunas* se convertían en personas muy importantes. Por medio de ellos los jefes podían saber de los dioses cuándo y cómo atacar al enemigo y si ellos iban a tener éxito. El éxito y el fracaso dependían de la apelación a los dioses y la obediencia a las instrucciones de los *kahunas*. La única posibilidad de derrota era si el *manna* del adversario probaba ser más fuerte.

La gente común le temía a los *kahunas* que servían al dios "Ku". Ku requería sacrificios humanos y los *kahunas* poseían poder absoluto para determinar a quien le tocaba ser sacrificado. Aunque algunos sacrificios venían del pueblo de la clase de los intocables o de guerreros enemigos, los plebeyos con frecuencia eran tomados para sacrificio. Los cerdos, los perros y los pescados sustituían a los humanos en ocasiones menos importantes.

Akua

Los hawaianos adoraban a varias clases de dioses. El principal era el dios de la creación, llamado *akua*. Luego vino el *aumakua* o familia de deidades, algunos tienen reputación de ser tan poderosos como *akua*. Otros espíritus incluían a los *unihipili* o espíritus de los muertos convertidos en ayudantes por un *kahu* o guardador que cultiva estos espíritus alimentándolos y cantándoles. Un *kupua* era una persona que nacía con poderes especiales de deidad y se decía que era descendiente de un dios y un ser humano.

La clase *akua* estaba compuesta de cuatro dioses varones: Kane, Kanaloa, Lono y Ku. Kane era principalmente el dios de la agricultura, la lluvia y los cultivos. Kanaloa era el dios de las profundidades del mar, la vegetación silvestre y los muertos. Lono era el dios de la vegetación, los árboles y el sol.

Ku era el dios de la guerra. Ku es famoso por su deseo por la carne humana. Él se presenta de muchas formas, una de ellas es el halcón. En el reino espiritual, él es muy grande y lleva puesta una completa vestidura de guerrero con casco, capa, malo y lanza. La gente lo ha visto en visiones. Interesantemente, los ministerios de liberación en la Costa Oeste y en el Canadá dicen que el espíritu gobernante desde arriba hasta abajo del continente, es el dios halcón. Los esquimales lo reverencian y le conceden la máxima posición en sus pilares totémicos. Aun en las antiguas religiones aztecas, incas y toltecas, el águila o el espíritu del halcón eran reinados supremos. Los nativos norteamericanos también adoraban al halcón o al águila, especialmente las tribus a lo largo de la Costa Oeste, Arizona, Utah y otros estados occidentales.

El sacrificio humano

Como ya se ha mencionado, Ku demandaba sacrificios humanos. Los primeros tres prisioneros en la batalla terminaban sacrificados a Ku. Había muchos dioses "Ku", los cuales eran adoptados por los *alii* como dioses personales.

El poder corrompe aun las mejores intenciones.

Los sacrificios humanos se daban en tres métodos diferentes: estrangulación, ahogamiento y golpiza. Resulta interesante que los antiguos cultos a dioses europeos utilizaban los mismos tres métodos de sacrificios humanos. Usted puede recordar que los aztecas, toltecas e incas también requerían de sacrificios humanos. Los demonios son los mismos en todo el mundo. A ellos les gusta que los adoren por medio de sacrificios humanos porque eso les da poder.

Aunque los modernos hawaianos dicen algo distinto, la obsesión por alcanzar el poder llevará a una persona al sacrificio humano. Ya hay reportes del sacrificio de animales en áreas boscosas remotas. Por supuesto que los dioses hawaianos son todos de naturaleza demoníaca. Una persona envuelta en la religión hawaiana gradualmente se enrumba hacia lo sobrenatural o al lado psíquico de la adoración. Muchos hawaianos hablan con orgullo del poder de *kahuna* por las "buenas" cosas que puede hacer. Por siglos la gente ha estado involucrada en diferentes formas de brujería con las mejores de las intenciones humanas. Algunos afirman que el poder de sanidad les capacita para ayudar al enfermo; a otros les gusta predecir el futuro para ayudar a los demás; muchos desean elevarse espiritualmente. El poder corrompe aun las mejores intenciones. En ese punto, el sacrificio de humanos está casi al doblar la esquina.

Aumakua

Los hawaianos adoran a *aumakua* como dioses de familia o personales, o, espíritus guardianes. Ídolos, cantos y costumbres son transferidos en la línea familiar. Más de una familia puede adorar al mismo *aumakua*, y, cualquier individuo puede adoptar a un *aumakua* particular como su deidad personal. Los *aumakuas* más populares incluyen a Pele (diosa del fuego o del volcán), Kihawahine (diosa lagarto), Kamapua'a (dios cerdo-hombre), el avefría, el búho, el *mo-o* (lagarto), el tiburón y el perro. Interesantemente, tanto *aumakua* como Pele y Kihawahine tienen reputación por ser deidades vengativas que matan tan rápidamente a sus adoradores al igual que los ayudan, pero el deseo de poder ciega a los hombres.

Pele es una deidad muy cruel. Su forma normal es de una anciana fea y vestida con harapos malolientes que a penas le cubren la inmundicia y desnudez de su cuerpo. Ella tiene ojos color sangre, una expresión diabólica y a su toque convierte a los hombres en piedras. Ella es un monstruo celoso y vengativo, con un temperamento terrible y trae mal de ojos y otras enfermedades. Pero, el pueblo hawaiano y los visitantes de alrededor del mundo la han romantizado y solamente ven en ella a una joven, bondadosa, bella, llena de amor y cuidados para el pueblo hawaiano. En la leyenda, ella es una criatura lujuriosa que devora a sus amantes. Ella se quita la ira contra el pueblo mediante erupción y quemando sus aldeas con lava.

Obviamente, con Pele usted necesita pedirle a Dios que envía inundaciones con agua para que apague su fuego. Nosotros tratamos a ella de la misma manera que lo hacemos con Jezabel o Babilonia la Grande. Su aliado es Kamapua'a, el dios cerdo que controla las aguas del océano. Por consiguiente, usted necesita también secar las aguas. Suena paradójico, pero no queda otra opción. Las aguas de la muerte no son las mismas que las aguas del Espíritu Santo. Ni las aguas del infierno son las mismas que las aguas del Espíritu Santo.

Kihawahine, un lagarto de treinta y cinco pies (en realidad un dragón) vive en las profundidades de los pantanos. Ella es un *mo-o*, una diosa lagarto. Ella también se aparece como una sirena con largas trenzas rizadas. El retrato moderno hawaiano de ella es de una damita bella, pero en realidad ella es un monstruo cruel y vengativo. Ella trae enfermedades como viruela, lepra, llagas, cáncer, resfríos e influenza.

Hiiaka i ka poli o Pele es la hermana menor de Pele. Ella masacra a muchos dioses menores y destruye a los hawaianos. Kahunas oran a este espíritu para que mate a las personas. Ella es la diosa protectora de *hula*.

Kapo es otra hermana menor de Pele. Ella es repulsiva e impura. Yo trato a Hiiaka, Kihawahine y Kapo como si lo hiciera con otro espíritu inmundo y los echo fuera por medio de la sangre de Jesús.

Ídolos, cantos y costumbres son transferidos en la línea familiar.

Kamapua'a es mitad cerdo mitad hombre. Es muy poderoso y la leyenda dice que él casi derrota y destruye a Pele. Tiene púas en el lomo y un hocico por una nariz y le gusta merodear en la foresta. Él controla las aguas superficiales del mar. Él deseaba tener a Pele como su amante, pero cuando ella se rió de él y le dijo que era feo, Kamapua'a se vengó enviando torrentes de aguas del mar para apagar el fuego de Pele. Sin embargo, los dioses intervinieron cuando ellos entendieron que Kamapua'a podría destruir el fuego que se necesita en la tierra. Ellos convencieron a Pele para que aceptara a Kamapua'a como amante y con el tiempo, Pele llegó a adorar a Kamapua'a como su compañero sexual.

Kamapua'a es el dios hawaiano de lujuria sexual. Las personas con este espíritu son constantemente atormentadas por fantasías sexuales, lujuria y otros deseos insaciables. Ellos piensan en el sexo casi todo el tiempo, y, las situaciones que alimentan su lujuria se presentan constantemente. Además de la lujuria, este espíritu representa la promiscuidad sexual, fornicación, adulterio, perversión, homosexualidad y masturbación. Él no se puede enfrentar contra la sangre de Jesús. Siendo que Kamapua'a utiliza el agua del mar, usted necesita secarlo, empleando Jeremías 50:38; 51:36 y versículos similares.

Unipihili

Un *kahu* o guardador seduce a los espíritus a cumplir sus órdenes, alimentándolos y apaciguándolos. Cuando un niño muere, un *kahu* persuade a los padres a que les entregue el cuerpo. Él luego toma el cadáver y lo sepulta en la selva o lo tira al mar después de muchos cantos. Si él es adorador del dios tiburón, por ejemplo, este *kahu* le cantará al dios tiburón y colocará el cadáver en el océano. Él regresará diariamente al mismo lugar en el océano para cantar y arrojar comida. Eventualmente, él observará a un tiburón tierno nadando en el área. Se dice que ahora el espíritu del niño está en el tiburón. El *kahu* entonces continúa diariamente alimentando al tiburón y cantándole. Eventualmente, él seduce al espíritu para que salga del tiburón y venga al *kahu* para alimentarlo. Además del alimento y los cantos, el *kahu* debe introducir a *awa*, o licor hecho de raíces de la planta de *ti*. Él debe esparcir *awa* al aire con su boca. Una vez que el espíritu se hizo adicto al *awa*, él comienza a obedecer al *kahu*.

Si el *kahu* quisiera matar a alguien, él enviaría al *unihipili* para que seduzca al alma de la víctima a ir al *kahu*. Los hawaianos creen que un hombre poseía dos almas, una de ella pasea mientras el hombre duerme. Si esta alma errante era dirigida al *kahu*, el *kahu* podía estrangularla hasta la muerte o sellarla en una calabaza especial. Dentro de tres días, la víctima debía morir. (Para una descripción más detallada de la religión e historia hawaiana, véase el libro *Mitología Hawaiana*, de Martha Beckwith; *Desplazamiento de los tiempos,* de Gavan Daws; y *Pono de Hawai,* de Lawrence H. Duch).

Espíritus separados del cuerpo

La sapiencia popular está llena de historias de fantasmas. Se dice que espíritus sin cuerpo rondan las casas y las áreas de todas las islas. Hay cantidades de historias de encuentros con fantasmas y sonámbulos. Por supuesto, que los nativos hawaianos (yo no tengo ancestros hawaianos) y los residentes no están interesados de si estos espíritus son demonios o fantasmas. Además, los templos nativos llamados *heiaus* están en todas las islas. Estos *heiaus* (lugares altos) se dice que son para albergar a los demonios y a los espíritus sin cuerpo. Se dice que los espíritus hawaianos habitan en las rocas, de manera que las personas que llevan rocas a sus casas arriesgan la posibilidad de tener visitantes nocturnos no deseados.

Se dice que espíritus sin cuerpo rondan las casas y las áreas de todas las islas.

Los residentes locales con frecuencia contratan *kahunas* para que le hagan una limpieza a los edificios. Ellos utilizan a demonios más poderosos para sacar a los demonios más débiles. Los doctores brujos y chamanes lo han estado haciendo por siglos en todo el mundo, no sólo en Hawai. Una persona es "curada" de un mal de espalda por un *kahuna,* solamente para morir de un ataque al corazón pocos años más tarde.

El demonio *Mal de Espalda* sale por el demonio *Enfermedad del Corazón*, quien lo saca.

Liberación de demonios hawaianos

Objetos

Los objetos hawaianos también pueden acarrear maldiciones a una casa. Antiguos instrumentos o implementos musicales, tales como el ipo (calabaza), bambú o guijarro, aunque relativamente modernos en fabricación, pueden ser habitados por los demonios hawaianos. Los *kahunas* hablan a menudo con los demonios en las rocas por medio de tocar los guijarros. Una vez que se deshaga de estos objetos, los problemas desaparecen. La homosexualidad es uno de esos problemas. Los hawaianos están maldecidos con homosexualidad a través de la adoración a Pele, una deidad femenina. Los hombres en las casas se hacen "mahu" (afeminados) y las mujeres se convierten en lesbianas. La "tita" o ruda, mujer hawaiana masculina, no necesariamente tiene que ser lesbiana, pero muchas lo son.

La joyería y los adornos para el cuerpo pueden estar poseídos por demonios, especialmente si son heredados. Collares, pulseras de tobillo y pulseras de plumas para las manos, aun los manteles de mesa pueden representar base legal para el enemigo. Algunas veces, no es tanto el tipo de objetos o material, sino el hecho que algún ancestro le cantó o lo dedicó a algún *aumuka*. Una tela de mantel puede ser sólo una tela de mantel; pero puede que en otra tela de mantel puede haber orado para que el "manna" permaneciera en ella.

Los dioses *tiki* tallados en madera están también dentro del reino. Todos los *tiki* auténticos tallados en madera tienen cierto diseño y la mayoría de los talladores o artesanos no son tan sagaces como para crear réplicas exactas. No obstante, el intento por crear un dios *tiki* puede ser suficiente para permitirle la entrada de los demonios.

Adoración familiar

Muchas familias hawaianas adoran a "aumuka" o a las deidades. Esta práctica es mundial en el sentido de que muchas familias adoran a alguna deidad especial que ellos consideran característica con su familia. También el suegro de Jacob adoraba a deidades de familia. Con frecuencia los hawaianos modernos no lo admiten, pero ellos hablan de sus *aumakua* y les ponen comida en lugares designados y salmodian o cantan a sus deidades. Muchos consideran que son dañinos y sencillamente les muestran respeto. Muchos les hablan a sus tías, abuelos, hermanos y esposas ya muertos. Tales adoraciones traen maldiciones a los miembros de la familia. Los niños tienen horribles enfermedades tales como mal de ojos, lesiones venéreas, pies torcidos y diviesos. Hay que pagar un precio por la adoración pecaminosa.

Aun los cristianos, a menudo, serán atormentados por las maldiciones y enfermedades hawaianas, aunque ellos mismos no practiquen la religión *kahuna*. En un caso, el abuelo de una mujer adoraba a Hiiaka, una de las hermanas de Pele. Las mujeres eran atormentadas. Mientras orábamos por ella, yo veía un pizarrón blanco, y en él una mano escribió la palabra "Hiiaka". Yo no entendí el significado. Mientras relataba lo que había visto, los demonios se manifestaron y salieron. Se reveló. Después del interrogatorio, la mujer reveló que Hiiaka era uno de los dioses *aumukuas* de la familia.

En otro caso, una joven era atormentada por rabietas y miedo. Mientras orábamos por ella, yo veía en visión a un tiburón. Después del interrogatorio ella confesó que el tiburón era la deidad de la familia y que ella tenía en su cuarto pintado al dios tiburón. Ni que decir, la pintura les dio a los demonios el derecho a permanecer ahí y atormentarla.

Y después en otro caso, un hermano cristiano contó cómo Dios le había dado el don de sanidad. Él coleccionaba y cultivaba muchas clases diferentes de plantas y hierbas en su patio. Cuando unos amigos vinieron a él por varias dolencias, instintivamente supo cuales hierbas les iba a dar y ellos fueron sanados. Mientras él hablaba, el Espíritu Santo me dio una palabra: "kahuna". Le pregunté a la persona si tenía sangre hawaiana (aunque no lo parecía). Contestó: "Si". Él reveló que su abuelo por parte de su madre venía de una larga línea de *kahunas*. El hombre era alto y podía levantarme con una sola mano y lanzarme por la ventana de mi edificio de siete pisos. Cuando la persona con el que vino me pidió que orara por el hombre, yo le contesté que le pediría a Dios que los bendijera, pero que no iba a orar por liberación.

Mientras imponía las manos en él, comenzó a gemir y gritar: "¡Lo veo!" ¡Lo veo!" ¿Qué ves?" "Le pregunté". "Un hombre con un *malo* y cabello blanco. Veo a un *heiau* con *tapa* y *kahilis* y un altar. Me hace señas y me dice que no ore". Mientras yo continuaba orando, le ordené al espíritu que saliera, y salió. Después de eso, el hermano estaba tan debilitado que le tomó quince minutos para levantarse y salir. Dios le había quitado su fortaleza física para evitar que nos hiciera daño. Ni qué decir, sus poderes de sanidad desaparecieron. Aun los hermanos que hablan en lenguas, como este hermano, pueden tener demonios. Si usted es parte hawaiano, puede que sus espíritus vengan de la línea familiar.

Este hermano nunca había adorado al demonio que adoró su abuelo ni ningún otro demonio hawaiano; sin embargo, él estaba habitado por el ancestro *kahuna*. Muchas familias creen en la bondad de sus ancestros que deambulan en los alrededores para "ayudar" a otros miembros de la familia. De hecho, los *kahunas* pasan el "manna" (poder) en la respiración de un niño o por la boca de un descendiente, por cantar y frotar un tatuaje designado para ese propósito. Un tatuaje de familia se le coloca al niño desde la infancia con el propósito de que reciba los espíritus de la familia y el *manna* de la familia. Los hawaianos llaman a este *manna* poder sobrenatural, pero el *manna* no es otra cosa que el poder de los espíritus malignos.

Si usted es parte hawaiano, puede que los espíritus vengan de su línea familiar.

La brujería como la conocemos en América o Europa usa un sistema idéntico. Los brujos saben que su poder sobrenatural viene de los demonios. Mientras más fuerte el demonio más fuerte es el *manna*. Rebecca Brown, explica esto bellamente en sus dos libros: *Él Vino a Dar Libertad a los Cautivos,* y *Preparémonos para la Guerra.*

Infestación por pasar sin permiso

Muchos individuos llegan a infestarse con demonios hawaianos porque ellos intencionalmente sin autorización pasan sobre el *heiaus*. En un caso, una mujer puertorriqueña de New York asistió a clases en la Universidad Hawaiana Chaminade. La clase entera durmió en un *heiau* toda la noche como parte de un proyecto de clase. No sucedió nada inusual, excepto que ella recordaba haber dormido sobre una losa de piedra que más tarde se volvió un altar de sacrificios humanos. Ella se infestó con demonios hawaianos.

En otro caso, un joven que fue de vacaciones a la Big Island, un bus de la excursión lo llevó a él y su familia a un *heiau* (templo/altar) en el área donde desembarcó el Capitán Cook. Por años ellos sufrieron de extrañas visitas nocturnas antes de que Dios les mostrara el origen de aquellas visitas.

Un visitante, el hijo de un amigo mío, era como de seis pies y seis pulgadas de alto. No creía en las supersticiones hawaianas. Él fue al mismo *heiau* donde desembarcó el Capitán Cook en Kealakekua, Hawai. Mientras tomaba fotos se paró sobre el altar. Para cuando del bus de la excursión regresó al hotel, él ya no podía sostenerse de pie. Su espalda le dolía mucho y su esposa y amigos tuvieron que cargarlo. Desafortunadamente no había cristianos presentes y él tomó el consejo del cantinero quien le aconsejó que tomara algún cerdo y hojas de *ti* y los colocara sobre el altar y que se disculpara. Con mucha dificultad él regresó en un carro rentado, puso los sacrificios en el altar y se disculpó. Casi inmediatamente el dolor se fue. De acuerdo con su padre, el hombre estaba tan asustado que acortó sus vacaciones y regresó a su casa.

Maldiciones kahuna

Como se mencionó anteriormente, los hechiceros kahuna hawaianos eran los *kahunas* más temidos en Hawai. Su existencia estaba repleta de numerosas historias. Historia de *kahunas* que podían matar a la gente sin entrar en contacto con sus víctimas existían hasta tiempos modernos. La Isla Molokai era conocida por sus hechiceros que vivían y entrenaban allí y que tenían la habilidad de matar a las personas. Aun hoy, muchos jóvenes aspirantes a *kahunas* van a la isla de Molokai para restaurar algo de las artes y los secretos perdidos. Ellos viven en la selva e intentan entrar en contacto con algún antiguo *aumakua* o dioses que les proporcionarán beneficios.

Heiaus en el cuerpo

Los demonios grandemente desean adoración y crearán un lugar de adoración para ellos dentro de la persona. Un demonio hawaiano construirá un *heiau*; un espíritu budista construirá un altar con estuche de incienso, velas, platos de comida y otros artículos que aparecen en un templo budista.

Los demonios hawaianos construirán un recinto de roca, una plataforma con altar, *kahili*, valla de huesos, cabaña, e imágenes talladas de *tiki*. Mientras usted los destruye pidiéndole a Dios que envíe ángeles y fuego del cielo para demoler el *heiau* y derribar todas las paredes de roca, los demonios gritarán: "No, no, paren". Mientras usted destruye el *heiau*, o poco tiempo después de eso, los demonios saldrán.

Animismo

Toda la religión hawaiana, en su mayoría, está saturada de adoración a varios animales y formas de la naturaleza. La misma forma de religión englobaba a las religiones babilónicas y egipcias y se puede encontrar en todo el mundo, pero especialmente en el Pacífico Sur. La mayoría de las religiones demoníacas comparten los mismos fundamentos.

El orgullo hawaiano

Durante alguna sesión de liberación han salido a la superficie el espíritu del orgullo hawaiano y el espíritu del rey

Kamehameha. El orgullo nos impide que recibamos realmente el regalo del amor de Dios.

El espíritu del rey Kamehameha es un espíritu machista que los hombres adoptan para mostrarse a sí mismos como nativos nobles y fuertes. Ellos trabajan en la edificación del cuerpo y participan en toda actividad que les traiga la imagen de súper hombres tales como el fútbol y la navegación de tablas sobre las olas ["surfing"]. De no ser así, entonces ellos asumen una personalidad de hombre duro y bravucón. Ese espíritu no es único en los hawaianos, sólo que predomina en ellos. Todas las razas tienen sus propias versiones y están basadas en la inseguridad y la amargura.

En resumen

Satanás ha lanzado todo tipo de ataques para destruir al pueblo hawaiano en venganza por su regreso a Dios. Una vez más, los cristianos están dándoles las espaldas a los cristianos hawaianos en su hora de necesidad. Necesitamos reconocer este ataque insidioso y entrar en combate a favor del pueblo hawaiano. La soberanía no es nuestro tópico para apoyar o no apoyar. El punto es nuestra voluntad es detener a Satanás.

19 Un tsunami se acerca

El más grande avivamiento y cosecha de almas jamás conocido en el mundo está por llegar y también será el último. A la mitad de este avivamiento vendrá la persecución y eventualmente la exterminación total de todos los santos. La bestia de Satanás va a hacer guerra contra los santos y los vencerá (Daniel 7:21; Mateo 24:9; Apocalipsis 13:7). Ser cristiano será peligroso.

Satanás no le teme al avivamiento. Él ha sobrevivido cada avivamiento y permanece como príncipe del mundo de ahora. Pero este avivamiento será diferente. Involucrará la confrontación directa contra el reino de las tinieblas por medio de la guerra espiritual y la liberación. Satanás desea detener este avivamiento y destruir a todos los cristianos antes de que su reino sea aniquilado. Pronto, él lanzará un ataque completo contra el cuerpo de Cristo.

Nosotros tenemos que estar firmes y luchar contra las hordas de los demonios de Satanás. Por eso es que Dios hoy en día está levantando un ejército de santos. Va a ser el ejército más grande de hombres y mujeres que jamás haya marchado sobre la tierra (Joel 2:11). Por otro lado, multitudes de cristianos se apartarán de la fe, pues se desilusionarán y estarán desprevenidos (2da Tesalonicenses 2:3). Algunos santos serán martirizados y un remanente sobrevivirá la tribulación, pero la mayoría caerá (Mateo 24:22; Apocalipsis 6:9, 11; 12:11, 17).

Se avecinan grandes cambios

En 1994, por espacio de una semana, tres personas se me aproximaron para que les interpretara sus sueños. En los tres casos, ellos vieron edificios antiguos que eran inundados por una ola inmensa o *tsunami*. No había nada que ellos pudieran hacer sino agarrarse. La ola golpeó los edificios y arrastró a la mayoría de las personas y estructuras. Se vieron a algunos sobrevivientes agarrados de los fundamentos de concreto. De los pocos edificios que quedaron en pie (uno en cada sueño), los de adentro fueron devastados por las aguas. Nada permaneció. En un sueño, sólo unos pocos cristianos muy jóvenes como de ocho o diez años de edad sobrevivieron. En otro sueño, el soñador subió por la calle después de que el nivel de la ola bajó y vio a un grupo de personas de la iglesia vestidas uniformemente que estaban alrededor. Sus caras estaban pálidas y sus ojos vidriosos. Una mujer sostenía un manojo de cebollas verdes y se mantenía repitiendo: "Tengo que ir a casa para cocinar".

Mi interpretación fue esta: Los viejos edificios representan a la iglesia que ha estado por 2,000 años. El *tsunami* representa ya sea una corriente de malos espíritus que descienden sobre la iglesia o una depuración del cuerpo de Cristo o ambos. En un caso la iglesia parece haber sido limpiada. Muchos santos que aún insisten en aferrarse a las doctrinas fundamentales se encontrarán solos en la calle, muertos espiritualmente. Algunos no notarán lo que está pasando porque ellos están demasiado preocupados con las cosas de la vida.

Nueve meses más tarde (dos meses antes de escribir este capítulo), un joven profeta me invitó a almorzar. Él me preguntó acerca de un sueño que él había tenido. Era idéntico a los otros tres—los mismos edificios viejos, el *tsunami* y todo lo devastado por las aguas. Dios está confirmando una vez más que pronto una gran limpieza tendrá lugar.

La decisión es suya; o se une a la batalla y aprende a pelear, o perecerá.

Los cambios que se avecinan sacudirán al mismo fundamento de la iglesia. La obstinación de las iglesias que rehúsan moverse hacia la madurez espiritual no sobrevivirá ante los juicios de limpieza. Lo que usted hizo ayer no será bueno para hoy y lo que usted hace hoy no será bueno para mañana. Las doctrinas y el nivel de crecimiento espiritual que fueron suficientes para sus padres no lo sostendrán de lo que está por suceder.

Lo viejo dará paso a lo nuevo

"He aquí vienen días, dice Jehová, en que el que ara alcanzará al segador, y el pisador de las uvas al que lleve la simiente..." (Amós 9:13). Lo último vendrá antes que lo primero, lo joven antes que lo viejo, santos añejos. Yo también salí de una iglesia fundamentalista convencional. Cuando me convertí descarté lo riguroso y poco práctico de las doctrinas

que clamaban que no existían tales cosas como los demonios, el hablar en lenguas y los milagros. Estaba tan hambriento de la verdad que me devoré la Biblia y me sumergí en la liberación con todo lo que tenía. Llegué a ser uno de los ancianos de la iglesia en ocho meses. Muchos que habían sido cristianos por veinte o treinta años me resistían. Hoy, ellos también han quedado atrás. Aquellos que se rehúsen a moverse serán absorbidos (Hebreos 6:1, 2).

La mejor hora de la iglesia se aproxima rápidamente. Esta es la generación escogida que cumplirá toda profecía y que quitará a Satanás los reinos de este mundo y se los pasará a Dios (1ra Corintios 15:24). Ellos destruirán a todos los enemigos de Dios, y el último enemigo que será destruido es la muerte (v. 26). Va a ser una batalla de los siglos, y al final, ¡la verdadera iglesia de Dios va a ganar!

Sí, la liberación y la guerra espiritual no lo son todo, pero sin conocimiento y experiencia, un santo tendrá poca ventaja en la guerra que va a descender sobre la iglesia. Usted no puede salir del combate solamente leyendo. Usted necesita entrar en la batalla. Usted tiene un enemigo mortal decidido a destruirlo a usted. ¡O se une a la batalla y aprende a pelear, o perece!

El ejército de Dios

Cuando el cuerpo de Cristo llegue a ser la iglesia militante que Jesús originalmente vino a establecer, Satanás va a caer sobre ella como un rayo del cielo (Lucas 10:18).

En un sinnúmero de lugares que he enseñado, las personas han visto a un enorme ángel que está de pie a la izquierda y detrás de mí. Los ángeles algunas veces caminan por la habitación y forman círculos alrededor de nosotros. Algunos llevan trajes de armadura para colocarlos sobre los estudiantes. Con frecuencia los ángeles me rodean en la plataforma mientras enseño sobre liberación. No estoy tratando de convencerlo a usted de cuán estupendo soy. Soy un simple hombre. Lo que estoy tratando de decirle es cuan serio es Dios acerca de Su ejército.

De donde quiera que regreso del campo misionero después de enseñar sobre liberación y guerra espiritual, cartas de diferentes lugares como Fiji, Sarawak, Singapur, Malasia y las Filipinas me dejan saber de sanidades milagrosas, liberaciones, muertos que resucitan, y el inicio de avivamientos. Mientras la gente pelea contra el reino demoníaco, ven huestes angelicales peleando a la par de ellos. Muchos ven caballos blancos a un lado o viniendo a la iglesia o al colegio bíblico (Apocalipsis 19:11, 14). Otros tienen visiones de miembros de la iglesia o estudiantes vestidos en trajes de fatiga. Todos ellos forman parte del ejército de Dios.

Dios está llamando a Sus santificados, a Sus poderosos (Isaías 13:3). Su ejército ha comenzado a marchar hacia delante. La trompeta está sonando. ¿Puede usted oírla? (Joel 1:2). ¡Es tiempo de que usted responda a Su llamado!

Referencias

Baker, H. A. *Visions Beyond the Veil* (*Visiones más Allá del Velo*). New Kensington, PA: Whitaker House, 1973.

Beckwith, Martha. *Hawaiian Mythology* (*Mitología Hawaiana*). Honolulu, HI: University of Hawaii Press, 1985.

Brown, Rebecca, M.D. *Él Vino a Dar Libertad a los Cautivos*. New Kensington, PA: Whitaker House, 1986.

——. *Preparémonos para la Guerra*. New Kensington, PA: Whitaker House, 1987.

Cho, Dr. Paul Yonggi. *The Fourth Dimension* (*La Cuarta Dimensión*). South Plainfield, NJ: Bridge, 1983.

Davis, Gavan. *Shoal of Time, a History of the Hawaiian Islands* (*Un Corto Tiempo, una Historia de las Islas Hawaianas*). Honolulu, HI: University of Hawaii Press, 1974.

DeHaan, M. R. *The Chemistry of the Blood* (*La Química de la Sangre*). Grand Rapids, MI: Zondervan, 1943.

Fuchs, Lawrence H. *Hawaii Pono* (*Pono de Hawai*). Honolulu, HI: Bess, 1961.

Grubb, Norman. *Rees Howells Intercessor* (*El Intercesor de Rees Howells*). Washington, PA: Christian Literature Crusade, 1952.

Halley, Henry H. *Manual Bíblico de Halley*. Grand Rapids, MI: Zondervan, 1965.

Hammond, Frank e Ida Mae. *Cerdos en la Sala*. Kirkwood, MO: Impact Christian Books, 1973.

Hunt, Dave, y MeMahon, T. A. *The Seduction of Christianity* (*La Seducción del Cristianismo*). Eugene, OR: Harvest House, 1985.

Lamb, Bob. *The Overcoming Blood* (*La Sangre Vencedora*). Springdale, PA: Whitaker House, 1993.

McAull, Dr. Kenneth. *Healing the Family Tree* (*Sanando el Árbol Genealógico*), novena edición. London: Sheldon, 1986.

Michaelson, Johanna. *The Beautiful Side of Evil* (*El Bello Lado del Mal*). Eugene, OR: Harvest House, 1982.

Montgomery, Helen Barrett. *Christus Redemptor, An Outline Study of the Island World of the Pacific* (*Cristo el Redentor, Un Bosquejo del Mundo de las Islas del Pacífico*). New York: MacMillan, 1907.

Nee, Watchman. *Love Not the World* (*No Améis el Mundo*). Wheaton, IL: Tyndale House, 1987.

——. *The Spirit of Wisdom and Revelation* (*El Espíritu de Sabiduría y Revelación*). New York: Christian Fellowship Publishers, 1980.

Packard, Vance. *Hidden Persuaders* (*Persuasiones Ocultas*). New York: D. McKay Company, 1957.

Penn-Lewis, Jessie, *War on the Saints* (*Guerra contra los Santos*), novena edición sin abreviar. New York: Thomas E. Lowe, 1981.

Pittman, Howard 0. *Demons: An Eyewitness Account* (*Los Demonios: Relato de un Testigo Ocular*). Foxworth, MS: Philadelphia Publishing House.

——.*Placebo,* Foxworth, MS: Philadelphia Publishing House.

Prince, Derek. *Blessing or Curse, You Can Choose!* (*Bendición o Maldición, ¡Usted puede Escoger!*). Tarrytown, NY: Fleming Revell, 1990.

Ritchie, George G., M.D. *Return from Tomorrow* (*Regreso del Mañana*). Grand Rapids, MI: Zondervan, 1978.

Whyte, Maxwell H. A. *The Power of the Blood* (*El Poder de la Sangre*), novena edición. New Kensington, PA: Whitaker House, 2005.

Worley, Win. *Eradicating the Hosts of Hell* (*Erradicando las Huestes del Infierno*). Lansing, IL: Win Worley, 1980.

Acerca del autor

El Dr. Ing es el Pastor Principal de *Light of the World Missions* (Misiones Luz del Mundo) en Hawai y las Filipinas. Él obtuvo un Doctorado en Ministerio y es Vice-presidente del *New Covenant International Seminary and Bible College* (Seminario y Universidad Internacional del Nuevo Pacto). El Dr. Ing también dirige un instituto bíblico, una casa misionera y un centro de adiestramiento vocacional en las Filipinas. Es orador frecuente sobre la guerra espiritual en Fiji, Vanuatu, India, China, Hong Kong, Singapur, Sarawak, Bulgaria, y las Filipinas, como también en los Estados Unidos.

El Dr. Ing fue ingeniero civil antes de graduarse en leyes del *Hastings College of the Law* (Facultad de Derecho de la Universidad Hastings) de San Francisco. Recientemente se retiró después de cuarenta años de practicar leyes. Tiene más de cuarenta años de casado, tiene cuatro hijos, y, en la actualidad reside en Hawai, lugar donde nació y creció.